S'INSPIRER / DÉCOUVRIR / VOIR AUTREMENT

ANDALOUSIE
SÉVILLE, CORDOUE, GRENADE

GUIDES **VOIR**

ANDALOUSIE

SÉVILLE, CORDOUE, GRENADE

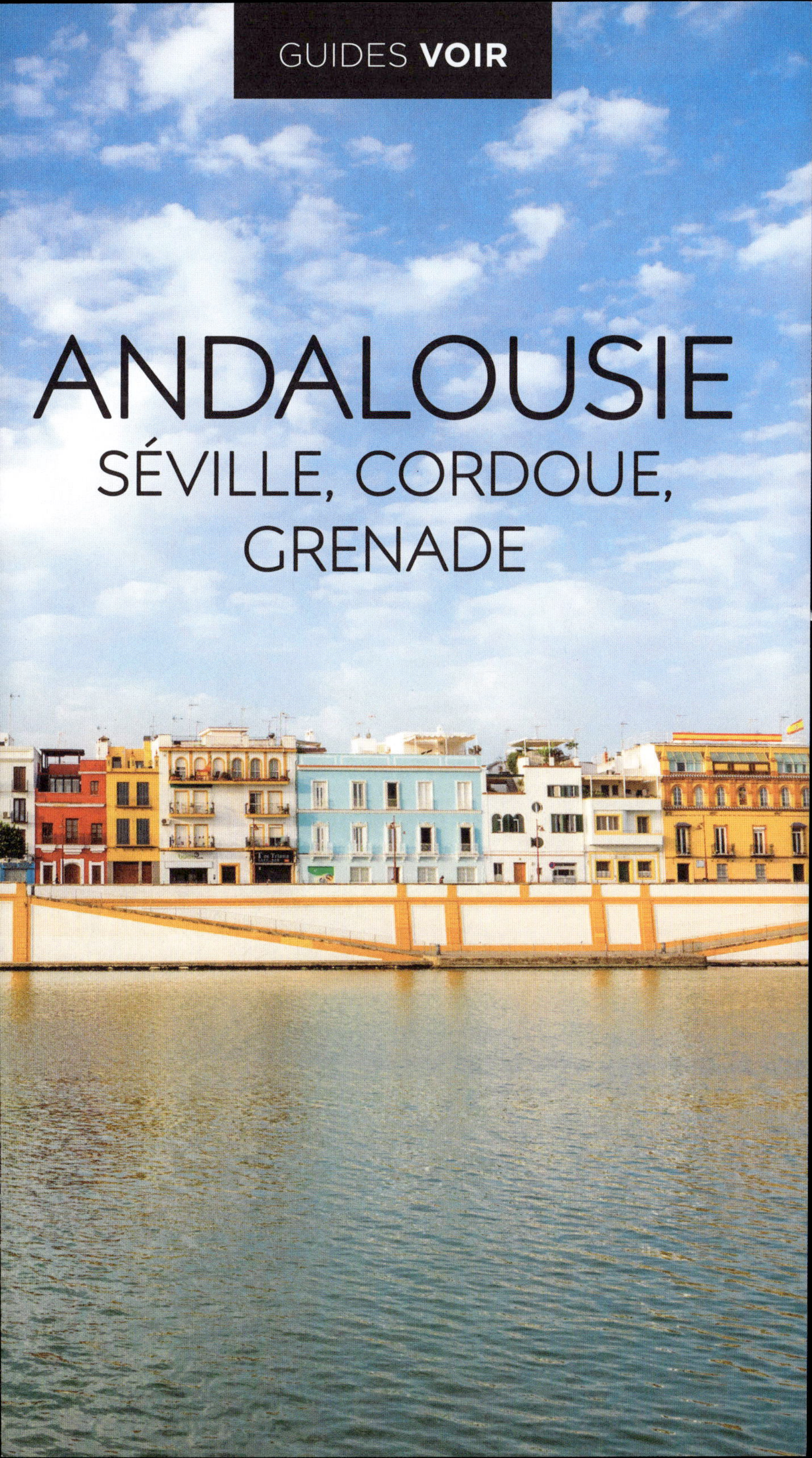

SOMMAIRE

INSPIRATION 6

DÉCOUVRIR SÉVILLE 54

DÉCOUVRIR L'ANDALOUSIE 126

ANDALOUSIE, MODE D'EMPLOI 236

Gauche : Les orangers de Séville
Page précédente : Triana et le Guadalquivir
Couverture : Jardins du Generalife, à Grenade

DÉCOUVRIR

Vue de Grenade depuis l'Alhambra

BIENVENUE EN ANDALOUSIE

Castagnettes et guitares de flamenco, monuments maures ornés de superbes *azulejos*, verres de xérès sirotés dans un patio à l'ombre des orangers : le guide Voir vous dévoile les 1 001 facettes de l'Andalousie. Quel que soit votre itinéraire, il sera votre compagnon idéal.

1

2

3

4

1 Récolte d'olives vertes

2 Église dans une rue de Séville

3 Place bordée de maisons blanches, à Mijas, Costa del Sol

4 Cordoue, couronnée par la Mezquita

Si l'Andalousie évoque en premier lieu les stations balnéaires jalonnées d'immeubles qui bordent la Costa del Sol (« côte du soleil »), la région recèle aussi une côte atlantique, sauvage et battue par les vents, des étendues vallonnées plantées d'oliviers et des montagnes rocailleuses tapissées de forêts de pins. Ces paysages variés offrent une multitude d'activités comme le kitesurf, le ski, le golf ou l'équitation.

Les cités et *pueblos blancos* (« villages blancs ») andalous sont des destinations à ne pas manquer. Séville, capitale romantique de la *comunidad autónoma*, forme un dédale de rues débordant de géraniums et de places fleurant bon l'oranger. Berceau des tapas, elle est une étape culinaire incontournable. Ici, le passé arabe de l'Andalousie s'affiche partout, en particulier au Real Alcázar, étonnante fusion de styles architecturaux islamique et chrétien. L'esprit d'al-Andalus se ressent tout autant à Cordoue lorsque l'on avance sous les centaines d'arcs bicolores de la Mezquita, remarquable mosquée-cathédrale, et à Grenade, dont l'envoûtante Alhambra domine fièrement la ville située en contrebas.

Mais alors, par où commencer? Nous avons découpé l'Andalousie en chapitres clairs où vous trouverez des itinéraires détaillés, des informations approfondies et des cartes colorées et précises qui vous aideront à vous organiser. Ce guide Voir vous permettra de profiter au mieux de votre séjour en Andalousie, quelle qu'en soit la durée. Bonne lecture et bon voyage!

POURQUOI ON ADORE L'ANDALOUSIE

Fêtes débridées, architecture à couper le souffle, flamenco endiablé, tapas savoureuses et boissons exquises : les raisons de tomber sous le charme de cette région ne manquent pas.

1 POUR SES ORANGES

Au printemps, les villes andalouses baignent dans le doux parfum de la fleur d'oranger. Dégustez un verre de xérès sur une place bordée d'arbres et goûtez au repos…

POUR LA MEZQUITA 2

La mosquée de Cordoue est l'un des plus beaux exemples d'architecture islamique. Déambulez parmi les 856 colonnes de la salle de prière pour admirer ses arcs bicolores.

3 POUR LE *TAPEO*

Berceau des tapas, l'Andalousie offre une grande variété de ces délicieux petits plats, du traditionnel *jamón ibérico* aux sushis revisités. Initiez-vous à la pratique du *tapeo* (tournée des bars à tapas) à Grenade.

POUR SES FÊTES 4

À chaque saison sa fiesta ! L'Andalousie propose un riche programme de fêtes célébrant événements historiques, traditions locales, croyances religieuses et bien plus encore *(p. 46)*.

POUR SES 5 *PUEBLOS BLANCOS*

Perchés sur les hauteurs, ces « villages blancs » invitent à l'exploration et sont parfaits pour s'imprégner de la vie locale, notamment à Salobreña.

POUR SES PLAGES 6

En Andalousie, les amateurs de plage n'ont que l'embarras du choix : dunes sauvages ou stations balnéaires, étendues de sable côté de l'Atlantique ou criques en Méditerranée.

POUR L'ALHAMBRA *7*

« Si la terre que je foule est le paradis, qu'est-ce alors que l'Alhambra ? Le ciel ? » Offrez-vous une visite nocturne pour répondre à la question du dramaturge Lope de Vega.

POUR LE REAL ALCÁZAR *8*

Avec ses arcs en fer à cheval finement sculptés, ses poutres dorées et ses splendides *azulejos*, ce palais mudéjar vous fait voyager à l'époque d'al-Andalus *(p. 78)*.

9 POUR LE PARQUE NACIONAL DE DOÑANA

Ce parc national aux paysages variés de marais, de forêts de pins et de dunes de sable abrite des flamants roses, des cerfs et des lynx ibériques, difficiles à observer *(p. 136)*.

10 POUR LE FLAMENCO

Le flamenco est l'incarnation de l'âme andalouse. Imprégnez-vous du *duende* (esprit du flamenco) dans une authentique *peña* ou suivez un cours pour en apprendre les bases.

POUR LES *SIERRAS* SAUVAGES *11*

Les montagnes de la région offrent pléthore d'activités en plein air : randonnée dans les forêts de pins, observation des aigles ou récolte de châtaignes sauvages.

POUR LE XÉRÈS *12*

Du *fino* sec à l'*oloroso* parfumé, découvrez les subtilités de ce vin fortifié dans le « triangle d'or » à l'occasion d'une visite d'une bodega. Profitez alors d'une dégustation.

SE REPÉRER EN ANDALOUSIE

Ce guide découpe l'Andalousie en cinq zones identifiables par un code de couleur. Pour plus de détails, consultez la page 58 (Séville) et la page 128 (Andalousie).

EUROPE OCCIDENTALE
IRLANDE
ROYAUME-UNI
PAYS-BAS
BELGIQUE
ALLEMAGNE
FRANCE
SUISSE
Océan Atlantique
ITALIE
Madrid
Barcelone
PORTUGAL
ESPAGNE
Séville
ANDALOUSIE
TUNISIE
ALGÉRIE
MAROC
Aranjuez
Toledo
CIUDAD REAL
Consuegra
Malagón
Ciudad Real
Manzanares
Puertollano
Puerto de Génave
La Carolina
Sierra Morena
Bailén
Andújar
Villacarrillo
Baeza
Úbeda
CÓRDOBA ET JAÉN
p. 148
Bujalance
JAÉN
Jaén
Baena
Alcaudete
Pusble de Don Fabrique
Huéscar
MURCIA
María
Baza
Cúllar
Albox
Los Lobos
Diezma
Guadix
GRANADA ET ALMERÍA
p. 210
ALMERÍA
Archidona
Grenade
Sierra Nevada
Gérgal
GRANADA
Sierra de Loja
Tabernas
Carboneras
Ugíjar
Lanjarón
Berja
Almería
Málaga
Nerja
Motril
Adra
San José
Costa del Sol
Mer Méditerranée
N
0
50 km

1

2

3

4

←

1 Escalier menant au sommet du Metropol Parasol

2 La Giralda surplombe la cathédrale de Séville

3 Les jardins du Real Alcázar

4 Le restaurant Mariatrifulca

L'Andalousie offre d'innombrables possibilités de séjours, du week-end à Séville au grand voyage couvrant les autres villes de la région et la campagne environnante. À vous de choisir parmi ces itinéraires conçus pour vous aider à organiser votre visite.

24 HEURES
à Séville

Matin

Pour commencer la visite, un petit-déjeuner traditionnel, composé d'une *tostada* de *jamón ibérico* et d'un jus d'orange pressée, s'impose à la Crème de la Crème *(calle Regina 1)*. Direction ensuite le Metropol Parasol *(p. 103)*, immense structure en forme de champignon : au rez-de-chaussée, le marché couvert est idéal pour flâner. Le sous-sol recèle de vestiges romains de l'Antiquarium, tandis que la plate-forme d'observation révèle un panorama exceptionnel. De retour sur la terre ferme, la calle Sierpes *(p. 81)* est idéale pour s'offrir une séance de lèche-vitrines. Dirigez-vous ensuite vers la cathédrale de Séville et la Giralda *(p. 76)*, en passant par la plaza de San Francisco et l'Ayuntamiento *(p. 80)*. La cathédrale mérite une visite *(réservation sur Internet vivement conseillée pour éviter la queue ; audioguide intéressant)* : c'est la plus grande cathédrale gothique au monde ! Après avoir exploré la nef centrale et les 80 chapelles latérales, sortez grimper en haut de la Giralda : la vue sur les rangées d'orangers qui s'étirent en contrebas dans le patio de los Naranjos est superbe.

Après-midi

Le Donaire Azabache est idéal pour savourer un déjeuner sévillan traditionnel *(p. 86)* : vous aurez le choix entre un assortiment de tapas ou un menu plus traditionnel (les tables en terrasse sont réservées aux clients qui choisissent le menu à la carte). Puis, direction le Real Alcázar, un superbe exemple d'artisanat mudéjar *(p. 78 ; réservation vivement conseillée)* où vous pourrez découvrir l'admirable travail autour des stucs sophistiqués, des carreaux de céramique, des plafonds aux poutres entrelacées (ne manquez pas le salón de los Embajadores) et des jardins luxuriants. En sortant du palais, le patio de Banderas vous mène au cœur du quartier de Santa Cruz. Faites une pause à la Casa Roman *(casaromansevilla.com)*, sur la plaza Venerables, pour siroter un verre de xérès.

Soir

En suivant les bords du río Guadalquivir, en direction du puente de Isabel II, vous tomberez sur le quartier de Triana *(p. 120)*. À l'extrémité du pont, le Mariatrifulca propose d'excellents fruits de mer à déguster sur le rooftop, en profitant de la vue sur la cathédrale. Triana est réputée pour ses soirées flamenco : offrez-vous un spectacle à la Casa Anselma, l'un des meilleurs clubs de la ville, où les spectateurs sont assis à quelques centimètres des artistes *(calle Pagés del Corro 49)*. Ce lieu, qui ouvre ses portes à 23h45, est assez discret. Vous le repérerez aux deux mosaïques traditionnelles portant l'inscription « Café Refrescos Vinos » qui en surplombent l'entrée.

1

2

3

4

←

1 Couché de soleil sur Séville

2 Patio de las Doncellas, Real Alcázar de Séville

3 Danseuses de flamenco, plaza de España

4 Calle Sierpes à Séville

2 JOURS
à Séville

Jour 1

Matin Évitez les foules en arrivant tôt à la Giralda, le monument le plus emblématique de Séville. Ce minaret transformé en clocher jouxte la cathédrale *(p. 76)*, qui abrite la tombe de Christophe Colomb et une myriade d'œuvres d'art. Mais le clou de la visite reste la vue exceptionnelle qui vous attend du haut du clocher. Non loin, le Donaire Azabache est idéal pour une pause tapas : essayez le *jamón ibérico*, une spécialité andalouse *(p. 86)*.

Après-midi Après le déjeuner, faites une balade digestive dans les jardines de Murillo *(p. 87)* et le parque María Luisa *(p. 110)*, où vous pourrez vous détendre sur un banc en vous laissant bercer par le bruit des fontaines. Non loin se dresse la Real Fábrica de Tabacos, ancienne manufacture royale de tabac. Indissociable de l'héroïne éponyme de l'opéra *Carmen*, elle abrite désormais l'Universidad *(p. 114)*. Séville sert de décor à de nombreux opéras. Une visite guidée avec une soprano vous permettra de découvrir en musique les lieux qui inspirèrent tant de compositeurs *(p. 114)*.

Soir Finissez votre découverte du patrimoine musical de Séville au Tablao El Arenal *(tablaoelarenal.com)*. Sirotez un verre de *rioja* et dégustez les plats raffinés de ce restaurant à l'atmosphère intime tout en profitant d'un spectacle de flamenco, le cœur et l'âme de la ville.

Jour 2

Matin Commencez par la visite du museo de Bellas Artes *(p. 66)* dont la superbe collection comprend *La Servilleta*, une représentation de la Vierge à l'Enfant qui aurait été peinte sur une serviette *(servilleta)*. Offrez-vous ensuite une séance de lèche-vitrines calle Sierpes pour admirer robes de flamenco et mantilles *(p. 81)*. Traversez le fleuve pour rejoindre Triana, quartier ouvrier traditionnel de Séville *(p. 120)*. Visitez son marché animé et découvrez ses meilleurs bars à tapas lors d'un circuit culinaire (départ à 12 h 30 ; *www.azahar-sevilla.com*).

Après-midi Consacrez le reste de l'après-midi au merveilleux barrio Santa Cruz *(p. 72)* et à ses ruelles étroites bordées de maisons blanches aux balcons débordant de géraniums. À travers des portails en fer forgé, vous pourrez apercevoir les patios fleuris et les jardins typiques de ce quartier. Ne manquez pas de visiter la grande cour et le jardin de la casa de Pilatos *(p. 89)*, une somptueuse demeure encore habitée par les ducs de Medinaceli.

Soir Pour une expérience inoubliable, offrez-vous une visite nocturne du Real Alcázar *(p. 78)*, où vous serez guidé par des acteurs costumés en Fernando III, Isabelle la Catholique ou encore Lope de Vega. Après avoir exploré ce monument mudéjar incontournable, allez dîner à la Vinería San Telmo, réputée pour ses tapas créatives *(p. 86)*.

1

2

3

4

←

1 Balade à vélo sur la rive du Guadalquivir, à Séville

2 Le puente Nuevo, à Ronda

3 Une maison chamarrée de l'Albaicín, à Grenade

4 Installation artistique au centre de Málaga

5 JOURS
en Andalousie

Jour 1

La ville de Grenade incarne le mieux l'esprit de l'ancien al-Andalus. Commencez par le quartier maure de l'Albaicín *(p. 220)* aux ruelles bordées de boutiques, de thermes et de cafés. Après un déjeuner au Mirador de Morayma *(p. 214)*, qui offre de superbes vues, partez explorer l'Alhambra, avec ses plafonds alvéolés et ses patios bordés d'arcades, et les jardins du Generalife. Le soir, offrez-vous un spectacle de flamenco dans l'une des grottes du Sacromonte, où est né ce genre musical. Le Zambra María la Canastera, où se produisait la danseuse éponyme, est une excellente adresse *(www.marialacanastera.com)*.

Jour 2

Cordoue est située à 2 h de route à l'ouest de Grenade. Rejoignez directement le mercado Victoria, un marché gastronomique couvert *(p. 153)*. Vous pouvez facilement consacrer 2 h à l'exploration de la Mezquita *(p. 154)*, qui se dresse au cœur de la cité. Sillonnez les ruelles de l'ancien quartier juif jusqu'à la synagogue *(p. 152)*. Après en avoir exploré l'intérieur, découvrez la statue du philosophe Moïse Maïmonide. Terminez par un dîner aux Bodegas Campos *(www.bodegascampos.com)*, où l'on peut manger dans la bibliothèque, le bureau ou la sala los Célebres (« salle des Célébrités »).

Jour 3

Partez tôt pour avoir le temps d'explorer votre prochaine halte, Séville *(p. 54)*, située à 1 h 30 de Cordoue. Flânez dans le pittoresque barrio Santa Cruz *(p. 72)* et montez en haut de la Giralda *(p. 76)*. À midi, allez manger des tapas à la Casa Plácido *(www.casaplacido.es)*. Consacrez environ 2 h à la visite du Real Alcázar, l'un des plus beaux édifices d'Espagne *(p. 78)*. Le soir, allez voir un spectacle de flamenco sur l'autre rive, à Triana.

Jour 4

Mieux vaut arriver tôt à Ronda *(p. 184)* pour éviter les bus remplis de touristes. Perchée de chaque côté d'une gorge, cette jolie ville est surtout réputée pour ses arènes. Avec leurs arcades entourant un vaste cercle de sable, elles semblent tout droit sorties de la Rome antique. Empruntez le puento Nuevo pour un déjeuner au Bardal *(www.restaurantebardal.com)* dans la vieille ville. Comptez 1 h 30 pour rejoindre Málaga *(p. 186)* depuis Ronda. En arrivant, visitez le museo Picasso Málaga *(p. 188)* avant d'aller dîner dans un bar à fruits de mer tel que l'El Tintero II, où les serveurs passent entre les tables en proposant les plats qu'ils ont dans les mains *(avenida Salvador Allende 340 ; 952 20 68 26)*.

Jour 5

Commencez cette dernière journée par la visite de l'imposante Alcazaba *(p. 189)* et faites un peu de lèche-vitrines calle Marqués de Larios. Puis, direction El Pedregalejo pour une longue pause déjeuner dans l'un des restaurants de fruits de mer et une *siesta* digestive à l'abri du soleil. Le centre Pompidou Málaga étant ouvert jusqu'à 20 h, vous pouvez découvrir sa collection d'art contemporain après le coucher du soleil *(p. 188)*. Terminez votre séjour par un savoureux repas traditionnel au Restaurante Miguel *(www.restaurantemiguel.es)*.

→

1 Chevaux dans un pâturage, à El Rocío

2 La gruta de las Maravillas, à Aracena

3 Balade à vélo sur la *vía verde*

4 Entrée de la Mezquita, à Cordoue

Cet itinéraire vous permettra de découvrir les paysages sauvages de l'Andalousie et les activités offertes par la région. Les suggestions suivantes sont accessibles aux débutants et peuvent être adaptées aux enfants.

10 JOURS *en Andalousie*

Jour 1

En quittant Séville, offrez-vous un petit-déjeuner copieux à La Mundana, à Camas, à la sortie de la ville *(lamundana-cafe.negocio.site)*. Situé à 70 km à l'ouest, El Rocío *(p. 144)* est un village aux rues sablonneuses qui s'étend en bordure du parque nacional de Doñana *(p. 136)*. Admirez les flamants roses qui peuplent les marais avant d'aller déjeuner à Aires de Doñana *(p. 147)*, dont la carte met à l'honneur les produits locaux comme la crevette blanche. Consacrez l'après-midi à la visite en 4 x 4 du parc national où vous aurez peut-être la chance d'apercevoir un lynx. Enfin, passez la nuit au Complejo Pequeño Rocío *(p. 141)*.

Jour 2

Longez la côte en direction de Huelva et faites escale à Mazagón (45 min) pour sentir le sable entre vos orteils *(p. 140)*. Après cette pause plage, rejoignez Aracena, ville principale de la Sierra de Aracena, au nord *(p. 138)*. Vous pouvez déguster du *jamón ibérico* et d'autres spécialités régionales au Restaurante Tapas Jesús Carrión *(p. 138)*. Consacrez 1 h à la visite de la magnifique gruta de las Maravillas, découvrez le lavoir et ses vieux bassins en pierre, puis flânez dans le joli centre-ville planté de châtaigniers. Passez la nuit à l'hôtel Convento Aracena & Spa, un couvent du 17e siècle réaménagé *(www.hotelconventoaracena.es)*.

Jour 3

Serpentez à travers les villages de la Sierra Norte *(p. 145)* pour rejoindre Cazalla de la Sierra et arrêtez-vous à l'Embutidos y Quesos Corral *(p. 145)* pour faire des provisions. Louez des vélos auprès des Bicicletas Verde Vía *(www.bicicletasverdevia.com)*, puis suivez l'itinéraire de 19,5 km qui mène au Cerro de Hierro. Il longe les cascades de la Hueznar et est idéal pour un pique-nique. Avant de rentrer à Cazalla de la Sierra, offrez-vous des tapas au bar La Plaza *(plaza de España s/n, San Nicolás del Puerto)*. La Sierra Norte, réserve de ciel étoilé de l'Unesco, est l'endroit idéal pour admirer la voûte céleste.

Jour 4

Pour joindre Cordoue, seules 2 h suffisent *(p. 152)*. Après une balade au bord de la rivière, faites une pause déjeuner à la Casa Pepe de la Judería, située au cœur du quartier historique *(p. 153)*, puis offrez-vous une après-midi détente bien méritée au Hammam Al Ándalus *(cordoba.hammamalandalus.com)*. Le soir, installez-vous sur la terrasse de Horno San Luís *(www.hornosanluis.com)* pour siroter des cocktails et déguster un repas innovant. L'hôtel historique Hospedería del Atalia est un excellent choix pour la nuit *(www.hospederiadelatalia.com)*.

→

1

2

3

Jour 5

Une visite guidée est le meilleur moyen de découvrir le marché de Cordoue. Foodie & Experiences vous accompagne d'étal en étal et vous aide à choisir les meilleurs produits avant de vous apprendre à cuisiner des plats espagnols traditionnels *(foodieandexperiences.com)*. L'expérience se termine par la dégustation d'un succulent repas accompagné de vin blanc andalou. Passez l'après-midi à flâner dans les ruelles pavées du centre-ville, où vous découvrirez ici et là de jolis patios débordant de fleurs et de couleurs. Prenez ensuite la route de Benameji et allez dîner au Mesón Puerta del Convento, qui accueille parfois des spectacles *(mesonpuertadelconvento.com)*. Enfin, passez la nuit à la Posada de Momo *(laposadademomo.es)*.

Jour 6

Préparez-vous aux activités de la journée en prenant un petit-déjeuner copieux avant de rejoindre Cuevas Bajas, où OcioAventura Cerro Gordo vous propose une excursion enrichie d'une bonne dose d'adrénaline *(www.ocioaventuracerrogordo.co.uk)* : descente en rappel dans des gorges profondes, barbecue et rafting en eau vive sur les rapides. Gagnez ensuite Antequera, située à 30 min de route *(p. 200)*. Jamonería Fuentes est le lieu idéal où faire des provisions pour le pique-nique du lendemain *(calle San Agustín 8)*. Après cette journée bien remplie, profitez d'une bonne nuit de sommeil à l'hôtel Infante Antequera *(www.hotelinfanteantequera.com)*.

Jour 7

Réservez l'aventure du jour longtemps à l'avance. Situé à une heure de route, le Caminito del Rey est un sentier accroché à la paroi à plus de 100 m au-dessus du río Guadalhorce *(p. 197)*. Après avoir flirté avec ce gouffre vertigineux, louez un kayak pour explorer l'Embalse Conde de Guadalhorce, un réservoir d'eau d'un bleu intense *(www.zonarecreativalaisla.com)*. À l'heure du dîner, la Casa Abilio in Álora *(p. 200)* vous régalera de ses plats de saison

4

6

5

1 Foodie & Experiences, à Cordoue ↑
2 Rafting en eau vive, à Cuevas Bajas
3 Embalse Conde de Guadalhorce
4 Puerto Deportivo El Candado
5 Playa de Burriana, à Nerja
6 Balade en VTT, à Las Alpujarras

(www.restaurantecasaabilio.com). Enfin, passez la nuit à la Casa Arroyo de la Montaña *(partido de Sabinal 5)*.

Jour 8

Après un bon petit-déjeuner, il est temps de reprendre la route. Près de 1 h suffit pour rejoindre le Real Golf Club el Candado, où les golfeurs peuvent parfaire leur swing en profitant de superbes vues sur la Méditerranée *(www.clubelcandado.com)*. Effectuez le parcours 9 trous avant une pause déjeuner au restaurant du club, puis embarquez pour une excursion en bateau de 4 h au départ de Puerto Deportivo El Candado, à la périphérie de Málaga *(p. 186)*. Après avoir longé la côte, vous profiterez d'une séance de baignade en haute mer et pourrez même apercevoir des dauphins si la chance vous sourit *(www.malagacharter.com)*. Pour le dîner, direction Rincón de la Victoria, où le restaurant Mulse propose des plats traditionnels revisités *(mulse.es)*. Enfin, gagnez La Cala del Moral et passez la nuit au Balcón de La Cala, qui donne sur la plage *(calle Salvador Dalí 45)*.

Jour 9

Après une grasse matinée bien méritée, gagnez l'est et Nerja *(p. 202)*. Louez un kayak à la playa de Burriana pour explorer les anses environnantes *(nerjadiving.com)*. Dégustez quelques *espetos* (sardines grillées) au Merendero Moreno *(p. 202)*. Le soir, admirez le coucher de soleil depuis le Balcón de Europa puis offrez-vous un repas gastronomique au Restaurante Jacky *(calle el Chaparil 7)* ainsi qu'une nuit dans le luxueux boutique-hôtel Carabeo *(www.hotelcarabeo.com)*.

Jour 10

Bubión se trouve à 1 h 15 de route, au cœur de Las Alpujarras *(p. 234)*, une chaîne montagneuse verdoyante idéale pour les randonnées équestres. Sillonnées de pistes cavalières, ces montagnes abritent une faune et une flore variées. Sierra Trails vous fournit un panier-repas à déguster dans un lieu pittoresque *(www.spain-horse-riding.com)*. De retour à Bubión, découvrez la cuisine régionale du Teide *(calle Carretera 1)* et terminez votre séjour à l'hôtel Villa de Bubión.

Toiles de l'âge d'or
Connu sous le nom de *Siglo de Oro* (Siècle d'or), le 17e siècle vit l'émergence de l'école de Séville *(p. 50)*, un courant artistique avant-gardiste. Le museo de Bellas Artes de Séville abrite une superbe collection de ses œuvres. Venez un dimanche matin pour profiter du marché d'art et admirer, placées côte à côte, les toiles de maître anciennes et nouvelles.

→ Œuvres exposées au museo de Bellas Artes, à Séville

L'ANDALOUSIE ET LA VIE ARTISTIQUE

De Diego Velázquez à Pablo Picasso, l'Andalousie a vu naître d'innombrables artistes à travers les siècles, tous inspirés par sa lumière, ses paysages et ses traditions. Si la région abrite quantité de musées somptueux, il est aussi possible d'en découvrir la vie artistique en s'éloignant des sentiers battus.

TOP 4 ARTISTES ANDALOUS

Diego Velázquez (1599-1660)
Considéré comme le plus grand peintre du 17e siècle.

Bartolomé Esteban Murillo (1617-1682)
Maître du baroque espagnol, il est célèbre pour ses thématiques religieuses.

Luisa Roldán (1652-1706)
« La Roldana » est la première sculptrice espagnole de renom.

Pablo Picasso (1881-1973)
L'artiste moderne le plus influent du 20e siècle.

L'art à ciel ouvert
L'Andalousie regorge d'œuvres d'art en tous genres, des icônes religieuses aux graffitis. À Séville, *Glorieta de Bécquer* (1911) est une sculpture formée de figures romantiques. Réputée pour son street art, Málaga possède une fresque de 25 m de haut réalisée par OBEY, *Paz y Libertad* (2013).

→ *Glorieta de Bécquer* est un hommage au poète andalou

SECRETS D'INITIÉS
À vos pinceaux !

Laissez-vous tenter par un séjour artistique dans le village de Torrox, où Paint Andalucía *(paint-andalucia.com)* vous enseigne les bases pour créer votre propre chef-d'œuvre.

Málaga et l'art moderne

L'art andalou a connu un second âge d'or au 20e siècle grâce à des artistes comme Pablo Picasso. À Málaga, le museo Casa Natal de Picasso explore la jeunesse du peintre, tandis que le museo Picasso Málaga présente sa transition entre réalisme et cubisme. Si vous êtes amateur d'art contemporain, ne manquez pas le centre Pompidou.

↑ Le museo Picasso Málaga, à Málaga

Terre d'argile

L'Andalousie est réputée pour ses céramiques et Triana est le paradis des férus de poteries. Le Centro Cerámica Triana présente des pièces remontant à l'occupation maure. Achetez un souvenir à la boutique Ceramica Ruíz *(www.ceramicaruiz.es)* ou peignez votre propre carreau de céramique à l'espace Barro Azul *(p. 120)*.

← Atelier à l'espace Barro Azul, à Triana

Super marchés

De Cordoue à Cadix, pas un jour ne passe sans qu'un marché d'art et d'artisanat n'ait lieu dans la région. Tableaux et poteries abondent au mercado Paseo de Arte qui se tient le week-end à Triana. Le marché We Love Granada installe ses étals une fois par mois au paseo de las Tristes.

→ Créatrice de bijoux artisanaux au marché We Love Granada

Gothique à gogo

Plafonds voûtés, vitraux et flèches torsadées étaient le nec plus ultra de l'architecture du 15e siècle, dont la cathédrale de Séville *(p. 76)*, la plus grande église gothique au monde, est le plus bel exemple dans la région. Découvrez les secrets de sa construction lors d'une visite guidée de ses toits.

←

Balustrade en pierre du toit de la cathédrale de Séville

L'ANDALOUSIE ET L'ARCHITECTURE

Cathédrales gothiques, merveilles mauresques et structures contemporaines : les monuments de la région couvrent un large éventail de styles architecturaux. Découvrez ces trésors andalous, avec leurs superbes façades, leurs tours élancées et leurs rooftops.

TOP 3 ARCHITECTES ANDALOUS

Hernán Ruiz le Jeune (1514-1569)
Avec son père et son fils (qui s'appelaient aussi Hernán Ruiz), il a conçu une partie de la Mezquita de Cordoue *(p. 154)*.

Eufrasio López de Rojas (1628-1684)
Cet architecte baroque est à l'origine des agrandissements de la cathédrale de Jaén *(p. 158)*.

Aníbal González (1876-1929)
Ses créations extravagantes incluent la superbe plaza de España *(p. 112)*.

Royale Renaissance

Les édifices harmonieux du 16e siècle allient grâce et finesse. À Séville, ce style est parfaitement représenté par l'Archivo de Indias *(p. 86)*, qui célèbre l'époque des grandes découvertes. Montez l'escalier de marbre et découvrez les cartes anciennes exposées dans les salles de lecture. Avec ses tours jumelles et sa façade richement décorée, la cathédrale de Jaén est un autre chef-d'œuvre de la Renaissance *(p. 158)*. Ne manquez pas la sacristie, qui abrite peintures, sculptures et objets religieux.

→

Orgue principal et plafond voûté de la cathédrale de Jaén

↑ Couchér de soleil sur Séville depuis le Metropol Parasol

Architecture moderne

Si Séville et l'Andalousie recèlent quantité de trésors historiques, certains des édifices les plus marquants de la région sont résolument ultramodernes. Il n'est pas difficile de comprendre pourquoi les habitants de Séville surnomment le Metropol Parasol *Las Setas* (« les champignons ») : conçu par Jürgen Mayer, la structure de six parasols en forme de corolle abrite un marché, un musée, un restaurant et une passerelle. Réservez l'un des derniers créneaux horaires pour boire un verre au bar du rooftop en profitant d'un magnifique coucher de soleil.

« LA » VUE
Tour de force

Point culminant de Séville, la torre Sevilla *(p. 124)* s'élève à 180 m de hauteur. Montez sur le toit du centre commercial attenant pour profiter du meilleur point de vue sur cette tour moderne.

Du neuf avec du vieux

Véritable carrefour culturel à travers les siècles, l'Andalousie a vu l'émergence de styles architecturaux entièrement nouveaux. Au 19e siècle, le courant néomudéjar opère la fusion entre les tendances et techniques mauresques et européennes. Louez une barque au parque María Luisa de Séville pour découvrir la plaza de España *(p. 112)*, avec ses colonnades, ses fontaines et ses jolis *azulejos*.

Promenade et *azulejos* (médaillon) de la plaza de España, à Sévillle ↑

Redoutables forteresses

La puissance des Maures n'est nulle part plus visible que dans leurs forteresses impénétrables. Édifiée sur une colline boisée sur le site d'une ville romaine, l'Alcazaba de Málaga en est l'un des exemples les plus spectaculaires. Assistez à une pièce de théâtre ou à un concert dans l'amphithéâtre situé en contrebas afin de vous imprégner des lieux *(p. 189)*. L'Alcazaba d'Almería est tout aussi pittoresque. Ses murs massifs cachent des jardins paysagers débordant de plantes odorantes : le lieu idéal pour une promenade.

L'ANDALOUSIE ET LES MERVEILLES MAURES

L'Andalousie recèle une myriade d'architectures différentes. Pourtant, aucune n'est plus étroitement associée à la région que le style mauresque. Explorez les nombreux édifices maures de la région et laissez-vous transporter à l'époque d'al-Andalus.

CURIOSITÉ
La Medina Azahara

La plupart des édifices maures se dressent encore fièrement au cœur des cités andalouses, mais certains n'ont pas été épargnés par le temps. À l'ouest de Cordoue, mosquée, jardins et palais royaux de la Medina Azahara ont laissé place à un champ de ruines *(p. 164)*.

Lieux de prière

Nombre de mosquées sont devenues des églises après la Reconquête. Aucune n'illustre mieux ce syncrétisme religieux que la Mezquita de Cordoue, où une cathédrale du 16e siècle côtoie une salle de prière maure bordée d'innombrables arcs bicolores.

→

Les arcs califaux rouge et blanc de la Mezquita, à Cordoue

«LA» VUE
Vue sur palais

Le Mirador de San Nicolás offre le meilleur point de vue de Grenade. De là, on peut voir l'Alhambra, juchée au milieu d'une forêt d'ormes plantés par le duc de Wellington en 1812. Le panorama est particulièrement splendide au coucher du soleil.

← L'Alcazaba de Málaga domine des ruines romaines

À Séville, la torre del Oro se dresse au milieu des palmiers ↑

Tours impressionnantes

En érigeant les minarets des mosquées et les tours des forteresses, les architectes maures semblaient vouloir atteindre le ciel. Dressée sur la rive du Guadalquivir, la torre del Oro monte la garde sur les remparts de Séville *(p. 69)*. Aventurez-vous à l'intérieur de cette tour dodécagonale pour profiter d'une vue imprenable sur Triana.

↑ Palais nasrides de l'Alhambra, à Grenade

Palais opulents

À Grenade, les architectes de l'Alhambra s'étaient donné pour mission de créer un paradis terrestre : pari réussi… Apprenez-en plus sur le site en visitant les palais nasrides au cœur du complexe. La nuit, l'éclairage atmosphérique des patios rend l'expérience inoubliable.

Faites un *tapeo*

Les Sévillans revendiquent la paternité des tapas, mais on trouve ces délicieux amuse-gueules dans toute l'Andalousie. Cordoue est par exemple réputée pour son fromage au lait de brebis, tandis que les *tortillitas de camarones* (beignets de crevette) sont une spécialité de Cadix. Le *tapeo* (tournée des bars à tapas) est une façon typique de passer une soirée. À Grenade, où la tradition reste marquée, une *tapa* est offerte avec chaque boisson.

→

Bar à tapas au centre de Grenade

L'ANDALOUSIE ET LA GASTRONOMIE

L'Andalousie est idéale pour découvrir les traditions culinaires espagnoles. Mais la région est surtout connue pour être le berceau des tapas - du moins, à en croire les habitants. Ces petits amuse-gueules offrent l'occasion de goûter à un vaste choix de mets savoureux.

Mer nourricière

Bordée par l'Atlantique et la Méditerranée, l'Andalousie offre de nombreuses spécialités de la mer, comme le *choco* (seiche) frit, les *coquinas* (palourdes) marinées à l'ail et au vin blanc ou encore le thon, à déguster notamment à Barbate. Si vous voulezdécouvrir quelques recettes andalouses, contactez Cooking Olé *(www.cookingole.com)* pour apprendre à concocter une paella à Séville, ou encore Spain Food Sherpas *(www.spainfoodsherpas.com)*, à Málaga, pour réaliser des tapas de poisson.

←

Plat de paella, à Séville

Les grands espaces

Les spécialités régionales andalouses n'existeraient pas sans la campagne environnante. Élevés en totale liberté dans les collines et pâturages de la région, les porcs ibériques suivent un régime alimentaire spécial à base de glands. On doit à ces cochons noirs le *jamón ibérico*, délicieux mets que les Andalous savourent au petit-déjeuner ou en tapas. L'Andalousie produit également du fromage, autre fleuron de la cuisine régionale. Finca Los Robledos *(carretera Castanuelos s/n)*, une ferme bio de la Sierra de Aracena, vous fera découvrir les secrets de fabrication de son fromage de chèvre.

SECRETS D'INITIÉS

Bon appétit bien sûr!

Un cours de cuisine est le meilleur moyen de rapporter chez vous un peu d'Andalousie. À Séville, Taller Andaluz de Cocina vous emmène faire des emplettes au marché avant de vous enseigner les secrets du gaspacho, de la *carrillada* (joue de porc) et d'autres grands classiques andalous *(www.tallerandaluz decocina.com)*.

← Fromage de chèvre crémeux de la province de Málaga

Avec son patrimoine culinaire très riche, l'Andalousie accueille sans surprise nombre de restaurants étoilés. Voici deux excellentes adresses :

Aponiente
A B4 Calle Francesco Cossi Ochoa, El Puerto de Santa María
W aponiente.com

€€€

Noor
A D3 Calle Pablo Ruiz Picasso 8, Cordoue
W noorrestaurant.es

€€€

↑ Terrasse d'un café de Séville à l'ombre des orangers

Le pays des oranges

Quoi de plus évocateur de Séville que ses oranges ? Mais pensez-y à deux fois avant d'en cueillir une : ces fruits, idéaux pour la marmelade, sont très amers ! Les variétés douces sont cultivées ailleurs en Andalousie. En mai, la récolte des fruits est l'occasion d'une fête à Coín *(www.turismocoin.com)*.

Et que ça mousse !
Quand le mercure commence à grimper, les Andalous préfèrent souvent au *fino* une bière bien fraîche. On trouve des brasseries dans nombre de villes. À Séville, vous pourrez vous désaltérer aux Cervezas Río Azul *(www.cervezasrioazul.com)* ou au Maquila *(calle Delgado 4; 955 18 23 20)*. À Cordoue, Cervezas Califa sert tous types de bières, de la brune à la blanche *(www.cervezascalifa.com)*.

→
Cuves de fermentation en inox à la brasserie Cervezas Río Azul

L'ANDALOUSIE À VOTRE SANTÉ

L'Andalousie peut afficher des températures torrides, surtout en été. Heureusement, la région propose presque autant de boissons que de variétés de tapas pour les accompagner. Que vous soyez amateur de vin, de bière ou d'alcool fort, vous n'aurez aucun mal à étancher votre soif.

Les alcools forts
Si vous aimez les boissons fortes, l'Andalousie est faite pour vous. Le gin est très populaire à Málaga, où l'on peut siroter quelques mélanges intéressants tel que le gin à la carotte violette de Simbuya *(www.simbuyagin.com)*. La production d'eau-de-vie est importante à Jerez de la Frontera, où des bodegas comme González Byass proposent des visites de leur distillerie *(p. 179)*. Apprenez-en plus sur l'anisette au museo del Anis de Rute *(www.museodelanis.com)* et goûtez la miura, liqueur de cerise dont la recette fut élaborée dans un couvent de Cazalla de la Sierra *(p. 145)*.

←
Tonneaux en bois au museo del Anis de Rute, près de Lucena

Un peu de légèreté

Les boissons légères étant plus adaptées aux fortes chaleurs, les Andalous sont passés maîtres dans l'art d'alléger leurs bières et vins préférés. L'exemple le plus connu, la sangria, est un cocktail de vin rouge et de fruits que les Andalous ne boivent qu'à l'occasion de fiestas mais que l'on trouve toute l'année dans les bars. Moins sucré et plus populaire dans la région, le *tinto de verano* est un mélange de vin rouge et de soda. Si l'idée de boire du vin rouge dans la chaleur torride de l'été vous rebute, commandez une *clara*, version andalouse du panaché. On y ajoute parfois du jus de citron pour donner au breuvage un petit goût d'agrume rafraîchissant.

← Verre de *tinto de verano*

Par forte chaleur, les citadins se réfugient sur les rooftops pour siroter une boisson rafraîchissante.

El Balcón de Las Setas
B3 Plaza de la Encarnación, Séville
elbalcondelassetas.es

La Terraza de San Juan
D4 Calle San Juan 11, Málaga hotelmalagapremium.com

Hotel Alhambra Palace
E4 Plaza Arquitecto García de Paredes 1, Grenade
h-alhambrapalace.es

Sherry, c'est moi !

Les vignobles andalous produisent différentes variétés de vins rouges, blancs et fortifiés. Le célèbre xérès, aussi appelé sherry (ou *fino* en espagnol), est fabriqué exclusivement entre Jerez de la Frontera, Sanlúcar de Barrameda et El Puerto de Santa María. Fondées en 1730, les bodegas Fundador possèdent un vaste magasin, « la Mezquita » (baptisé ainsi en raison de ses arcs mauresques), qui abrite plus de 40000 tonneaux. Découvrez les secrets de fabrication de ce vin fortifié lors d'une visite avec dégustation ou offrez-vous un repas dans lequel chaque plat est accompagné d'un xérès ou d'une eau-de-vie spécifique.

→ Dégustation de différents xérès lors d'un festival andalou

Début de soirée

Les soirées débutent à la *hora del aperitivo*, entre 20h30 et 22h (heure des tapas). Offrez-vous un *tapeo* *(p. 32)* à l'instar des Andalous avant de vous rendre dans un *bar de copas* (bar à cocktails). À Séville, le Gigante, où l'on sirote les cocktails en terrasse *(p. 98)*, et l'Americano, bar de style Art déco de l'hôtel Alfonso XIII *(p. 114)*, sont deux excellentes adresses.

L'ANDALOUSIE À LA NUIT TOMBÉE

Le fait que la langue espagnole possède un mot *(madrugada)* pour désigner les heures comprises entre minuit et l'aube en dit long sur la vie nocturne andalouse. Des bars à tapas aux boîtes de nuit, des rooftops aux *tablaos (p. 44)*, la région comblera tous les couche-tard.

Tous en boîte !

Les grandes villes andalouses abritent des discothèques en tous genres. À Marbella, l'opulent Golden Mile est bordé de méga night-clubs. Les fans de rock préféreront le Fun Club de Séville, qui accueille des groupes qui montent *(www.funclubsevilla.com)*. Dans la même veine, Grenade abrite des salles underground, comme le Planta Baja *(plantabaja.net)*.

←

Groupe de rock sur la scène du Planta Baja, à Grenade

↑ Une rue de Santa Cruz bordée de restaurants et de bars, à Séville

↑ Vue depuis le bar du rooftop de l'hôtel EME Catedral Mercer

Sortie en terrasse

Si Séville manque de gratte-ciel, elle regorge en revanche de terrasses. Comme son nom l'indique, le bar de l'hôtel EME Catedral Mercer est « le » lieu où aller pour admirer la cathédrale *(www.emecatedralmercer.com)*. Juché en haut du Metropol Parasol, El Balcón de Las Setas offre également une belle vue. Si vous préférez les lieux plus animés, allez danser à la Terraza Bilindo, dans le parque María Luisa.

↑ Festival de Flamenco de Jerez et affiche de l'événement (médaillon)

CURIOSITÉ
Les nuits d'Alcázar

À Séville, les jardins du Real Alcázar accueillent des concerts variés pendant les mois d'été. Peut-on rêver meilleure scène que ce décor paradisiaque ? Consultez le site Internet des Noches en los Jardines del Real Alcázar pour connaître le programme *(www.actidea.es)*.

En avant la fiesta !

En Andalousie, les festivals ne manquent pas. En juillet, les jazzmen affluent à Almuñécar pour Jazz en la Costa *(www.jazzgranada.es)* tandis que le monde du blues et de la soul se retrouve au BluesCazorla Festival *(p. 47)*. Pour une manifestation plus traditionnelle, profitez du festival du flamenco de Jerez *(p. 47)* ou le Certamen Internacional de Guitarra Clásica Andrés Segovia *(www.certamenandressegovia.com)*.

Parcs à thème

L'Andalousie ravira les amateurs de sensations fortes. À Séville, Isla Mágica retrace les voyages d'explorateurs, avec des montagnes russes décoiffantes et des reconstitutions de l'Amérique du 16e siècle *(p. 122)*. Réveillez le cow-boy qui est en vous dans l'univers cinématographique du désert de Tabernas *(p. 231)*. Costumes, duels mis en scène et décors de westerns spaghetti des années 1960 et 1970 vous attendent dans les parcs Oasys - Parque Temático del Desierto de Tabernas *(www.oasysparquetematico.com)* et Fort Bravo Texas Hollywood *(www.fortbravo.es)*.

→ Chaises volantes et montagnes russes (médaillon) au parc Isla Mágica, à Séville

L'ANDALOUSIE EN FAMILLE

Avec ses plages, ses parcs à thème et ses innombrables activités en plein air, l'Andalousie apparaît comme « la » destination idéale des vacances en famille. En ville, les attractions destinées aux enfants et les espaces verts feront le bonheur des plus jeunes.

Vacances actives

L'Andalousie est une terre d'aventures. Partez à la recherche des dauphins du détroit de Gibraltar avec Dolphin Safari *(www.dolphinsafari.gi)*, louez une barque au parque María Luisa de Séville ou explorez l'Embalse Conde de Guadalhorce en kayak *(www.indiansport.es)*. De retour sur la terre ferme, le Peque Safari vous fera découvrir les fossiles et la flore du parque natural del Torcal lors d'une balade à travers ses rochers massifs *(www.torcaldeantequera.com)*.

← Formations rocheuses du parque natural del Torcal

TOP 3 **FÊTES EN FAMILLE**

Día de los Reyes
Le soir du 5 janvier, les trois Rois mages défilent à travers les villes andalouses sur de petits attelages et lancent des bonbons aux enfants.

Carnaval
En février, pendant deux semaines, les enfants espagnols se déguisent pour aller à l'école et des défilés ont lieu dans tout le pays. À Cadix, les festivités rivalisent avec celles du carnaval de Rio.

Fiesta de San Juan
La fête de la Saint-Jean est célébrée le 23 juin avec des feux d'artifice.

Un lémurien du parque de las Ciencias, à Grenade ↑

En cas de pluie

Si la pluie vient jouer les trouble-fêtes, les musées sont vos meilleurs alliés. À Grenade, le parque de las Ciencias présente la science de façon ludique *(www.parqueciencias.com)*. À Séville, le CaixaForum accueille concerts, ateliers et projections de films *(p. 123)*, et Costajump propose une activité trampoline *(www.costajump.com)*. Vous pouvez aussi opter pour un cours de cuisine de l'organisation A Taste of Spain *(www.atasteofspain.com)*.

En famille

La côte andalouse est idéale pour des vacances en famille. Dominant la playa El Playazo dans le parque natural de Cabo de Gata, le castillo de San Ramon, qui protégeait autrefois la côte des flibustiers, ravira les plus jeunes. Les plages de Málaga ont beaucoup à offrir aux adolescents : équipements sportifs, terrains de volley et vélos électriques pour se balader le long de la promenade. Les stations balnéaires de Benalmádena et Fuengirola regorgent également d'activités familiales.

Plage de Fuengirola, Costa del Sol ↑

L'ANDALOUSIE ET LA PLAGE

De la station balnéaire de Marbella aux eaux de Tarifa, idéales pour la planche voile, l'Andalousie est une destination de choix pour les amateurs de plage, grâce à ses côtes ensoleillées qui s'étendent sur plus de 900 km.

Sports nautiques

Tarifa est une destination mondialement réputée pour le kitesurf et la planche à voile. Apprenez à dompter les vagues au Surf Center Tarifa *(www.surfcentertarifa.com)*. À 14 km de Marbella, Cabopino est idéal pour les débutants. Contactez Nalusur *(nalusur.com)*.

← Kitesurf sur les eaux turquoise de Tarifa

Strass et paillettes

La jet-set internationale apprécie depuis toujours les 23 plages de Marbella, particulièrement celle de Nikki, la plus réputée. Située à 35 km de Cadix, la station balnéaire Poblado de Sancti Petri est moins connue. Elle abrite des restaurants haut de gamme, des hôtels de luxe ainsi que le Real Novo Sancti Petri, un parcours de golf créé par Seve Ballesteros, où vous pouvez jouer à quelques mètres du sable *(www.clubgolfrealnovosanctipetri.com)*.

← À l'ombre des parasols, à Marbella

TOP 5 PLAGES ANDALOUSES

Matalascañas
Cette belle plage se trouve à 1 h 10 de Séville *(p. 147)*.

Mazagón
Située à seulement 25 min de la ville de Huelva, la plage de Mazagón *(p. 140)* s'étend à perte de vue.

Punta Umbría
Cette station balnéaire est à 20 km du centre de Huelva *(p. 138)*.

Playa de Caleta
La plage de Cadix est facilement accessible en transports en commun *(p. 180)*.

Playa la Barrosa
Cette plage longue de 6 km est à seulement 40 min de route de Cadix.

CURIOSITÉ
Plages désertes

Le parque natural de Cabo de Gata est ourlé de bandes de sable et de dunes peu fréquentées *(p. 230)*. Ces plages immaculées, souvent difficiles d'accès et avec peu d'infrastructures, valent le déplacement, en particulier la playa San Pedro.

Vamos a la fiesta!

Les *chiringuitos* (bars de plage) sont indissociables des vacances estivales en Espagne. Fêtards et touristes affluent à Tarifa, où se produisent les meilleurs DJ de la planète *(p. 192)*. Au Waves Beach Bar, on peut danser pieds nus dans le sable *(beachbartarifa.com)*. Installé sur la plage de Punta Umbría *(p. 138)*, le Mosquito Club *(www.mosquitoclub.es)* offre une atmosphère décontractée.

Coucher de soleil sur un bar de plage, à Tarifa ↑

Passion rando

La Sierra Nevada est un massif idéal pour les férus de randonnée. Surnommé « le roi de la moyenne montagne », le pico del Trevenque promet une ascension difficile mais gratifiante. Au nord-est de Grenade, le Cañada Sereno, un sentier du parque natural de la Sierra de Huétor, offre un parcours moins ardu. Des cartes sont disponibles sur le site de Trek Sierra Nevada *(treksierranevada.com)*.

←

En route vers le puente Nuevo qui enjambe la gorge de Ronda

L'ANDALOUSIE ET LES ACTIVITÉS EN PLEIN AIR

Jouissant d'un climat agréable et d'une palette de paysages variés allant des marais aux montagnes, l'Andalousie invite à l'exploration. Surf dans le détroit de Gibraltar, ski dans la Sierra Nevada ou vélo sur des pistes aménagées : le choix vous appartient.

Plongée en eaux turquoise

Baignant dans des eaux riches en poissons, La Herradura et le parque natural de Cabo de Gata sont réputés pour leur plongée sous-marine. La Federación Española de Actividades Subacuáticas vous indiquera les écoles de plongée les plus proches *(fedas.es)*.

→

Punta de la Mona, une anse de la baie de La Herradura

En piste !

Le ski n'est pas la première activité à laquelle on pense lorsque l'on voyage en Andalousie… Pourtant, les sommets enneigés de la Sierra Nevada sont idéaux pour les sports d'hiver. En plus du ski et du snowboard, adonnez-vous à la luge, à la motoneige et aux raquettes. En bonus, vous aurez le plaisir de pouvoir vous baigner dans les eaux chaudes de la Méditerranée après avoir passé la matinée sur les pistes. On peut également se revigorer au bar de la station de Pradollano, très fréquenté par les étudiants de Grenade.

→

Selfie sur une piste de la Sierra Nevada

La vie sauvage

Les étendues sauvages de l'Andalousie sont peuplées d'un large éventail d'espèces, petites et grandes. Le parque nacional de Doñana est le refuge du lynx ibérique ; cerfs élaphes et sangliers vivent dans le parque natural de las sierras de Cazorla, Segura y Las Villas ; enfin, la Fuente de Piedra attire des milliers d'oiseaux.

←

Renard du parque natural de las sierras de Cazorla, Segura y Las Villas

En roue libre

L'Andalousie est le paradis des cyclistes. Activité très prisée dans les sierras, le VTT est la spécialité de Cycle Sierra Nevada *(www.sierranevada.cc)*. La région est en outre sillonnée de pistes cyclables, les *vías verdes* (« voies vertes »), dont les itinéraires sont disponibles en ligne *(www.viasverdes.com)*.

→

Cyclistes dans les contreforts de la Sierra Nevada

La gran fiesta

La Biennale de Flamenco de Séville offre la meilleure des occasions pour s'imprégner de l'âme andalouse *(www.labienal.com)*. Les années paires, le monde du flamenco se donne rendez-vous dans des lieux comme le teatro Lope de Vega ou la plaza de Toros de la Maestranza. Au programme : jupons virevoltants et rythmes endiablés ! Parmi les autres festivals, citons le Concurso Nacional de Flamenco, à Cordoue (tous les 3 ans, *nacionaldearteflamenco.webnode.es*), et le Festival Annual de Flamenco de Jerez *(p. 47)*.

→ Cérémonie d'ouverture de la Bienal de Flamenco sur les bords du Guadalquivir, à Séville

L'ANDALOUSIE ET LE FLAMENCO

Aucune forme d'expression artistique n'est plus étroitement liée à l'Andalousie que le flamenco. Ses chants, ses guitares et ses percussions font battre le pouls du sud de l'Espagne. Plongez dans l'âme andalouse en allant voir un spectacle ou en vous offrant un stage d'initiation.

TOP 4 ARTISTES DE FLAMENCO

Camarón de la Isla (1950-1992)
Un des plus grands chanteurs de flamenco.

Paco de Lucía (1947-2014)
Ce guitariste novateur a insufflé du jazz dans le flamenco.

Carmen Linares (née en 1951)
Chanteuse de flamenco récompensée de nombreux prix.

Niña Pastori (née en 1978)
Grande chanteuse contemporaine.

Alors on danse

Le meilleur moyen de ressentir le *duende* (esprit) du flamenco est de le pratiquer soi-même. À Séville, le museo del Baile Flamenco propose des ateliers de danse et de *cajón (p. 84)*, tandis que Taller Flamenco offre des stages de guitare, de chant et de danse (un jour ou un mois, *www.tallerflamenco.com*).

→ Cours de flamenco dans une école de Triana, à Séville

Tablaos contre *peñas*

Les clubs de flamenco comptent presque autant dans le cœur des Andalous que la danse elle-même. La plupart des villages possèdent au moins une *peña*, lieu idéal pour s'imprégner de *duende*. À Jerez de la Frontera, vous trouverez la Peña La Buleria *(calle Empedrada 20 ; 856 05 37 72)*. Plus visibles, les *tablaos* sont également parfaits pour découvrir cet art. Contrairement aux *peñas,* ces clubs font souvent payer l'entrée, qui inclut parfois des boissons ou un repas. Les meilleurs *tablaos* de Séville sont répertoriés p. 85. Pour vous immerger dans l'univers du flamenco et découvrir les meilleurs *tablaos* et *peñas* de la région, suivez l'un des itinéraires proposés par le site Internet de l'office de tourisme d'Andalousie *(www.andalucia.org)*.

CURIOSITÉ

Secrets de Sacromonte

À Grenade, le quartier de Sacromonte était autrefois habité par les gitans, qui s'y installèrent à la fin du 15e siècle. Les voyageurs venaient assister à des démonstrations spontanées de flamenco dans les grottes qui criblent la colline. Revivez cette époque à la Venta El Gallo *(www.ventaelgallo.com)*.

← Spectacle de flamenco, Tablao El Cardenal, à Cordoue

↑ Rodrigo y Gabriela interprétant leur musique *nuevo flamenco*

Flamenco fusion

Né du mélange de traditions venues d'Europe, d'Asie et du Moyen-Orient, le flamenco continue d'évoluer en fusionnant avec divers genres musicaux. Les années 1960-1970 ont vu l'émergence du flamenco rock avec des groupes comme Triana. Le guitariste légendaire Paco de Lucía a intégré la rumba cubaine au flamenco traditionnel. Rodrigo y Gabriela, un duo d'artistes folk, ont créé un style unique, le *nuevo flamenco,* qui mêle influences classiques et rock.

À VOS AGENDAS

JANVIER

△ Día de los Reyes *(le 5)*. Les Rois mages lancent des bonbons aux enfants.

Fiesta de San Anton *(les 16 et 17)*. Feux de joie, feux d'artifice et festins pour célébrer le saint patron des animaux.

FÉVRIER

△ Los Carnavales *(fév.-mars)*. Partout, le carnaval est célébré avec fougue, en particulier à Cadix.

Festival de Música Antigua *(fév.-mars)*. Concerts de musique classique à Séville pendant trois semaines.

MAI

△ Festival de los Patios *(2e semaine)*. Les habitants de Cordoue habillent leurs patios de fleurs de toutes les couleurs.

Romería del Rocío *(fin mai-déb. juin)*. Des pèlerins de toute la région se rendent en attelage au santuario El Rocío.

JUIN

Festival Internacional de Música y Danza *(de mi-juin à déb. juil.)*. À Grenade, ballets et concerts de musique classique à l'Alhambra et dans le Generalife.

△ Noche de San Juan *(le 23)*. Partout, on célèbre la Saint-Jean avec des fêtes de rue, des feux d'artifice et des feux de joie. À Cadix, on brûle des *juanillos* (poupées de chiffon).

SEPTEMBRE

△ Fiesta de la Vendimia de Jeréz *(2 premières semaines)*. Célébration des vendanges à Jerez de la Frontera avec, entre autres, foulage du raisin et dégustations.

Bienal de Arte Flamenco *(sept.-oct., années paires)*. Les plus grands artistes de flamenco se réunissent à Séville.

OCTOBRE

△ Festival Iberoamericano de Teatro *(2 dernières semaines)*. Ce festival de théâtre réunit à Cadix des troupes espagnoles et latino-américaines.

Fería de San Lucas *(mi-oct.)*. Les danses, la gastronomie et les sports régionaux sont célébrés pendant une semaine à Jaén.

MARS

△ **Jerez Annual Flamenco Festival** *(fév.-mars).* Jerez de la Frontera baigne dans le *duende.*

Semana Santa *(mars-avr.).* Processions solennelles de pénitents dans toute la région. Celle de Séville est spectaculaire.

AVRIL

△ **Feria de Abril** *(2 semaines après Pâques).* À Séville, cette fête rassemble 1 000 chapiteaux sous lesquels le xérès coule à flots, des manèges s'installent et des foules dansent les *sevillanas,* la danse traditionnelle typique de la ville. C'est sans conteste le festival le plus exubérant de la région et de l'année.

JUILLET

Guitar Festival *(déb. juil.).* Cordoue accueille des concerts de guitare de tous styles, du classique au flamenco.

△ **Blues Festival** *(mi-juil.).* Rassemblement international à Cazorla pour le plus grand festival de blues du pays.

Fiesta de la Virgen del Carmen *(le 15).* La Vierge est célébrée dans les villages côtiers.

AOÛT

△ **Fiestas Colombinas** *(le 3).* À Huelva, concours de sports nautiques, concerts et autres activités pour rendre hommage à Christophe Colomb et aux navigateurs qui prirent la mer depuis la ville.

Fiestas de la Exaltación del Río Guadalquivir *(3e semaine).* Au coucher du soleil, des courses de chevaux accompagnées de musique ont lieu sur la plage de Sanlúcar de Barrameda.

NOVEMBRE

Festival Internacional de Jazz *(déb. nov.).* Grenade et Séville accueillent les meilleurs jazzmen.

△ **Jornadas Micologicas** *(mi-nov.).* Cueillette et préparation des *setas* (champignons) à Aracena, Huelva et Constantina.

National Flamenco Competition *(mi-nov.).* Concours de musique et de danse à Cordoue.

DÉCEMBRE

Nochebuena *(le 24).* Repas en famille à l'occasion du Réveillon, suivi d'une messe de minuit.

△ **Fiesta de los Verdiales** *(le 28).* À Málaga, des *pandas* (groupes) aux costumes colorés et aux coiffes extravagantes s'affrontent en exécutant des *verdiales,* une musique traditionnelle.

1

REPÈRES HISTORIQUES

L'Andalousie a été façonnée par les différentes cultures qui s'y sont succédé à travers les siècles. C'est dans cette région que l'occupation de la péninsule ibérique par les Maures commença et s'acheva. De ce passé tumultueux est née une identité culturelle unique et fascinante.

Premiers peuplements de l'Andalousie

Les premiers habitants s'établirent dans la région il y a environ 800000 ans. Ces chasseurs-cueilleurs furent supplantés par des tribus néolithiques sédentaires vers 5000 av. J.-C. Vers 1100 av. J.-C., les marchands phéniciens franchirent la Méditerranée et fondèrent Cadix, un comptoir commercial devenu l'une des plus anciennes villes européennes. Les Grecs arrivèrent à partir de 600 av. J.-C. Entre-temps, les Celtes se mêlèrent aux Ibères, donnant naissance aux peuples celtibères. Ces cultures coexistèrent jusqu'à l'invasion de Carthage en 500 av. J.-C.

1 Carte des provinces de l'Hispanie romaine ↑

2 Peintures rupestres de la cueva de los Letreros, en Almería

3 Mosaïque romaine, à Itálica

4 Ornement en stuc de l'Alhambra, à Grenade

Chronologie

800000 av. J.-C

Des hominidés sont présents dans la région de Cadix.

50000 av. J.-C.

Des Hommes de Néandertal vivent à Gibraltar.

1100 av. J.-C.

Fondation de Cadix par les Phéniciens.

500 av. J.-C.

Carthage colonise le sud de l'Espagne.

218 av. J.-C.

Début de la deuxième guerre punique ; Rome étend son contrôle sur la péninsule.

2

3

4

Hispania Baetica

Décidés à bloquer l'expansion de Carthage, les Romains prirent le contrôle de la péninsule au terme de la deuxième guerre punique. Leur nouveau territoire, baptisé « Hispania », fut divisé en trois provinces. La Bétique (Baetica) recouvrait à peu près l'actuelle Andalousie. Grâce à sa production d'huile d'olive et de blé, elle devint rapidement l'une des régions les plus prospères de la Méditerranée. Lors de l'effondrement de l'Empire romain d'Occident, en 476, l'Hispanie fut laissée aux mains des Wisigoths, une tribu germanique nomade.

Le saviez-vous ?

Le nom « Hispanie » signifierait « terre des lapins ».

Al-Andalus

Profitant de la désorganisation politique des Wisigoths, les Maures, peuple arabo-berbère du Maghreb, conquirent en 711 la péninsule. Ils baptisèrent leur nouveau territoire al-Andalus. À son apogée, celui-ci s'étendait jusqu'au sud de la France. Pendant 700 ans, les Maures réalisèrent des progrès majeurs dans divers domaines tels que les mathématiques, la science, les arts et l'architecture. En 929, un califat puissant et prospère fut fondé à Cordoue, qui devint l'épicentre de toutes ces avancées.

201 av. J.-C.
Carthage cède ses territoires espagnols aux Romains.

415
Les Wisigoths arrivent du nord de l'Europe ; 61 ans plus tard, ils contrôlent toute l'Espagne.

476
Chute de l'Empire romain d'Occident ; l'Hispanie reste sous le contrôle des Wisigoths.

711
Les Maures prennent le contrôle de la péninsule.

716
Premières pièces de monnaie portant l'inscription « al-Andalus ».

1

2

3

La *Reconquista*

Les royaumes chrétiens parvinrent rapidement à reprendre les territoires confisqués par les Maures dans le nord de l'Espagne. La période qui suivit est connue sous le nom de *Reconquista* (la Reconquête). Au 11e siècle, la péninsule était divisée entre le nord chrétien et le sud musulman. Après la chute de Cordoue, en 1236, puis celle de Séville, en 1248, seul le royaume nasride de Grenade restait maure.

En 1492, Grenade tomba aux mains de Ferdinand II d'Aragon et d'Isabelle Ire de Castille, les Rois catholiques. C'est depuis l'Alhambra qu'ils apportèrent leur soutien à la première expédition de l'explorateur Christophe Colomb.

Les grandes découvertes

Les *conquistadores* établirent des colonies en Amérique centrale et en Amérique du Sud au nom de la Couronne espagnole. Ils revinrent en Espagne les cales remplies de trésors ravis aux peuples indigènes. En 1503, la casa de Contratación (maison du Commerce) fut fondée à Séville, qui obtint le monopole des échanges avec le Nouveau Monde. La ville entra alors dans

L'ÉCOLE DE SÉVILLE

Ce courant artistique du 17e siècle doit son nom au fait que tous ses membres ont étudié à l'Academia de Bellas Artes de Séville. Ses artistes, tels Velázquez, Murillo et Zurbarán, devenus célèbres dans toute l'Europe pour leurs chefs-d'œuvre religieux, maniaient la technique du clair-obscur pour inonder leurs sujets d'une lumière divine.

Chronologie

1212
Première victoire chrétienne à la bataille de Las Navas de Tolosa.

1236
Ferdinand III conquiert Cordoue ; il prend Séville 12 ans plus tard.

1252-1284
Alfonso X reconquiert une grande partie de l'Andalousie.

1492
Les Rois catholiques prennent Grenade ; Christophe Colomb découvre l'Amérique.

4

un âge d'or marqué par la construction de somptueux édifices et par l'afflux de nouveaux habitants. En 1516, Charles Ier d'Espagne, de la maison de Habsbourg, fut élu empereur du Saint Empire. L'Espagne devint la nation la plus puissante d'Europe. Toutefois, les guerres incessantes avec les Pays-Bas et la France engloutirent les richesses produites par le port de Séville. Lorsque le fleuve Guadalquivir s'envasa, au 18e siècle, le monopole commercial avec l'Amérique passa à Cadix.

La maison de Bourbon

En 1700, Charles II mourut sans laisser d'héritier. Une guerre de succession éclata entre les Habsbourg et les Bourbon. Vainqueurs, les Bourbon entraînèrent l'Espagne dans les guerres napoléoniennes en raison d'alliances avec la France. Après la bataille de Trafalgar, Charles IV abdiqua ; Napoléon Bonaparte nomma son frère sur le trône d'Espagne. S'ensuivit la guerre d'Indépendance. Avec le soutien des Anglais, les Français furent chassés hors d'Espagne. Mais le pays était affaibli et l'Andalousie, dont l'économie reposait sur le commerce avec l'Amérique, subit de plein fouet la décolonisation de la fin du 19e siècle.

1 Musulmans convertis de force au christianisme durant la Reconquête ↑

2 Port de Séville au 17e siècle

3 Patio de la casa de Contratación, à Séville

4 Charles IV, roi d'Espagne, avant son abdication en 1808

1580
Séville devient la plus grande ville d'Espagne.

1605
Cervantès, qui travaille à Madrid et à Séville, publie *Don Quichotte*.

1717
Le monopole des échanges avec l'Amérique se fait désormais à Cadix.

1898
Guerre hispano-américaine ; l'Espagne perd ses dernières colonies, dont Cuba et les Philippines.

1

2

La guerre civile

L'Andalousie continua à décliner en restant très féodale – ce qui, au début du 20e siècle, suscita une forte contestation sociale. Primo de Rivera s'empara du pouvoir en 1923 et rétablit l'ordre brièvement. Il se retira en 1930, ayant perdu le soutien du roi et de l'armée. Alfonso XIII fut lui aussi contraint d'abdiquer; la Seconde République espagnole fut proclamée en 1931.

Le gouvernement républicain mit alors en œuvre une politique libérale mais la Confederación Española de Derechas Autónomas (parti conservateur) remporta les élections de 1933. S'ensuivit une insurrection menée par les anarchistes et les socialistes. Les élections de 1936 virent la victoire du Front populaire, qui obtint de peu la majorité sur le Front national. Des conflits éclatèrent entre la gauche et la droite, et le général nationaliste Franco, dont la garnison était basée au Maroc, déclara la guerre à la République. L'Andalousie tomba rapidement aux mains des troupes franquistes. Après sa victoire en 1939, Franco entama un règne dictatorial et l'Espagne devint un État fasciste dirigé par un parti unique. La population andalouse paya un lourd tribut à la dictature : plus de 50000 exécutions sont estimées dans la région.

1 Affiche de propagande nationaliste durant la guerre civile ↑

2 Felipe González, chef du parti socialiste ouvrier espagnol (PSOE) et troisième Premier ministre du pays, au Parlement après la démission du président Adolfo Suárez en 1981

3 Danseurs de flamenco

Chronologie

1923
Le général Primo de Rivera s'empare du pouvoir.

1931
Proclamation de la IIe République à la faveur d'une coalition entre socialistes et républicains.

1936
Soulèvement des Nationalistes et début de la guerre civile.

1939
Franco déclare la victoire et impose un régime militaire dictatorial.

1975
Mort de Franco ; Juan Carlos accède au trône.

3

L'Andalousie moderne

Franco désigna à sa succession Juan Carlos, petit-fils du roi Alfonso XIII. Au lieu d'exercer le pouvoir absolu dont il avait hérité, celui-ci décida d'instaurer une monarchie constitutionnelle. En 1982, le Sévillan Felipe González devint le troisième Premier ministre de la nouvelle démocratie. Après des décennies de régime franquiste, les régions souhaitèrent se libérer du gouvernement centralisé; l'Andalousie devint autonome la même année. L'Espagne rejoignit l'Union européenne en 1986. Grâce aux investisseurs, l'économie connut un fort essor dans les années 1990. Séville évolua en ville moderne, accueillant en 1992 l'Exposition universelle.

En 2007, un nouveau statut d'autonomie, dans lequel l'Andalousie est définie comme « nationalité historique », fut approuvé par le Parlement espagnol. Mais la crise financière de 2008 toucha durement l'Espagne. Malgré une industrie du tourisme florissante, l'économie ne s'est pas encore entièrement rétablie et le pays reste divisé. Le parti d'extrême droite Vox a fait une percée lors des élections de 2019, qui ont pourtant été remportées par le Partido Socialista Obrero Español.

FEDERICO GARCÍA LORCA

Né à Grenade en 1898, Federico García Lorca est sans doute le plus célèbre des écrivains andalous. Poète et dramaturge aux accents modernistes et symboliques, il fut exécuté par les forces nationalistes en 1936, au début de la guerre civile. Ses œuvres à la tonalité typiquement andalouse furent censurées par le régime franquiste.

1992

Séville accueille l'Exposition universelle, visitée par 41 millions de personnes.

2009

Le premier métro d'Andalousie est mis en service à Séville.

2014

Le roi Juan Carlos abdique au profit de son fils, Felipe VI.

2018

Marta Bosquet est élue présidente du Parlement d'Andalousie.

DÉCOUVRIR SÉVILLE

Terrasse de restaurant, calle Mateos Gago, à Séville

BAR TAPAS
Cruzcampo
Cruzcampo
TAPAS

SE REPÉRER À SÉVILLE

La ville est divisée en quatre zones de visite (voir carte ci-contre), la partie « Au-delà du fleuve » couvrant un quartier de la rive ouest.

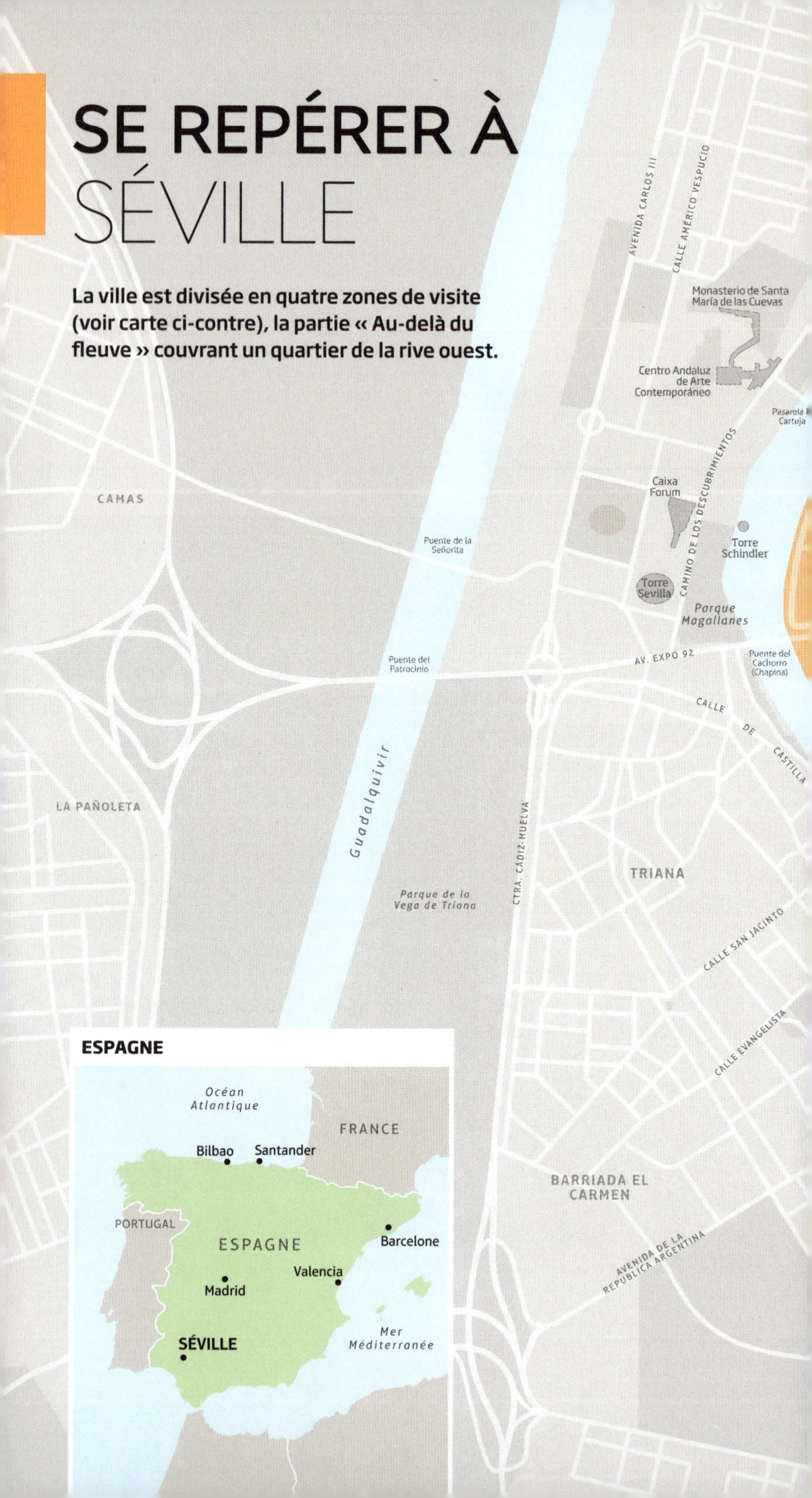

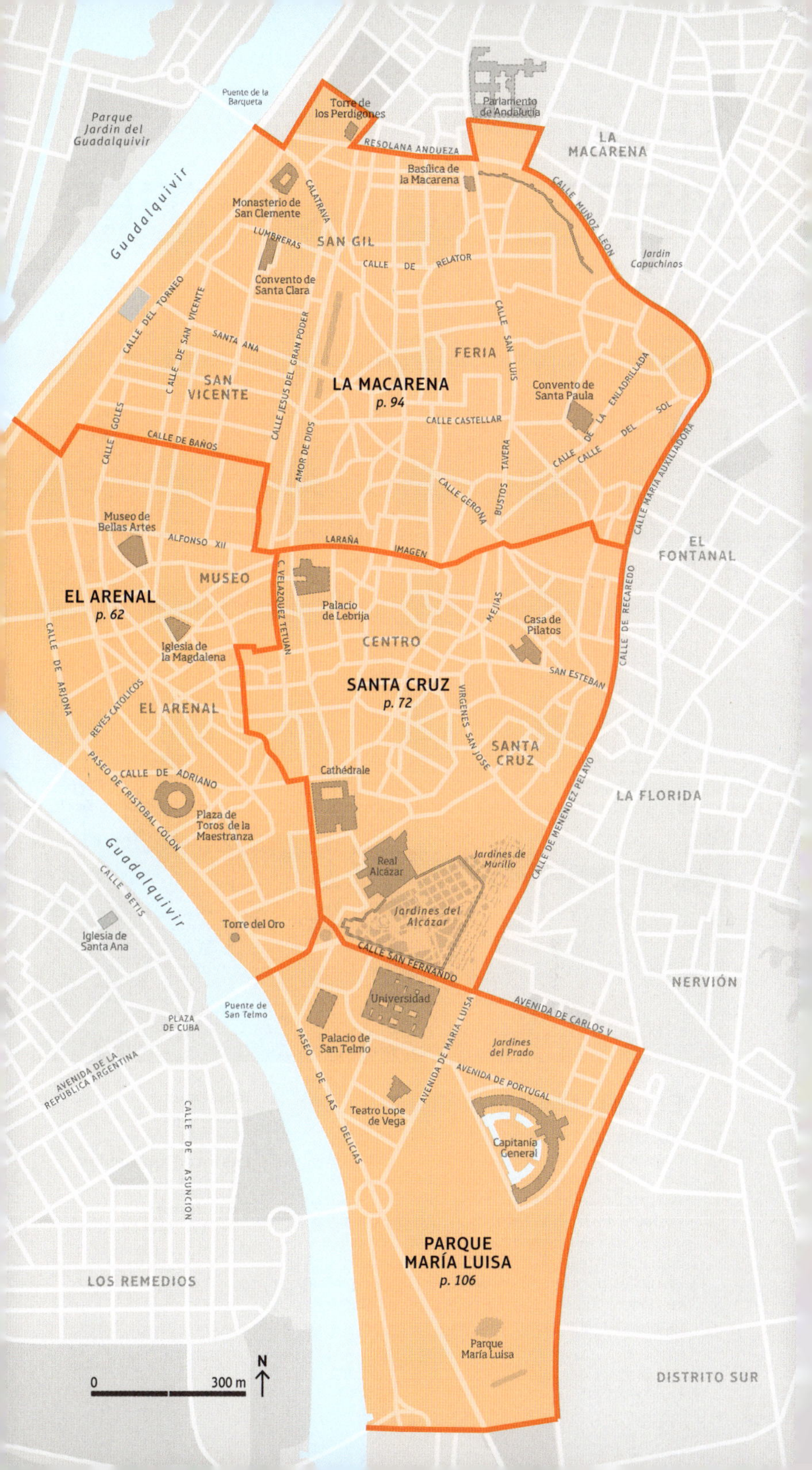

Puente de la Barqueta
Parque Jardin del Guadalquivir
Torre de los Perdigones
Parlamento de Andalucía
LA MACARENA
Resolana Andueza
Basílica de la Macarena
Monasterio de San Clemente
Calatrava
Guadalquivir
Lumbreras
SAN GIL
Calle Muñoz Leon
Jardin Capuchinos
Calle de Relator
Convento de Santa Clara
Calle del Torneo
Calle de San Vicente
Santa Ana
Calle Jesus del Gran Poder
Calle San Luis
FERIA
SAN VICENTE
LA MACARENA
p. 94
Convento de Santa Paula
Calle de la Enladrillada
Calle Goles
Amor de Dios
Calle Castellar
Calle del Sol
Calle de Baños
Calle Maria Auxiliadora
Calle Gerona
Bustos Tavera
Museo de Bellas Artes
Alfonso XII
Laraña
Imagen
EL FONTANAL
MUSEO
C. Velazquez Tetuan
Palacio de Lebrija
Mejias
Casa de Pilatos
Calle de Recaredo
EL ARENAL
p. 62
Calle de Arjona
Iglesia de la Magdalena
CENTRO
San Esteban
SANTA CRUZ
p. 72
Reyes Catolicos
EL ARENAL
Virgenes San Jose
SANTA CRUZ
Paseo de Cristobal Colon
Calle de Adriano
Cathédrale
LA FLORIDA
Plaza de Toros de la Maestranza
Calle de Menendez Pelayo
Guadalquivir
Calle Betis
Real Alcázar
Jardines de Murillo
Jardines del Alcázar
Iglesia de Santa Ana
Torre del Oro
Calle San Fernando
NERVIÓN
Universidad
Puente de San Telmo
Plaza de Cuba
Avenida de Maria Luisa
Avenida de Carlos V
Paseo de las Delicias
Palacio de San Telmo
Jardines del Prado
Avenida de la República Argentina
Avenida de Portugal
Teatro Lope de Vega
Calle de Asuncion
Capitanía General
PARQUE MARÍA LUISA
p. 106
LOS REMEDIOS
Parque María Luisa
N
0
300 m
DISTRITO SUR

SÉVILLE, VISITE PAR QUARTIER

Avec ses quartiers éclectiques plus charmants les uns que les autres, Séville est l'une des villes les plus romantiques au monde. Si la plupart des curiosités se trouvent dans le centre qui s'étend sur la rive orientale du Guadalquivir, la partie située à l'ouest du fleuve mérite une visite.

PAGE 62

EL ARENAL

Bordé par l'avenida de la Constitución et le río Guadalquivir, El Arenal abritait jadis le port de Séville. Le quartier a ainsi conservé de nombreuses traces de son passé maritime, comme les excellentes *freidurias* (restaurants de vente de poisson frit à emporter), idéales pour déguster un cornet de cabillaud ou de seiche en regardant passer les bateaux. Dans les ruelles, bars à tapas désuets et *abacerias* (épiceries) vendant confitures et jambons de pays côtoient des pubs-restaurants plus modernes.

Idéal pour
Les bars et restaurants authentiques

Les incontournables
Le museo de Bellas Artes

Expérience
Une balade à vélo sur les bords du fleuve

PAGE 72

SANTA CRUZ

La partie la plus ancienne de la ville renferme quantité de monuments réputés, dont la cathédrale et le palais royal, appelé Real Alcázar. Au nord-est de ces sites majeurs s'étend un labyrinthe de ruelles pittoresques. D'étroits passages mènent vers des places cachées, ornées de jardinières débordant de fleurs, où l'on discerne des accords de flamenco et une odeur de jasmin. Plus au nord, la très fréquentée calle Sierpes est la rue commerçante la plus en vogue de la ville, bordée de magasins traditionnels.

Idéal pour
Les monuments emblématiques

Les incontournables
La cathédrale de Séville et la Giralda, le Real Alcázar

Expérience
Une visite guidée de la cathédrale pour admirer ses vitraux de près

→

PAGE 94

LA MACARENA

Souvent oublié par les visiteurs, le nord de Séville est le quartier le plus insolite de la ville. Librairies d'art, boutiques indépendantes, salons de thé marocains, micro-théâtres et magasins vintage côtoient des églises magnifiques, des résidences royales et de modestes immeubles d'habitation. La Macarena est coupée en deux par le boulevard Alameda de Hércules, bordé de bars et de restaurants branchés. Ses marchés aux puces, ses concerts et ses spectacles de danse lui confèrent une atmosphère résolument bohème.

Idéal pour
Découvrir la vie locale

Les incontournables
Les églises historiques et les constructions contemporaines

Expérience
L'éclectisme du marché aux puces de la calle de la Feria, qui se tient le jeudi matin

PAGE 106

PARQUE MARÍA LUISA

Avec ses fontaines, ses lacs, ses tonnelles couvertes de bougainvilliers et ses vastes pelouses, ce quartier verdoyant est le lieu idéal pour échapper à l'effervescence de la ville. Flânez dans ses allées, offrez-vous un pique-nique ou louez une barque pour explorer le canal qui suit la courbe de la superbe plaza de España. Construits pour l'Exposition ibéro-américaine de 1929, les *pabellones* (pavillons) du parc accueillent désormais des musées, des salons de thé marocains et, à la nuit tombée, des discothèques en plein air.

Idéal pour
Les promenades

Les incontournables
Le parque María Luisa

Expérience
Une balade en barque sur le canal féerique de la plaza de España

PAGE 118

AU-DELÀ DU FLEUVE

La rive occidentale du Guadalquivir semble se trouver à mille lieues du centre de Séville. Les ruelles tranquilles du quartier de Triana abritent des ateliers de poterie et des *peñas* où résonnent des rythmes de flamenco. Au nord, le barrio de La Cartuja, jadis réputé pour son monastère, attire désormais les visiteurs avec son gratte-ciel, la torre Sevilla, dont la silhouette détonne avec l'architecture environnante. Sa plate-forme d'observation permet de profiter d'un magnifique panorama sur Séville. Au bord de l'eau, les cafés et bars de Triana offrent une vue tout aussi splendide.

Idéal pour
Les spectacles de flamenco

Les incontournables
Le quartier de Triana

Expérience
Un atelier pour réaliser son propre carreau de céramique

La torre del Oro, sur les bords du Guadalquivir

EL ARENAL

Bordé par le río Guadalquivir et gardé par la torre del Oro du 13e siècle, El Arenal abritait autrefois des dépôts de munitions et des chantiers navals. Située à l'extrémité de la voie navigable du fleuve, Séville jouissait d'une posture idéale pour profiter du commerce avec le Nouveau Monde. En 1503, la ville obtient le monopole des échanges avec l'Amérique : El Arenal se développe alors autour du port où transitent les richesses que les navires rapportent dans leurs cales.

Le quartier connaît un revers de fortune au 18e siècle lorsque le monopole commercial de Séville est transféré à Cadix. Le río Guadalquivir, qui rythmait jadis la vie de la ville, perd son importance et s'envase. À la fin du 18e siècle, El Arenal, adossé aux murailles de la cité, est le repaire de la pègre. Après avoir été transformé en canal au début du 20e siècle, le fleuve retrouve sa forme navigable en même temps que sa gloire d'antan lors de l'Exposition universelle de 1992. À l'est, la rive a été aménagée en promenade ombragée bordée d'arbres, offrant un superbe panorama sur Triana et l'isla de la Cartuja, sur l'autre rive.

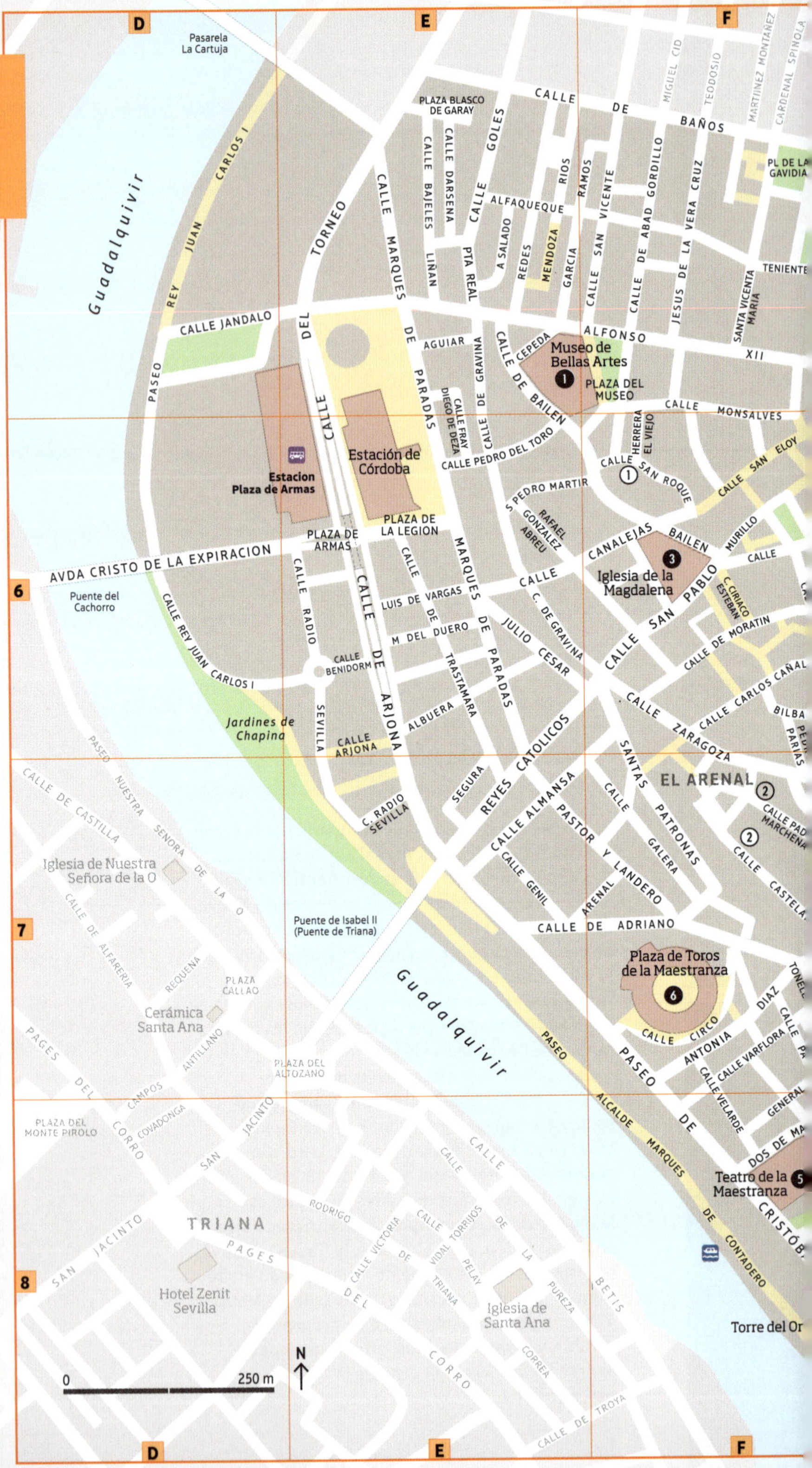
D
E
F
6
7
8
Pasarela La Cartuja
Guadalquivir
PASEO REY JUAN CARLOS I
CALLE JANDALO
CALLE DEL TORNEO
PLAZA BLASCO DE GARAY
CALLE BAJELES
CALLE DARSENA
CALLE GOLES
CALLE MARQUES DE PARADAS
LIÑAN
PTA REAL
ALFAQUEQUE
A SALADO
REDES
MENDOZA
RIOS
RAMOS
GARCIA
CALLE SAN VICENTE
CALLE DE ABAD GORDILLO
JESUS DE LA VERA CRUZ
CALLE DE BAÑOS
MIGUEL CID
TEODOSIO
MARTINEZ MONTAÑEZ
CARDENAL SPINOLA
PL DE LA GAVIDIA
TENIENTE
SANTA VICENTA MARIA
ALFONSO XII
AGUIAR
CALLE DE GRAVINA
CALLE FRAY DIEGO DE DEZA
CEPEDA
CALLE DE BAILEN
Museo de Bellas Artes
PLAZA DEL MUSEO
CALLE MONSALVES
HERRERA EL VIEJO
CALLE SAN ROQUE
CALLE SAN ELOY
CALLE PEDRO DEL TORO
S PEDRO MARTIR
RAFAEL GONZALEZ ABREU
Estación de Córdoba
Estacion Plaza de Armas
PLAZA DE LA LEGION
PLAZA DE ARMAS
AVDA CRISTO DE LA EXPIRACION
Puente del Cachorro
CALLE RADIO
CALLE DE ARJONA
CALLE LUIS DE VARGAS
M DEL DUERO
CALLE DE TRASTAMARA
MARQUES DE PARADAS
JULIO CESAR
CALLE CANALEJAS
C. DE GRAVINA
BAILEN
MURILLO
CALLE
Iglesia de la Magdalena
CALLE SAN PABLO
C. CIRIACO ESTEBAN
CALLE DE MORATIN
CALLE CARLOS CAÑAL
BILBA
PEDRO PARIAS
CALLE ZARAGOZA
CALLE BENIDORM
CALLE REY JUAN CARLOS I
Jardines de Chapina
SEVILLA
CALLE ARJONA
ALBUERA
SEGURA
REYES CATOLICOS
C. RADIO SEVILLA
CALLE ALMANSA
PASTOR Y LANDERO
CALLE SANTAS PATRONAS
CALLE GALERA
EL ARENAL
CALLE PADRE MARCHENA
CALLE CASTELAR
CALLE GENIL
ARENAL
CALLE DE ADRIANO
Plaza de Toros de la Maestranza
CALLE CIRCO
ANTONIA DIAZ
CALLE VARFLORA
CALLE VELARDE
TONELE
CALLE PA
GENERAL
DOS DE MAYO
Teatro de la Maestranza
PASEO DE CRISTÓBAL
PASEO ALCALDE MARQUES DE CONTADERO
Torre del Or
Puente de Isabel II (Puente de Triana)
Guadalquivir
PASEO NUESTRA SENORA DE LA O
CALLE DE CASTILLA
Iglesia de Nuestra Señora de la O
CALLE DE ALFARERIA
REQUENA
PLAZA CALLAO
Cerámica Santa Ana
ANTILLANO CAMPOS
PLAZA DEL ALTOZANO
PAGES DEL CORRO
PLAZA DEL MONTE PIROLO
COVADONGA
SAN JACINTO
CALLE BETIS
CALLE RODRIGO
TRIANA
PAGES
SAN JACINTO
CALLE VICTORIA
CALLE VIDAL
TORRIJOS
PELAY
DE TRIANA
DEL
DE LA PUREZA
BETIS
Hotel Zenit Sevilla
Iglesia de Santa Ana
CORRO
CORREA
CALLE DE TROYA
0
250 m
N

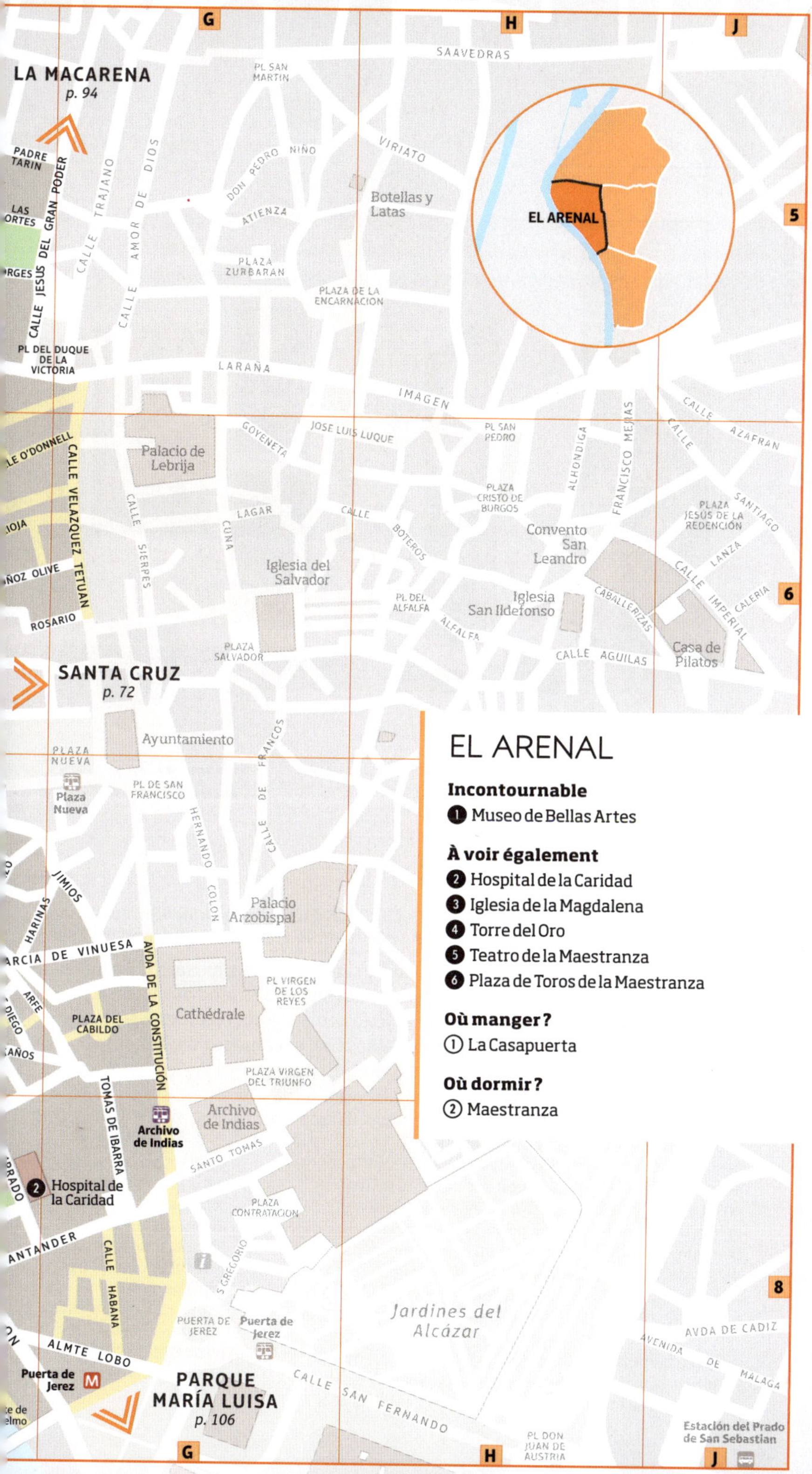

EL ARENAL

Incontournable

❶ Museo de Bellas Artes

À voir également

❷ Hospital de la Caridad
❸ Iglesia de la Magdalena
❹ Torre del Oro
❺ Teatro de la Maestranza
❻ Plaza de Toros de la Maestranza

Où manger ?

① La Casapuerta

Où dormir ?

② Maestranza

❶

MUSEO DE BELLAS ARTES

E5 Plaza del Museo 9 lignes 3, 6, 43, C3, C4, C5 de mi-sept. à mi-juin : mar.-sam. 9h-20h, dim. 9h-15h ; de mi-juin à mi-sept. : mar.-dim. 9h-15h museosdeandalucia.es

L'ancien couvent de la Merced Calzada est l'un des plus beaux musées d'Espagne. Son imposante collection d'art espagnol et de sculptures s'étend du Moyen Âge à l'ère moderne, accordant une grande place aux maîtres de l'école de Séville tels Bartolomé Esteban Murillo, Juan de Valdés Leal et Francisco de Zurbarán.

Le convento de la Merced Calzada, achevé en 1612 par Juan de Oviedo, s'articule autour de trois patios ornés d'azulejos. Il comprend le Claustro Mayor, cloître principal, et le claustro de los Bojes, entouré d'arcs de style toscan. Des indications jalonnent la visite chronologique des 14 salles du musée, en commençant par le claustro del Aljibe. Les œuvres du rez-de-chaussée s'étendent du 14e siècle au maniérisme baroque, celles du 1er étage vont du baroque au début du 20e siècle. La *Servilleta* de Murillo, une Vierge à l'Enfant peinte sur une serviette de table *(servilleta)*, est l'une des attractions phares du musée. Elle est exposée dans l'église restaurée du couvent, qui abrite un magnifique plafond à couple baroque peint par Domingo Martínez. Le musée recèle aussi plusieurs peintures de Zurbarán, ainsi qu'une salle dédiée aux toiles religieuses de Juan de Valdés Leal.

SECRETS D'INITIÉS
Art dominical

Un marché d'art se tient sur la plaza del Museo tous les dimanches matin avec gravures, photos, sculptures, peintures… Parcourez les étals où sont exposées les œuvres de plus de 40 artistes, parmi lesquels se cache peut-être le prochain Picasso.

↑ Une salle spacieuse et lumineuse du museo de Bellas Artes

☆☆☆

TOP 5 ŒUVRES DU MUSÉE

***La Servilleta, Vierge à l'Enfant* (1665-1668)**
Une des œuvres les plus célèbres de Murillo.

***Saint Hugues au réfectoire des Chartreux* (1655)**
Toile peinte par Francisco de Zurbarán pour le monastère de Santa María de las Cuevas *(p. 124)*.

***San Jerónimo* (1528)**
Sculpté par le Florentin Torrigiano.

***La Inmaculada* (1672)**
L'Immaculée Conception de Juan de Valdés Leal.

***Apothéose de saint Thomas d'Aquin* (1631)**
Les couleurs semblent donner vie à cette œuvre de Zurbarán.

1

2

3

1 Le claustro del Aljibe, point de départ de la visite, abrite un puits

2 Avec ses superbes plafonds baroques, l'intérieur de l'ancien couvent met en valeur les collections du musée

3 Construite dans un style baroque, l'entrée principale du musée arbore colonnes et statues

L'intérieur baroque resplendissant de l'iglesia de la Magdalena ↑

À VOIR ÉGALEMENT

2 Hospital de la Caridad

F8 Calle Temprado 3 M Puerta de Jerez lignes 3, 21, 40, 41, C4, C5 954 22 32 32 lun.-sam. 10h-19h30, dim 12h30-14h

Fondé en 1674, l'hospital de la Caridad (hôpital de la Charité) abrite aujourd'hui un hospice pour les personnes âgées. Dans le jardin en face de l'entrée se dresse une statue de son bienfaiteur, Miguel de Mañara, entré dans les ordres après avoir mené une vie dissolue.

L'hôpital s'articule autour de deux patios ornés de plantes, d'azulejos hollandais du 18e siècle et de fontaines dont les statues italiennes représentent la Charité et la Miséricorde. À leur extrémité nord, un passage sur la droite conduit à une autre cour. Celle-ci abrite un arc du 13e siècle, vestige des anciens chantiers navals, ainsi qu'un buste de Mañara.

Avec ses murs blanchis à la chaux, son décor en terre cuite et ses azulejos, la façade de l'église de l'hôpital illustre parfaitement le baroque sévillan. À l'intérieur se trouvent deux œuvres macabres de Juan de Valdés Leal : *Finis Gloriae Mundi*, au-dessus de l'entrée, et, en face, *In Ictu Oculi*. Également à voir, des toiles de Murillo, dont *Saint Jean de Dieu portant un moribond sur ses épaules*, *Saint Jean-Baptiste enfant* et *Sainte Isabelle de Hongrie soignant un lépreux*.

À l'entrée, en vous tournant vers le sud, vous verrez la torre de la Plata (tour de l'Argent) octogonale, dominant la calle Santander. Comme la torre del Oro, l'édifice, destiné à défendre la ville, date de l'époque maure.

Le saviez-vous ?

Miguel de Mañara aurait inspiré le personnage de Don Juan.

3 Iglesia de la Magdalena

F6 Calle San Pablo 10 Plaza Nueva lignes 40, 41, 43, C5 mar.-jeu. 11h-13h30 (et lors des offices quotidiens) rpmagdalena.org

Achevée en 1709, cette immense église fut créée dans un style baroque par l'architecte espagnol Leonardo de Figueroa. L'angle sud-ouest abrite une chapelle de style mudéjar à trois coupoles héritée d'une église antérieure, où le grand peintre espagnol Murillo fut baptisé en 1618. Admirez les anciens fonts baptismaux.

Une toile de Francisco de Zurbarán, *Saint Dominique à Soria*, se trouve dans la capilla sacramental (à droite de la porte sud). Des fresques de Lucas Valdés au-dessus du sanctuaire représentent *L'Allégorie du triomphe de la foi*. Le mur du transept nord comporte une fresque édifiante d'un autodafé médiéval.

La torre del Oro (tour de l'Or) tiendrait son nom des azulejos dorés sur les murs, ou bien des trésors du Nouveau Monde que l'on y déchargeait.

4

Torre del Oro

F8 Paseo de Colón s/n
Puerta de Jerez
lignes 3, 6, 21, 40, 41, C3, C4, C5 954 22 24 19
lun.-ven. 9h30-18h45, w.-end 10h30-18h45
jours fériés

À l'époque des Maures, la torre del Oro (tour de l'Or) faisait partie de l'enceinte fortifiée, reliée au Real Alcázar et au reste de la cité. Elle fut édifiée en 1220, quand Séville était sous domination almohade (peuple berbère). Sur l'autre rive, une autre tour lui faisait pendant; une chaîne massive reliant les deux édifices empêchait les bateaux de remonter le fleuve. La tourelle fut ajoutée en 1760.

Le site tiendrait son nom des azulejos dorés sur les murs, ou bien des trésors du Nouveau Monde que l'on y déchargeait. La tour eut de multiples fonctions (elle servit notamment de chapelle et de prison) et abrite désormais le Museo marítimo, qui expose cartes maritimes et antiquités.

5

Teatro de la Maestranza

F8 Paseo de Colón 22
Puerta de Jerez
lignes 3, 21, 40, 41, C4, C5
pendant les spectacles
teatrodelamaestranza.es

Cette salle de spectacle, à la fois théâtre et opéra, accueille 1 800 places. Des productions internationales d'opéra y sont représentées. Comme beaucoup d'édifices sévillans bâtis peu avant l'Expo '92, il affiche le style austère et fonctionnel des architectes Luis Marín de Terán et Aurelio del Pozo. Les éléments de fer forgé (19e siècle) du dépôt de munitions ornent la façade. Les billets sont en vente dans le jardín de la Caridad.

6

Plaza de Toros de la Maestranza

F7 Paseo de Colón 12
Puerta de Jerez
Archivo de Indias
lignes 3, 21, 40, 41, C3, C4, C5 avr.-oct. : t.l.j. 9h30-21h (jusque 15h les jours de corrida); nov.-mars : t.l.j. 9h30-19h
realmaestranza.com

Les célèbres arènes de Séville sont probablement les plus belles de toute l'Espagne. Merveilles architecturales construites de 1761 à 1881, ces arènes à arcade méritent d'être visitées, même sans apprécier la tauromachie. Des corridas s'y tiennent entre Pâques et octobre, la plupart du temps le dimanche soir. L'immense édifice peut accueillir jusqu'à 12 500 spectateurs.

Les visites guidées débutent à l'entrée principale, dans le paseo de Colón. Sur le côté ouest se trouve la puerta del Príncipe (porte du Prince) que les *toreros* franchissent, portés en triomphe sur les épaules de leurs admirateurs.

Après avoir passé l'infirmerie ou *enfermería*, les visiteurs découvrent un musée retraçant l'histoire de la corrida sévillane à travers une collection de costumes, de portraits et d'affiches. La visite se poursuit par la chapelle dans laquelle les *toreros* viennent prier avant de passer par les écuries des chevaux des *picadores*.

← Statue du matador sévillan Curro Romero, près de la Plaza de Toros de la Maestranza

La Casapuerta
Situé près du museo de Bellas Artes, ce restaurant propose de délicieuses *croquettas*.
F6 Calle San Roque 13
722 19 94 16 mar.
€€€

Maestranza
Chambres élégantes dans cet hôtel aménagé dans un bâtiment du 20e siècle.
F7 Calle Gamazo 12
hotel-maestranza.sevillehotels.net
€€€

PETITE BALADE
EL ARENAL

Distance 1,5 km **Métro** Puerta de Jerez
Durée 25 minutes

El Arenal, qui abritait jadis le port de Séville, des dépôts de munitions et le quartier général de l'artillerie, est aujourd'hui célèbre pour ses arènes, la majestueuse Plaza de Toros de la Maestranza. Ses nombreux bars et restaurants, très fréquentés, sont particulièrement bondés pendant la saison des corridas. La rive est dominée par l'un des monuments les plus connus de Séville : la torre del Oro. La longue promenade bordée d'arbres qui longe le romantique paseo de Cristóbal Colón est l'endroit rêvé pour flâner sur les rives du río Guadalquivir.

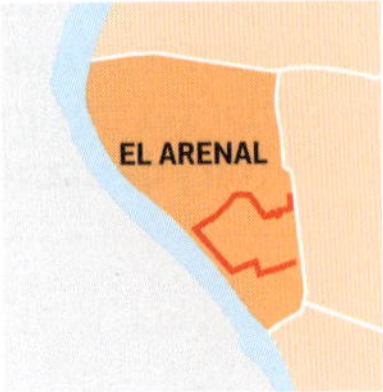

Carte de situation
Pour plus de détails, voir p. 64

Les arènes de la ville, la **Plaza de Toros de la Maestranza***, comptent parmi les plus anciennes d'Espagne. Leur façade baroque est blanche et ocre* (p. 69).

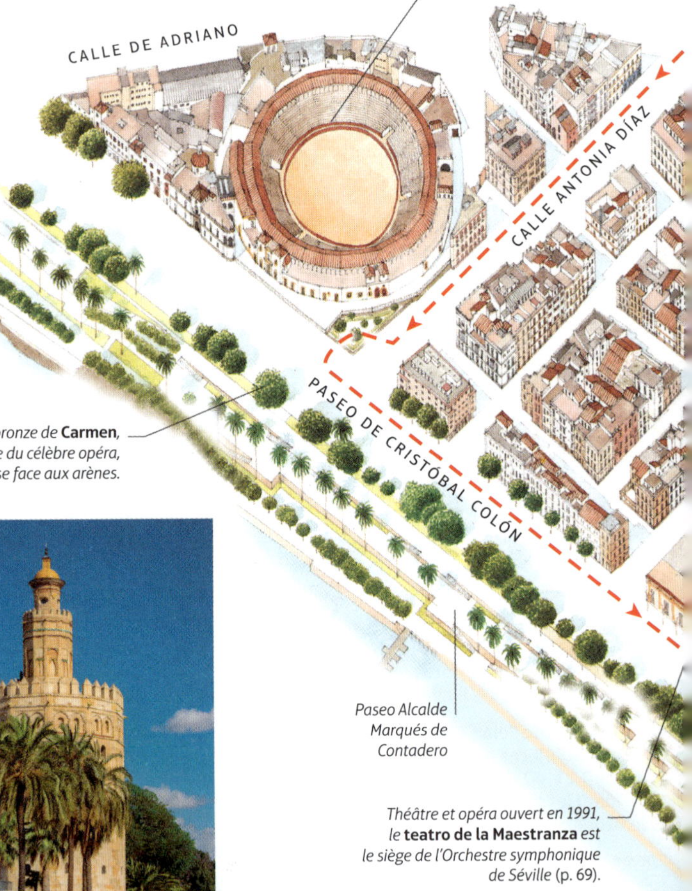

La sculpture de bronze de **Carmen***, héroïne du célèbre opéra, se dresse face aux arènes.*

Paseo Alcalde Marqués de Contadero

Théâtre et opéra ouvert en 1991, le **teatro de la Maestranza** *est le siège de l'Orchestre symphonique de Séville* (p. 69).

← La torre del Oro, tour maure se dressant à côté du Guadalquivir

→ La remarquable façade des arènes de Séville, la Plaza de Toros de la Maestranza

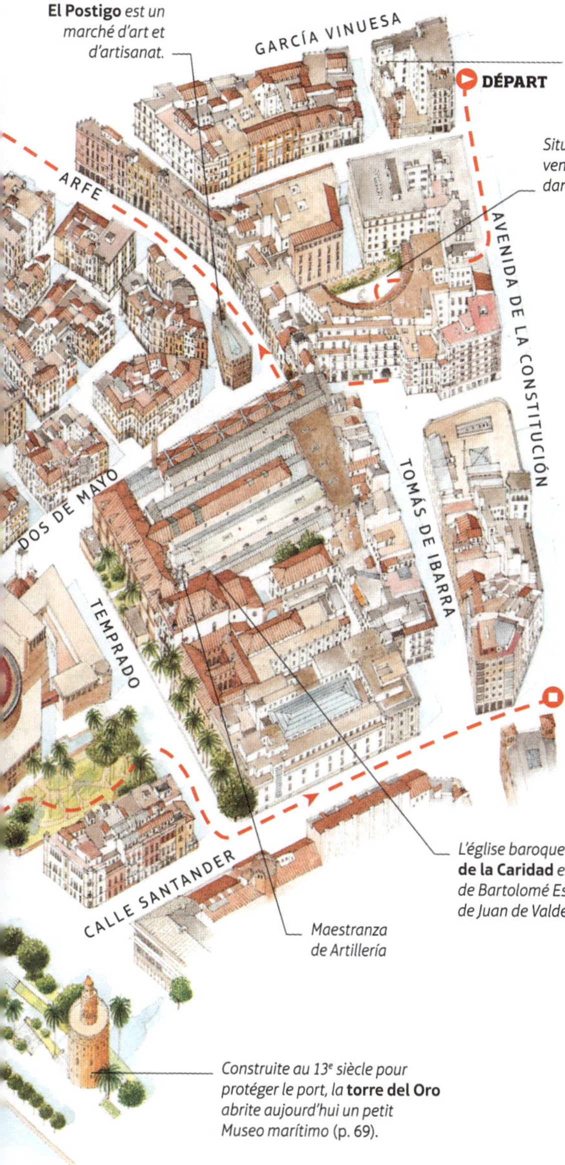

El Postigo *est un marché d'art et d'artisanat.*

Casa Morales *est l'un des nombreux bars à tapas du quartier.*

Situé plaza de Cabildo, **El Torno** *vend des bonbons confectionnés dans un couvent.*

Le saviez-vous ?

El Arenal tient son nom du mot espagnol « *arena* » (sable), le quartier ayant été bâti sur les rives sableuses du fleuve.

*L'église baroque de l'***hospital de la Caridad** *est ornée de peintures de Bartolomé Esteban Murillo et de Juan de Valdés Leal* (p. 68).

Maestranza de Artillería

Construite au 13e siècle pour protéger le port, la **torre del Oro** *abrite aujourd'hui un petit Museo marítimo* (p. 69).

19

Ruelle du quartier de Santa Cruz

SANTA CRUZ

Le barrio de Santa Cruz, ancien quartier juif, est un dédale de rues blanches et de patios qui constitue l'ensemble le plus pittoresque de Séville. Lorsque Fernando III de Castille libère la ville des Maures en 1248, il consigne les Juifs de Séville dans cette partie de la cité, jusqu'à leur expulsion hors d'Espagne en 1492. Le quartier subit alors une période de déclin, qui prend fin au 16e siècle avec l'arrivée massive des richesses venues du Nouveau Monde. Cette ère de découvertes et de conquêtes est relatée dans les documents de l'Archivo des Indias.

Au nord, la charmante plaza del Salvador constitue le décor des histoires de Cervantès, dans lesquelles l'écrivain espagnol décrit la pègre sévillane du 16e siècle, comme dans sa nouvelle *Rinconète et Cortadillo.* Le quartier, avec son labyrinthe de ruelles aux jolis édifices blanchis à la chaux, a inspiré nombre de grands artistes. Bartolomé Esteban Murillo y vécut au 17e siècle. Son contemporain Juan de Valdés Leal décora de superbes fresques baroques l'hospital de los Venerables.

Au 18e siècle, Santa Cruz bénéficie d'une importante rénovation urbaine, devenant une destination touristique prisée. Le quartier renferme quantité de monuments réputés, notamment la cathédrale gothique avec son emblème, la Giralda, et le majestueux Real Alcázar, avec ses palais royaux et ses jardins luxuriants.

E
F
6
7
8
LA MACARENA
p. 94
EL ARENAL
p. 62
SANTA CRUZ
PARQUE MARÍA LUISA
p. 106
Palacio de Lebrija
Calle Sierpes
Iglesia del Salvador
Ayuntamiento
Museo del Baile Flamenco
La Giralda
Cathédrale
Plaza Virgen de los Reyes
Convento de la Encarnación
Hospital de los Venerables
Plaza del Triunfo
Archivo de Indias
Real Alcázar
Jardines de Murillo
Palacio arzobispal
Jardines del Alcázar
Metropol Parasol
Iglesia de Santa Catalina
Convento San Leandro
Iglesia San Ildefonso
Plaza Nueva
Puerta de Jerez
Hotel Alfonso XIII
Restaurante Oriza
Hospital de la Caridad
El Postigo
Jardines de Cristina
Puente de San Telmo
PLAZA DE LA ENCARNACION
PLAZA SAN PEDRO
PLAZA CRISTO DE BURGOS
PLAZA SALVADOR
PLAZA NUEVA
PLAZA DE SAN FRANCISCO
PLAZA DEL CABILDO
PLAZA CONTRATACION
PLAZA SANTA CRUZ
PLAZA ALFARO
PL DOÑA ELVIRA
PL DEL ALFALFA
PUERTA DE JEREZ
PL DON JUAN DE AUSTRIA
LARAÑA
IMAGEN
CALLE SAN ELOY
CALLE O'DONNELL
CALLE RIOJA
MUÑOZ OLIVE
ROSARIO
CALLE VELAZQUEZ TETUAN
CALLE SIERPES
CUNA
RIVERO
CERRAJERIA
ACETRES
LAGAR
GOYENETA
JOSE LUIS LUQUE
ESCARPIN
PUENTE Y PELLON
LINEROS
ORTIZ DE ZUÑIGA
CALLE BOTEROS
PEREZ
GALDOS
ALCAICERIA DE LOZA
HERBOLARIOS
HUELVA
ODREROS
ALFALFA
SAGASTA
VILLEGAS
MANUEL CORTINA
GRAL POLAVIEJA
GRANADA
ALBAREDA
JAEN
CALLE MENDEZ NUÑEZ
CALLE SAN ISIDORO
CALLE ALVAREZ QUINTERO
CALLE DE FRANCOS
CALLE PAJARITOS
LUCHANA
CABEZA DEL REY DON PEDRO
CORRAL DEL REY
MUÑOZ Y PAVON
GANDESA
MARMOLES
VIRGENES
CONDE DE IBARRA
LIRIO
CALLE AGUILAS
CABALLERIZAS
FRANCISCO MEJIAS
ALHONDIGA
JUAN DE MESA
CARDENAL
FEDERICO RUBIO
SAN JOSE
CALLE DE LEVIES
CALLE AIRE
ABADES
ARGOTE DE MOLINA
HERNANDO COLON
AVENIDA DE LA CONSTITUCIÓN
FERNANDEZ Y GONZALES
JIMIOS
ALEMANES
CALLE
GUZMAN EL BUENO
GAGO
ANGELES
MATEOS
CARLOS ALONSO
XIMENEZ DE ENCISO
FABIOLA
SANTA MARÍA LA BLANCA
CESPEDES
CRUCES
STA TERESA
PLAZA REFINADORES
FRAY CEFERINO GONZÁLEZ
SANTO TOMAS
MIGUEL MAÑARA
S GREGORIO
MARIANA DE PINEDA
J DE NEVE
PIMIENTA
VIDA
JUDERIA
AGUA
TOMAS DE IBARRA
TEMPRADO
CALLE PAVIA
SANTANDER
CALLE HABANA
ALMTE LOBO
PASEO DE CRISTOBAL COLON
AVDA DE ROMA
ALCAZARES
Plaza Nueva
Archivo de Indias
Puerta de Jerez
Puerta de Jerez

SANTA CRUZ

Incontournables

❶ Cathédrale de Séville et la Giralda
❷ Real Alcázar

À voir également

❸ Palacio de Lebrija
❹ Ayuntamiento
❺ Iglesia del Salvador
❻ Calle Sierpes
❼ Museo del Baile Flamenco
❽ Plaza Virgen de los Reyes
❾ Archivo de Indias
❿ Hospital de los Venerables
⓫ Jardines de Murillo
⓬ Plaza del Triunfo
⓭ Casa de Pilatos

Où manger ?

① Vinería San Telmo
② Donaire Azabache
③ La Quinta Braseria

Où dormir ?

④ Un Patio en Santa Cruz
⑤ Hotel Inglaterra
⑥ Simón

1

LA CATHÉDRALE ET LA GIRALDA

E7 Avenida de la Constitución s/n Puerta de Jerez Archivo de Indias lignes C1, C2, C3, C4, 5, 41, 42 été : lun. 10h30-16h, mar.-sam. 10h30-18h, dim. 14h-19h ; hiver : lun. 11h-15h30, mar.-sam. 11h-17h, dim. 14h30-18h 1er et 6 janv., 25 déc. catedraldesevilla.es

Impressionnante non seulement par sa taille – il s'agit de la plus grande cathédrale gothique au monde – mais aussi pour son imposant clocher maure, la Giralda, la cathédrale de Séville illustre à la perfection le passé musulman et chrétien de l'Andalousie.

La cathédrale de Séville, ou catedral de Santa María de la Sede, se dresse sur le site de la Grande Mosquée bâtie à la fin du 12e siècle par les Almohades, qui s'inspirèrent de la mosquée Koutoubia de Marrakech. La Giralda et le patio de los Naranjos (cour des Orangers) sont les seuls vestiges de la structure maure d'origine. La construction de la cathédrale, l'une des plus grandes d'Europe, débuta en 1401 et dura plus d'un siècle. Après avoir admiré l'imposant édifice gothique et les œuvres d'art des chapelles et de la sacristie, vous pourrez profiter de superbes vues sur la ville du haut de la Giralda.

Le saviez-vous ?

La Giralda doit son nom à la girouette en bronze *(giraldillo)* qui coiffe son sommet.

LES ÉTAPES DE LA GIRALDA

Le minaret d'origine fut achevé en 1198. Après que Fernando III libéra la ville des Maures en 1248, les sphères de bronze qui le coiffaient furent remplacées par des symboles chrétiens (14e siècle). Les modifications prévues en 1557 furent remplacées par un remaniement plus raffiné, achevé par Hernán Ruiz en 1568.

↑ La calle Mateos Gago, bordée d'arbres et de cafés, mène à la Giralda

↑ La superbe coupole et les vitraux de la sacristía mayor

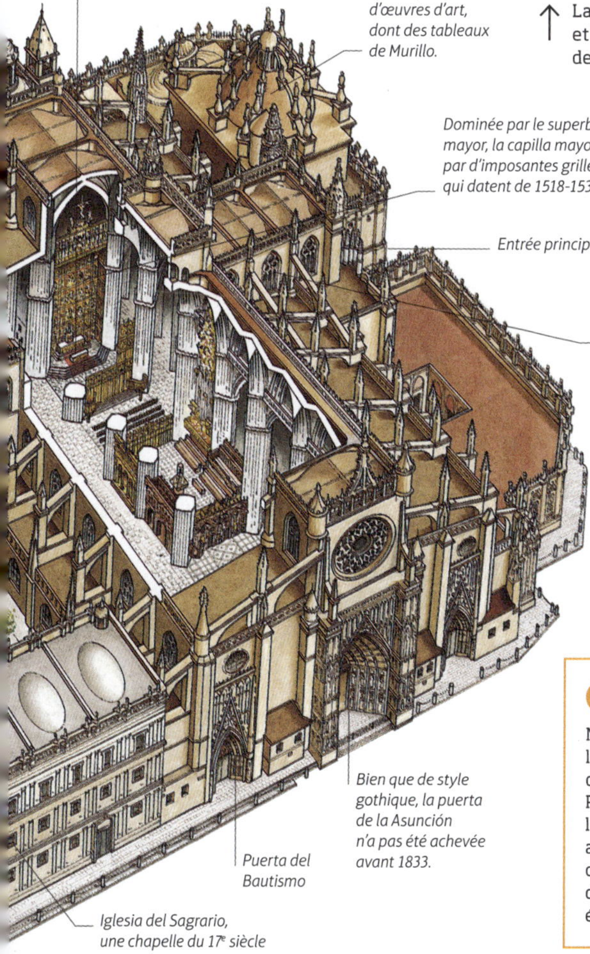

← Cathédrale de Séville et la Giralda

SECRETS D'INITIÉS

Coupez la file !

Monument très réputé, la cathédrale attire des hordes de visiteurs. Pour éviter de faire la queue au guichet, achetez un billet combiné à l'iglesia del Salvador (sur la place éponyme).

2

REAL ALCÁZAR

F8 Patio de Banderas Puerta de Jerez Archivo de Indias ligne C5 t.l.j. 9h30-19h (jusque 17h oct.-mars) ; visite nocturne avec spectacle, se rens. (réservation obligatoire) 1er et 6 janv., Ven. saint, 25 déc. alcazarsevilla.org

Sis dans un immense jardin paradisiaque, le Real Alcázar fut la résidence des rois d'Espagne pendant près de 700 ans. Ce monument de l'architecture mudéjare est l'un des plus beaux édifices au monde.

En 1364, Pedro Ier entama la construction d'une résidence royale entre les palais édifiés par les Almohades au 12e siècle. Les artisans de Grenade et de Tolède créèrent un véritable joyau composé de patios et de salles mudéjares : le palacio de Pedro I, actuel cœur du Real Alcázar. Les monarques ultérieurs y ajoutèrent leur empreinte – Isabelle Ire de Castille reçut, dans la casa de la Contratación, les navigateurs qui partaient vers le Nouveau Monde, et Charles Quint y fit bâtir de somptueux appartements. Plus récemment, le palais a servi de décor à la série *Game of Thrones*.

SECRETS D'INITIÉS
Décor de cinéma

Avec ses superbes jardins et azulejos, le Real Alcázar offre un décor de fantasy idéal. Pénétrez dans l'univers des jardins aquatiques de Dorne, lieu emblématique de la série *Game of Thrones*, avec Sevilla Walking Tours *(sevillawalkingtours.com)*.

↑ Le patio de las Doncellas, agrémenté d'un bassin central et de stucs raffinés

↑ Une pièce ornée d'azulejos géométriques, dans le palacio de Pedro I

↑ Plan illustré du palacio de Pedro I, au cœur du vaste complexe du Real Alcázar

Les artisans de Grenade et de Tolède créèrent un véritable joyau composé de patios et de salles mudéjares : le palacio de Pedro I.

←
Mosaïque romaine dans la cour principale du palacio de Lebrija

À VOIR ÉGALEMENT

3

Palacio de Lebrija

E6 Calle Cuna 8 lignes 27, 32 t.l.j. 10h30-19h30 palaciodelebrija.com

Résidence de la comtesse de Lebrija depuis 1901, cette demeure offre un aperçu de la vie de palais au cœur de Séville. Le rez-de-chaussée abrite des pièces romaines et médiévales. Au 1er étage se trouvent une librairie et une superbe collection d'art comprenant des azulejos d'inspiration maure.

Ce bâtiment du 15e siècle présente divers éléments mudéjars, notamment les arcs de la cour. De nombreux trésors romains proviennent d'Itálica, tel le sol de mosaïque du patio principal. Le plafond à caissons qui surplombe l'escalier est celui du palais des ducs d'Arcos à Marchena, près de Séville.

Dans les salles jouxtant le patio principal sont exposés de la verrerie et des pièces de monnaie romaines, ainsi que du marbre de la Medina Azahara.

4

Ayuntamiento

E6 Plaza Nueva 1 Plaza Nueva 955 01 00 10 uniquement par visite guidée lun.-jeu. à 19h, sam. à 10h et l'été mar.-jeu. 20h

L'hôtel de ville de Séville se dresse entre la plaza de San Francisco et la plaza Nueva. Du 15e au 18e siècle, la plaza de San Francisco fut le théâtre d'autodafés, jugements publics d'hérétiques par l'Inquisition. De nos jours, l'endroit est au cœur des manifestations de la Semana Santa et de la Fête-Dieu. Sur la plaza Nueva se trouvait autrefois le couvent de San Francisco. Au centre se dresse une statue équestre de Fernando III de Castilla, le monarque qui libéra Séville des Maures.

La construction de l'hôtel de ville dura de 1527 à 1534. La façade est, qui donne sur la plaza de San Francisco, est un fleuron du style plateresque cher à l'architecte Diego de Riaño. La façade ouest fait partie d'une extension néoclassique de 1891, qui enveloppe l'édifice d'origine. Des plafonds richement sculptés subsistent dans le vestibule et la casa Consistorial inférieure (salle de réunion du Conseil). Elle renferme *L'Imposition de la chasuble à saint Ildefonse* de Diego Velázquez. À l'étage, la maison abrite un magnifique plafond à caissons dorés.

5

Iglesia del Salvador

E6 Plaza del Salvador Plaza Nueva 954 21 16 79 sept.-juin : lun.-sam. 11h-18h, dim. 15h-19h ; juil.-août : lun.-sam. 10h-17h, dim. 15h-19h

Cette église est née du désir des chrétiens de surpasser

LA DEVISE DE SÉVILLE

Des murs imposants de l'Ayuntamiento aux flancs des bus municipaux, l'étrange devise « NO8DO » est omniprésente à Séville. Ce rébus signifie *« No me ha dejado »* (« Elle ne m'a pas abandonné »). Alfonso X aurait prononcé ces mots alors que la ville lui était restée fidèle lors d'un différend l'opposant à son fils Sanche IV durant la Reconquête. La double boucle (qui semble former un 8) au centre symbolise un écheveau de laine qui, en espagnol, se dit *madeja* : *no [madeja] do.*

La calle Sierpes (rue des Serpents), principale voie commerçante de la ville, s'étend au nord de la plaza de San Francisco.

les splendeurs des Maures. Le site abritait autrefois une mosquée. Le patio maure, non loin de la calle Córdoba, a été partiellement conservé. En sortant de ce côté, on peut voir que le clocher repose sur une partie du minaret d'origine. Conçue par Esteban García, l'église baroque actuelle fut achevée en 1712 par Leonardo de Figueroa. À l'intérieur, la nef est de José Granados, architecte de la cathédrale de Grenade. La capilla sacramental abrite une splendide sculpture, *Notre Père Jésus de la Passion*, de Juan Martínez Montañés.

Sur le côté est de l'édifice, la plaza Jesús de la Pasión regorge de boutiques de mariage – l'iglesia del Salvador, prisée des couples sévillans, accueille de nombreuses cérémonies nuptiales.

6

Calle Sierpes

E6 Plaza Nueva

La calle Sierpes (rue des Serpents), principale voie commerçante de la ville, s'étend au nord de la plaza de San Francisco. Les magasins traditionnels des produits de Séville (chapeaux, éventails et mantilles) y côtoient les boutiques de vêtements et de souvenirs. De part et d'autre, les rues parallèles Cuna et Tetuán invitent également au lèche-vitrines.

À l'extrémité sud de la calle Sierpes, une plaque sur les murs du Banco Central Hispano indique l'emplacement de la cárcel real (prison royale), où séjourna le célèbre Miguel de Cervantès (1547-1616). En direction du nord, au croisement avec la calle Pedro Caravaca, vous pourrez découvrir la façade du Real Círculo de Labradores, club privé pour hommes créé en 1856, où seuls les membres ont le droit de pénétrer. À l'extrémité de la rue, ne manquez pas la *pastelería* (pâtisserie) la plus renommée de Séville : La Campana.

Z z Z

Un Patio en Santa Cruz
Ce bâtiment du 19e siècle donne sur la Giralda. Demandez une chambre avec balcon.
G7 Calle Doncellas 15
patiosantacruz.com
€

Hotel Inglaterra
Chambres élégantes et rooftop idéal pour siroter un gin tonic.
E6 Plaza Nueva 7
hotelinglaterra.es
€€

Simón
Cette jolie maison sévillane est d'un excellent rapport qualité/prix. Accueil en français.
E7 Calle García de Vinuesa 19
hotelsimonsevilla.com
€

La calle Sierpes est idéale pour le lèche-vitrines et le *paseo* (promenade du soir) ↑

Vue sur le quartier de Santa Cruz et la cathédrale de Séville

7

Museo del Baile Flamenco

F6 Calle Manuel Rojas Marcos 3 Plaza Nueva t.l.j. 10h-19h museoflamenco.com

Bien que le flamenco soit né de l'autre côté du fleuve, dans le quartier de Triana, c'est dans le barrio de Santa Cruz qu'un musée dédié a vu le jour. Hébergé dans un édifice du 18e siècle, il se situe dans une ruelle, entre la plaza del Alfafa et la cathédrale. En plus de sa fonction traditionnelle de musée, ce lieu destiné à faire découvrir l'art du flamenco aux visiteurs accueille des spectacles et propose des cours de danse et de musique. Les démonstrations ont lieu à 17h, 19h, 20h45 et 22h15 dans la cour ou dans les caves du bâtiment, qui offrent une atmosphère plus intimiste.

8

Plaza Virgen de los Reyes

F7 Puerta de Jerez

Cette place, qui invite à la détente, est l'endroit idéal pour contempler la Giralda. Avec ses attelages, ses marchands de fleurs gitans, ses orangers et ses imposants édifices religieux, elle réunit tous les archétypes de Séville. Au centre se dresse une grande fontaine en fer forgé du début du 20e siècle, création de José Lafita, dont les têtes grotesques sont des copies d'originaux romains de la casa de Pilatos *(p. 89)*.

La place est bordée au nord par le palacio arzobispal (palais archiépiscopal), commencé au 16e siècle et achevé au 18e siècle. Il fut réquisitionné par le maréchal Soult pendant l'occupation napoléonienne en 1810. Ce superbe palais baroque, qui possède un escalier en jaspe, renferme des tableaux de Zurbarán et de Murillo. Ce lieu, qui sert encore aujourd'hui de résidence épiscopale, n'est pas ouvert au public.

De l'autre côté s'élève le convento de la Encarnación, aux murs blanchis à la chaux, qui date de 1591 *(fermé au public)*. L'édifice a été bâti sur l'ancien site d'une mosquée et d'un hôpital.

La plaza Virgen de los Reyes abritait autrefois le célèbre corral de los Olmos (cour des Ormes), auberge malfamée mentionnée dans l'œuvre de Cervantès. Une plaque sur l'un des murs du couvent rappelle cette anecdote.

> SECRETS D'INITIÉS
> **Tope-la !**
> Le *cajón* (percussion de flamenco frappée par les mains du musicien, assis dessus) a conquis de nombreux autres genres musicaux : blues, folk, jazz, indie pop. Des ateliers d'initiation sont proposés au museo del Baile Flamenco.

↑ La plaza Virgen de los Reyes et sa fontaine ornée de lanternes

FLAMENCO, L'ÂME ANDALOUSE

Plus qu'une simple danse, le flamenco est l'expression des peines et des joies de l'existence. Il n'y a pas de chorégraphie stricte – les danseurs improvisent à partir de mouvements de base. Bien qu'il soit interprété partout en Espagne, c'est un art purement andalou, à découvrir dans l'un des *tablaos* de Séville.

↑ *Bailaora* en robe rouge traditionnelle

LA *BAILAORA* ET LE *BAILAOR*

La *bailaora* (danseuse) est réputée pour ses mouvements incroyables de pieds et l'intensité de sa danse. Eva Yerbabuena et Sara Baras, danseuses célèbres pour leur style très personnel, dirigent toutes deux leur propre compagnie de flamenco. Juana Amaya est également une artiste de renom. Le *bailaor* (danseur) joue un rôle moins important que la *bailaora*. Nombre de danseurs ont néanmoins connu la gloire, comme Antonio Canales, aux mouvements de pieds singuliers.

LA MUSIQUE ET LE RYTHME

Bien que les danseurs de flamenco attirent tous les regards, c'est bien de la musique que naît le *duende* (« esprit magique »). La guitare, qui accompagne traditionnellement le chanteur, joue un rôle déterminant. Plus légère et plus plate que sa cousine classique, la guitare de flamenco est pourvue d'une plaque renforcée qui permet au musicien de battre les rythmes si caractéristiques du flamenco. Toutefois, les battements des mains et des pieds de la danseuse, chaussée de talons, sont tout aussi importants. Les *bailaoras* peuvent également battre le rythme avec des castagnettes. Les mouvements de mains gracieux aident la danseuse à exprimer ses sentiments – souffrance, tristesse ou joie.

↑ Troupe de danseurs et de musiciens de flamenco au début du 20e siècle

TOP 3 *TABLAOS* DE SÉVILLE

La Carbonería
Les spectacles ont lieu dans un patio couvert *(Calle de los Céspedes 21; 954 22 99 45)*.

Casa de la Memoria
Ce petit théâtre situé dans un superbe patio est ouvert presque tous les soirs *(www.casadelamemoria.es)*.

Los Gallos
Lieu un peu plus chic mais non moins authentique *(www.tablaolosgallos.com)*.

9

Archivo de Indias

E7-8 Avenida de la Constitución Puerta de Jerez Archivo de Indias 954 50 05 28 mar.-sam. 9h30-17h, dim. 10h-14h

L'Archivo de Indias (Archives des Indes) met en lumière le rôle clé que joua la ville dans la colonisation et l'exploitation du Nouveau Monde. Construit entre 1584 et 1598 sur des plans de Juan de Herrera, l'un des architectes de l'Escorial établi non loin de Madrid, l'édifice abritait une *lonja* (bourse) marchande. En 1785, Carlos III y réunit tous les documents espagnols relatifs aux Indes, créant ces archives fascinantes de la présence espagnole en Amérique et aux Philippines. Elles renferment des lettres de Colomb, Cortés, Cervantès et George Washington, ainsi que la correspondance de Felipe II, soit au total 86 millions de pages manuscrites, 8000 cartes et dessins représentant environ 9 km de rayonnage. Un vaste programme de numérisation de documents a été entrepris.

Un escalier de marbre mène aux salles de lecture, exposant cartes et dessins. Les diverses collections présentées changent régulièrement; vous pourrez y voir une carte à l'aquarelle de l'époque où Acapulco n'était guère plus qu'un château, les dessins d'une corrida royale à Panama en 1748, ou les plans d'un hôtel de ville au Guatemala.

Vinería San Telmo
Appréciée aussi bien des touristes que des Sévillans, la Vinería San Telmo propose de savoureuses tapas aux influences internationales et des desserts faits maison.
G7 Paseo de Catalina de Ribera 4 vineriasantelmo.com
€€€

Donaire Azabache
Délicieux plats traditionnels et bonne carte des vins.
E8 Calle Santo Tomás 11 donaire azabache.com
€€€

La Quinta Braseria
Dans ce palais du 20e siècle reconverti en restaurant gastronomique, savourez des plats régionaux réinterprétés de façon moderne. Au menu : riz, viande grillée et poisson. Réservation recommandée.
G5 Plaza Padre Jeronimo de Córdoba 11 grupopanot.com
€€€

10

Hospital de los Venerables

F7 Plaza de los Venerables 8 Archivo de Indias 954 56 26 96 jeu.-dim. 10h-14h

Au cœur du quartier de Santa Cruz, l'hospital de los Venerables était un hospice pour prêtres âgés. Les travaux de construction commencés en 1675 furent achevés 20 ans plus tard par Leonardo de Figueroa. L'hospice rénové abrite désormais la Fundación Fondo de Cultura de Sevilla (centre culturel de la FOCUS).

L'édifice entoure un patio central. Les étages supérieurs, l'infirmerie et le cellier servent de salles d'exposition. Une visite guidée permet d'admirer l'église de l'hôpital, fleuron du baroque, et les fresques de Juan de Valdés Leal et de son fils, Lucas Valdés. Appréciez également les sculptures de saint Pierre et saint Ferdinand de Pedro Roldán, qui flanquent la porte est, et *L'Apothéose de saint Ferdinand* de Lucas

↑ Intérieur de l'église de l'hospital de los Venerables, décoré de fresques baroques

↑ Monument à Catalina de Ribera, dans les jardines de Murillo

Valdés, en haut du retable du maître-autel. L'inscription en grec de la frise commande aux visiteurs d'honorer les prêtres. La sacristie comporte, quant à elle, un magnifique plafond en trompe-l'œil de Juan de Valdés Leal, représentant *Le Triomphe de la Croix*.

11

Jardines de Murillo

FG8 Prado de San Sebastián

À l'extrémité sud du quartier de Santa Cruz, les jardins qui renfermaient jadis le potager et les plantations d'orchidées du Real Alcázar furent offerts à la ville en 1911. Ils doivent leur nom au plus célèbre des peintres sévillans, Bartolomé Esteban Murillo (1617-1682), qui vécut non loin de là, calle Santa Teresa. Le paseo de Catalina de Ribera rend hommage au fondateur de l'hospital de las Cinco Llagas, où se trouve aujourd'hui le Parlamento de Andalucía *(p. 93)*. Dépassant la cime des palmiers, se dresse le monument dédié à Christophe Colomb, avec un bronze de la *Santa María*, la caravelle qui le conduisit en Amérique en 1492.

12

Plaza del Triunfo

F7 Puerta de Jerez Archivo de Indias

La superbe plaza del Triunfo se tient au centre d'un groupe de bâtiments classés au patrimoine mondial de l'Unesco : la cathédrale de Séville *(p. 76)*, l'Archivo de Indias et le Real Alcázar *(p. 78)*. Elle fut construite en remerciement, après que la ville eut été épargnée par le tremblement de terre de 1755 qui dévasta Lisbonne mais causa relativement peu de dommages à Séville – salut que l'on attribua à sa dévotion à la Vierge. Une colonne baroque se dresse en son honneur près de l'Archivo de Indias, tandis que, au centre de la place, un monument atteste la foi en l'Immaculée Conception, de longue tradition à Séville.

Dans la calle Santo Tomás se trouve un bâtiment *(fermé au public)* utilisé un temps par l'Archivo de Indias puis par le museo de Arte Contemporáneo, désormais hébergé au monasterio de Santa María de las Cuevas. Érigé en 1770, l'édifice servait autrefois de dépôt pour la dîme de l'Église. Des vestiges des murailles de la ville, datant de la période maure, furent mis au jour lors de sa rénovation.

> «LA» PHOTO
> **Arbres révérés**
> Prenez-vous en photo devant les immenses ficus des jardines de Murillo. Âgés de plus de 100 ans, certains de ces géants tropicaux arborent des troncs sinueux au diamètre impressionnant.

Dépassant la cime des palmiers, se dresse le monument dédié à Christophe Colomb, avec un bronze de la *Santa María*, la caravelle qui le conduisit en Amérique en 1492.

L'ART DES AZULEJOS

Résistants et colorés, les carreaux de céramique émaillée - ou *azulejos* - décorent les façades et les intérieurs des édifices andalous depuis des siècles. Ils sont issus de techniques de fabrication importées par les Maures, le mot *azulejo* vient de l'arabe *al-zulayj* (« pierre polie »).

Les azulejos maures sont des mosaïques complexes créées à base de pierres monochromes. À Séville, cet artisanat prospéra et évolua dans les poteries de Triana. Un procédé développé au 16e siècle en Italie permit d'utiliser de nouveaux motifs et de nouvelles couleurs. La révolution industrielle autorisa la production à grande échelle dans des usines, telle la célèbre Pickman y Cia du monasterio de Santa María de las Cuevas.

AZULEJOS DE STYLE MUDÉJAR

Les Maures réalisèrent de très belles mosaïques aux motifs géométriques complexes. Les couleurs utilisées étaient le bleu, le vert, le noir, le blanc et l'ocre.

LES AZULEJOS ET LE COMMERCE

Lorsque les techniques de fabrication et de coloration des azulejos s'améliorèrent, les carreaux servirent aussi à réaliser des enseignes décoratives et des devantures de magasins. Il en existe toujours de superbes exemples dans toute l'Andalousie.

↑ Carreaux peints émaillés, Alhambra de Grenade

↑ Affiches publicitaires en carreaux de céramique, Centro Cerámica Triana

↑ Un pont orné d'azulejos bleu et jaune, plaza de España, à Séville

13

Casa de Pilatos

G6 Plaza de Pilatos 1 C5 avr.-oct : t.l.j. 9h-19h ; nov.-mars : t.l.j. 9h-18h fundacion medinaceli.org

En 1518, le premier marquis de Tarifa entama un long voyage en Europe et en Terre sainte. Il revint deux ans plus tard, séduit par les merveilles architecturales et décoratives de la Renaissance italienne, et consacra le reste de sa vie à la création d'une esthétique nouvelle qui fut très en vogue. Son palais de Séville, situé à même distance d'un temple de Cruz del Campo que la demeure de Ponce Pilate du mont du Calvaire (d'où son nom), devint le modèle de ce nouveau style. Au fil des siècles, les propriétaires successifs du palais apportèrent leurs embellissements personnels. La casa de Pilatos est désormais la demeure des ducs de Medinaceli.

Les visiteurs entrent par un portail en marbre, attribué à des artisans génois (1529). De l'autre côté du vestibule à arcades se trouve le patio principal. Cette cour mudéjare décorée d'azulejos et de stucs est cernée d'arcs à intervalles irréguliers, surmontés d'une balustrade gothique. Dans les coins se dressent trois statues romaines (Minerve, une muse dansante et Cérès) ainsi qu'une quatrième, Athéna (statue originale grecque du 5e siècle av. J.-C.). Au centre trône une fontaine importée de Gênes. Sur la droite, au-delà du salón del Pretorio, avec son plafond à caissons et ses marqueteries, se trouve le corridor de Zaquizamí. Parmi les antiquités des salles adjacentes, admirez le bas-relief de Léda et le cygne, et deux reliefs romains de la bataille d'Actium (31 av. J.-C.). Plus loin, le jardín Chico est orné d'un bassin et d'un bronze de Bacchus.

De retour au patio principal, prenez à droite dans le salón de descanso de los Jueces. Plus loin se trouve une chapelle à voûte d'ogives, qui abrite la copie d'une sculpture du 4e siècle, *Le Bon Pasteur* (l'original est au Vatican). À gauche se trouvent le gabinete de Pilatos et le jardín Grande. Les loggias ont été créées par l'architecte italien Benvenuto Tortello dans les années 1560.

Le saviez-vous ?

La casa de Pilatos fut la première résidence privée de Séville à posséder un escalier.

↑ Patio principal de la casa de Pilatos, où furent tournées des scènes du film *Lawrence d'Arabie* (1962)

Au fil des siècles, les propriétaires successifs du palais apportèrent leurs embellissements personnels.

Derrière la statue de Cérès, dans le patio principal, un escalier carrelé conduit aux appartements. Il est couronné d'une superbe coupole *media naranja* (demi-orange) de 1537. Quelques pièces regorgeant de portraits de famille, d'antiquités et de meubles possèdent des plafonds mudéjars. Des plâtres dus à Juan de Oviedo et des fresques de Francisco de Pacheco ornent des salles qui portent les noms des artistes.

PETITE BALADE
SANTA CRUZ

Distance 1 km **Métro** Puerta de Jerez
Durée 15 minutes

Les ruelles étroites qui se déploient à l'est de la cathédrale et du Real Alcázar constituent la facette la plus romantique de Séville. Outre les nombreux magasins de souvenirs, restaurants, bars à tapas et guitaristes ambulants, le quartier recèle d'allées pittoresques, de places cachées et de patios fleuris faisant les délices du promeneur. Cet ancien quartier juif, aux édifices rénovés et aux balcons en fer forgé caractéristiques, abrite aujourd'hui un mélange harmonieux de résidences élégantes et d'hébergements touristiques.

Bordée d'orangers, la **calle Mateos Gago** *regorge de boutiques de souvenirs, de cafés et de bars à tapas.*

Le **palacio Arzobispal** *(palais épiscopal, 18e siècle) est toujours utilisé par le clergé de Séville* (p. 84).

Une fontaine du 20e siècle conçue par José Lafita trône au centre de la **plaza Virgen de los Reyes**.

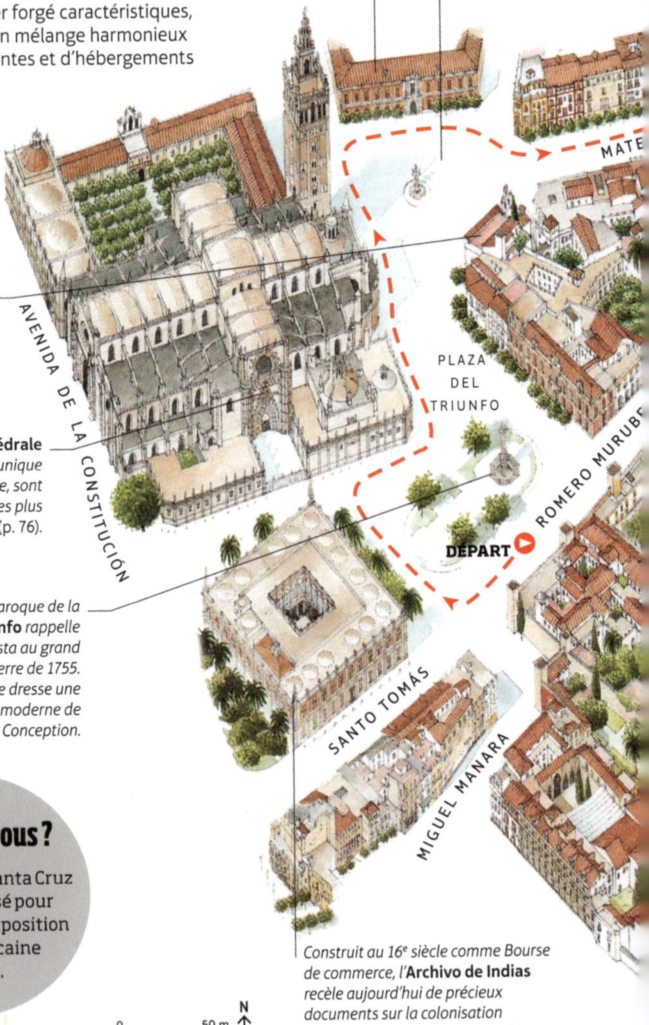

Convento de la Encarnación (p. 84)

L'imposante **cathédrale** *et* **la Giralda**, *unique clocher maure, sont les monuments les plus célèbres de Séville* (p. 76).

La colonne baroque de la **plaza del Triunfo** *rappelle que la ville résista au grand tremblement de terre de 1755. Au centre se dresse une statue moderne de l'Immaculée Conception.*

*Construit au 16e siècle comme Bourse de commerce, l'***Archivo de Indias** *recèle aujourd'hui de précieux documents sur la colonisation espagnole de l'Amérique* (p. 86).

Le saviez-vous ?

Le quartier de Santa Cruz a failli être rasé pour faire place à l'Exposition ibéro-américaine de 1929.

↑ Terrasse de café ombragée, plaza Santa Cruz

Carte de situation
Pour plus de détails, voir p. 74

La **plaza Santa Cruz** *abrite une magnifique croix de fer de 1692.*

*L'***hospital de los Venerables** *(17e siècle) était un hospice pour prêtres âgés (p. 86).*

La **callejón del Agua** *(ruelle de l'Eau) est une allée bordée de murs blanchis à la chaux et de patios regorgeant de verdure.*

Le **Real Alcázar** *réunit dans ses palais l'art mudéjar, la splendeur royale et des jardins superbes (p. 78).*

→ Ravissant édifice entouré d'arbres, callejón del Agua

GRANDE BALADE À SÉVILLE

Distance 3,5 km **Durée** 90 minutes à pied
Difficulté Facile **Métro** Puerta de Jerez

Cet itinéraire débute dans l'un des splendides jardins de la ville puis explore le quartier juif médiéval de Santa Cruz, l'un des plus anciens *barrios* de Séville. Dans ce dédale de ruelles, vous découvrirez un musée dédié à Murillo, l'un des grands peintres de la ville, et plusieurs églises, galeries d'artisanat et restaurants. Vous traverserez ensuite à pied la plus imposante place de la ville, avant de vous diriger vers le Guadalquivir, avec son pont historique, pour rejoindre le quartier de Triana, centre du flamenco à Séville et célèbre pour ses céramiques.

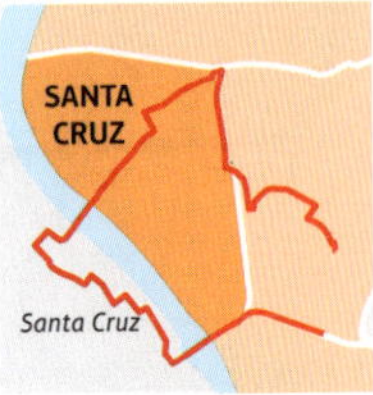

Carte de situation
Pour plus de détails, voir p. 64, p. 74 et p. 119

*Tournez dans la calle San Eloy ; à son extrémité s'élève l'***iglesia de la Magdalena** *(p. 68), érigée sur les ruines d'une mosquée.*

La calle San Pablo, qui devient la calle Reyes Católicos, mène au **puente de Isabel II**, *créé en 1852 sur les fondations d'un pont arabe du 12ᵉ siècle.*

Le barrio de **Triana** *(p. 120) est un quartier lié aux azulejos. Pour visiter des ateliers et des boutiques, allez à droite dans la calle San Jorge, puis à gauche dans la calle Callao.*

*Tournez à gauche dans la calle Victoria, puis à droite dans la calle Pelay Correa, où s'élève la plus vieille église de Séville, l'***iglesia de Santa Ana** *(13ᵉ siècle ; p. 124).*

Le long du fleuve, la calle Betis est bordée de cafés et offre une superbe vue sur la **torre del Oro** *(p. 69).*

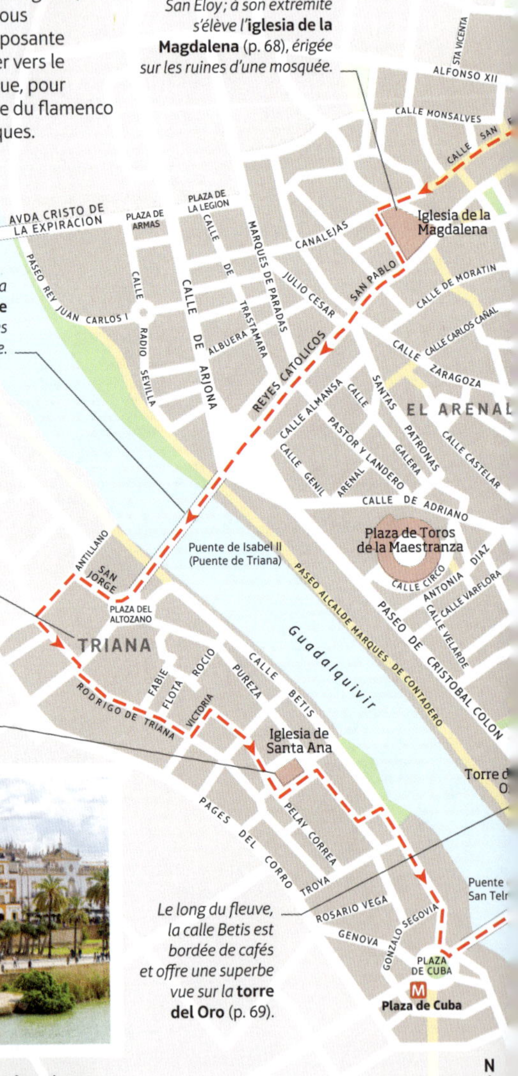

↑ *La Tolerancia*, monument pour la paix d'Eduardo Chillida, vue depuis la calle Betis

→ Vitrine de la boutique de chapeaux Maquedano, calle Sierpes

Traversez la place et prenez la **calle Sierpes***, l'une des plus anciennes artères commerçantes de Séville (p. 81). La vitrine de Maquedano expose un éventail de chapeaux toujours impressionnant.*

*À droite, empruntez la calle Hernando Colón pour rejoindre l'***Ayuntamiento** *(p. 80).*

À gauche, prenez la calle Guzmán El Bueno, continuez dans la calle Argote de Molina et longez l'arrière du **palacio arzobispal** *(p. 84).*

*Après avoir tourné à droite à l'extrémité de la calle de Mateos Gago, dépassez l'***iglesia de Santa Cruz** *(17e siècle).*

Dépassez la maison natale du peintre Bartolomé Esteban Murillo et le **convento San José del Carmen***.*

Partez des **jardines de Murillo** *(p. 87), où s'élève un monument dédié à Christophe Colomb, et suivez la calle Santa Teresa.*

Le puente de San Telmo conduit aux **jardines de Cristina***, où se trouve une gare routière.*

*Descendez la calle San Fernando, qui passe devant l'***Universidad** *(p. 114), et finissez votre marche aux jardines de Murillo.*

↑ L'imposant monument à Christophe Colomb, dans les jardines de Murillo

AVE

Fresque du couronnement de la Vierge, basílica de la Macarena

LA MACARENA

Les Almohades s'établissent dès le 12e siècle là où s'étendaient jadis terres agricoles et vergers, au nord de Séville. Les murs de la ville, dont on peut encore voir quelques vestiges, sont alors prolongés pour inclure ce nouveau *barrio*.

Peu après la reconquête de la région par les Rois catholiques (1247-1248), un marché voit le jour calle de la Feria pour dynamiser l'économie de ce quartier fraîchement christianisé. Il existe encore aujourd'hui sous la forme d'un marché aux puces hebdomadaire : El Jueves.

L'attraction la plus célèbre du quartier de la Macarena est de loin la Virgen de la Esperanza, une magnifique statue du 17e siècle représentant la Vierge en pleurs. Elle trône dans la basílica de la Macarena (1949), église érigée tout spécialement pour l'accueillir. Chaque année, pendant la Semana Santa (Semaine sainte), la statue est escortée dans les rues de la Macarena lors de grandes processions, pendant lesquelles elle est acclamée par la foule.

Aujourd'hui, si certains édifices de la Macarena sont en mauvais état, d'autres ont été restaurés avec soin, à l'image de l'hospital de las Cinco Llagas. Édifié au 16e siècle, cet hôpital est resté en fonction jusqu'en 1978 et abrite désormais le Parlement d'Andalousie.

C
D
E
LA MACARENA
Isla Mágica
Avenida Alvaro Alonso Barba
Calle José de Galvez
Glorieta de Isla Mágica
Paseo Rey Juan Carlos I
Avenida del Concejal Alberto
Puente de la Barqueta
Parque Jardín del Guadalquivir
Camino de los Descubrimientos
Jardines Torre de los Perdigones
Plaza Duquesa Cayetana de Alba
Resolana
Vibarragel
Calle de Becquer
Esquivel
Monasterio de San Clemente
Reposo
Yuste
Calatrava
Pacheco y Núñez del Prado
Guadalquivir
Pista Patinaje del Río
Torneo
A de la Seda
E Castro
Crédito
Calle Lumbreras
Torre de Don Fadrique
Convento de Santa Clara
Calle Rey Juan Carlos I
Calle del Torneo
Pizarro
Mendigorría
Clavijo
Guadalquivir
Clara
Jardín botánico americano
Narciso Bonaplata
Hombre de Piedra
Roelas
Medina
Santa
Alameda de Hércules
Hércules
Vicente
Calle Santa Ana
Curtidurías
E Cano
Marqués de la Mina
Alcoy
Poder
Alameda de
Juan Rabadán
San
H Cortés
Plaza de San Lrenzo
Gran
Barco
Plaza Europa
Castillo Lastrucci
De
Teodosio
Eslava
Conde de Barajas
Del
Pasarela de la Cartuja
Pascual de Gayangos
Miguel Cid
Martínez Montañez
Cardenal Spínola
Cantabria
Rubens
San F de Paula
Jesús
Calle
Trajano
Amor de Dios
Cervantes
Plaza Blasco de Garay
Goles
Calle de Baños
EL ARENAL
p. 62
Pl de la Gavidia
Padre Tarín
San Andrés
Don Pedro
San Miguel
Plaza San Andrés
Aponte
Pta Real
Jesús de la Vera Cruz
Sta Vicenta María
Javier L. Vega
Plaza del Duque de la Victoria
Tarifa
Alfonso XII
Museo de Bellas Artes
Laraña
0
300 m
N
2
3
4
5

LA MACARENA

Découvrir

1. Alameda de Hércules
2. Monasterio de San Clemente
3. Torre de Don Fadrique
4. Parlamento de Andalucía
5. Cámara Oscura
6. Basílica de la Macarena
7. Murallas
8. Iglesia de San Marcos
9. Iglesia de San Pedro
10. Iglesia de San Luís de los Franceses
11. Palacio de las Dueñas
12. Convento de Santa Paula
13. Iglesia de Santa Catalina
14. Metropol Parasol

Où manger ?

(1) ConTenedor
(2) Eslava
(3) Arte y Sabor

Où prendre un verre ?

(4) Bar Gigante
(5) Linterna Ciega
(6) Jazz Naima Sevilla

Où faire son shopping ?

(7) Botellas y Latas
(8) Record Sevilla
(9) Rompemoldes

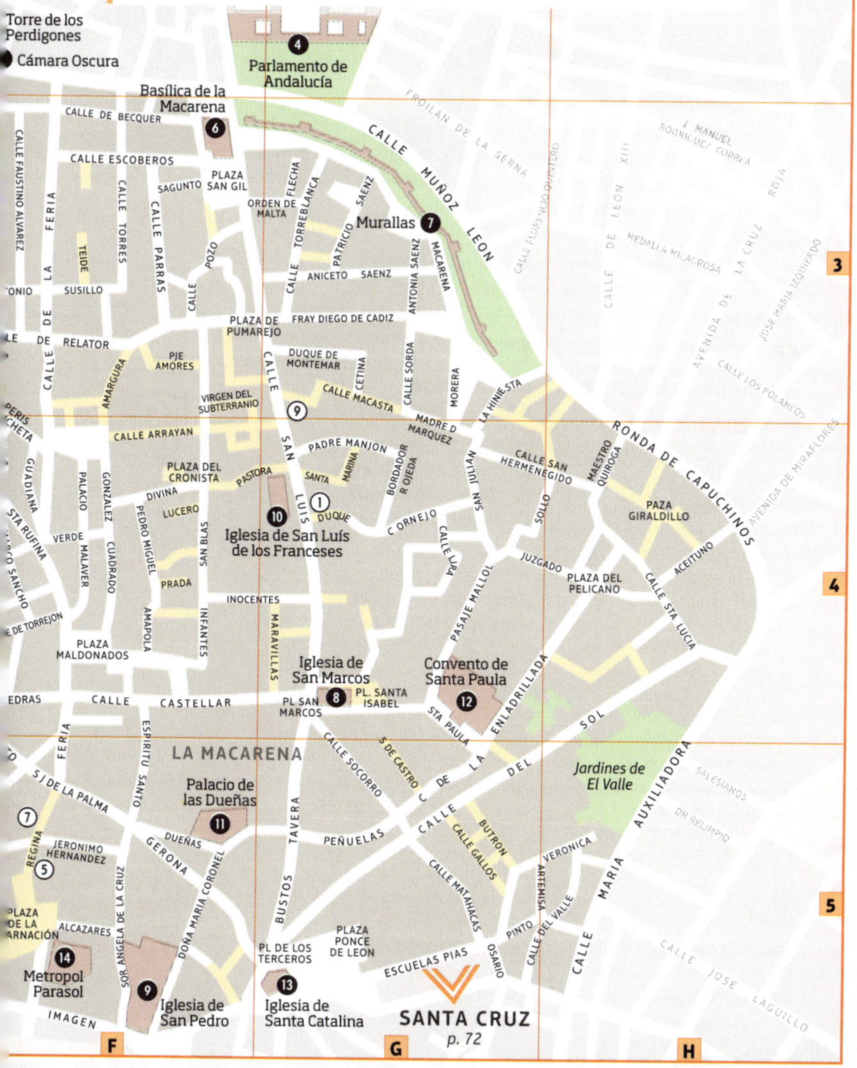

Les deux colonnes de marbre de l'Alameda de Hércules baignées de lumière matinale

DÉCOUVRIR

1 Alameda de Hércules

E4 lignes A7, 13, 14

Ce boulevard bordé d'arbres date de 1574, pendant l'âge d'or de Séville, lorsque la zone marécageuse fut transformée en promenade. Aujourd'hui, il offre un espace au charme bohème, avec des parcs à jets d'eau pour les fortes chaleurs et une aire de jeux pour les enfants. Avec ses bars, restaurants et cafés éclectiques, ce lieu est aussi au cœur de la vie nocturne.

À l'extrémité sud se dressent deux colonnes de marbre provenant d'un temple romain dédié à Hercule. L'édifice longeait l'actuelle calle Mármoles (rue du Marbre) où se dressent trois autres colonnes. Des statues d'Hercule et de Jules César coiffent les colonnes de l'Alameda.

2 Monasterio de San Clemente

E3 Calle Reposo 9 lignes C3, C4 église : groupes uniquement sanclementesevilla.es

Les murs anciens de ce monastère cachent un cloître paisible. Une porte, située dans une galerie, mène à l'église de ce centre religieux, accessible aussi depuis la calle Reposo. Elle réunit des éléments du 13e au 18e siècle, comme un superbe plafond à caissons mudéjar (aux motifs géométriques), des *azulejos* de 1588, un retable principal de l'architecte Felipe de Rivas et des fresques du début du 18e siècle réalisées par le peintre Lucas Valdés.

Aux horaires affichés sur la porte, les religieuses qui vivent ici vendent pâtisseries et confitures.

Bar Gigante
Décor vintage original et terrasse sur la plaza.

E4 Alameda de Hércules 17 955 29 45 29

Linterna Ciega
Microbrasserie proposant un éventail de bières blondes et brunes.

F5 Calle Regina 10 854 52 10 21

Jazz Naima Sevilla
Bar intime accueillant des concerts de jazz.

E4 Calle Conde de Barajas 2 653 75 39 76

3

Torre de Don Fadrique

E3 Espacio de Santa Clara, Calle Becas lignes A2, A7, C3, 3, 6 mar.-dim. 10h-19h espaciosantaclara.org

Cette tour du 13e siècle, l'un des édifices les mieux préservés de la ville, s'élève, telle une pièce de jeu d'échecs, dans la cour du convento de Santa Clara. Elle défendait autrefois le palais de l'infant don Fadrique et offre aujourd'hui de superbes vues sur Séville.

4

Parlamento de Andalucía

G2 Calle Parlamento de Andalucía lignes A2, 2, 10, 13 uniquement sur r.-v., se rens. parlamentodeandalucia.es

Le Parlement d'Andalousie est installé dans un superbe édifice Renaissance, l'hospital de las Cinco Llagas (« cinq plaies »). La construction de cet hôpital débuta en 1546 pour accueillir une institution caritative fondée en 1500 par Catalina de Ribera. Œuvre de plusieurs architectes, sa façade sud affiche un portail central baroque dessiné par Asensio de Maeda.

Achevé en 1613, l'hôpital devint le plus grand d'Europe ; il reçut des patients jusque dans les années 1960. En 1992, il fut rénové pour changer de fonction et abriter les bureaux du Parlement.

Au cœur du complexe, l'église maniériste (1560) d'Hernán Ruiz le Jeune tient lieu de salle d'assemblée.

5

Cámara Oscura

F2 Calle Resolana 37 lignes C1, C2, C3, C4, C5, 2, 13, 14 679 09 10 73 de sept. à mi-juil. : mar.-dim. 11h30-17h ; de mi-juil. à août : mar.-dim 10h-15h30 (fermé en cas de pluie)

Dans l'immense chambre noire de la torre de los Perdigones, des images du quartier sont projetées et défilent en temps réel, à l'aide de miroirs et de loupes.

Le saviez-vous ?

La Virgen de la Macarena est la sainte patronne des toreros, des tailleurs, des donneurs d'organes et des Roms.

6

Basílica de la Macarena

F3 Calle Bécquer 1 lignes C1, C2, C3, C4, C5, 2, 10, 13, 14 954 90 18 00 t.l.j. 9h-14h, 17h-19h (dim. à partir de 9h30) Ven. saint

Cette basilique fut bâtie en 1949 pour accueillir la célèbre Virgen de la Esperanza Macarena, qui se dresse au-dessus du maître-autel entre des cascades d'or et d'argent. Elle inspira les peintures de Rafael Rodríguez Hernández. Dans le musée, outre les magnifiques vêtements processionnels, on découvre des costumes de corrida ou *trajes de luces* (habits de lumière), dons de toreros reconnaissants. Ne manquez pas d'admirer les chars utilisés à l'occasion de la semaine sainte, en particulier l'estrade en argent de la Macarena.

VIRGEN DE LA MACARENA

Les dévotions à la Vierge de la Macarena atteignent leur point culminant le Vendredi saint, lorsque la statue traverse les rues sur un char surmonté d'un baldaquin décoré de fleurs, de bougies et de pièces d'orfèvrerie. Escortée de pénitents encapuchonnés et sous les cris de *¡Guapa!* (« Belle ! ») lancés par le public, elle est menée de la basílica de la Macarena à la cathédrale.

↑ Les murailles de la ville, ou *murallas*, protègent Séville depuis le Moyen Âge

7
Murallas

G3 lignes A2, C2, C4, 13

Une partie des murs défensifs qui ceignaient autrefois Séville se dressent toujours dans les rues Andueza et Muñoz León. Ils s'étendent de la puerta de la Macarena, à proximité de la basilique de la Macarena *(p. 93)*, à la puerta de Cordoba, 400 m plus à l'est.

Les murs, qui à l'origine comptaient plus de 100 tours, furent construits au 12e siècle avec un chemin de ronde. La torre Blanca est l'une des sept tours subsistantes. À l'extrémité est se trouve l'iglesia de San Hermenegildo du 16e siècle. Elle tient son nom d'un roi wisigoth qui aurait été martyrisé sur le site. L'angle sud de l'église abrite des vestiges d'arcs maures.

8
Iglesia de San Marcos

G4 Plaza San Marcos
C5 954 50 26 16
19h-20h30 (jusque 20h en hiver), dim. 12h30-13h30 et 19h30-20h30

Cette église du 14e siècle accuse certains traits mudéjars, comme sa tour ressemblant à la Giralda et la décoration du portail sur la plaza de San Marcos. La restauration de l'intérieur, ravagé par le feu en 1936, a mis en valeur de superbes arcs en fer à cheval dans la nef. Une statue de saint Marc, attribuée à Juan de Mesa, orne l'angle gauche.

La place à l'arrière de l'église est bordée par le convento de Santa Isabel, fondé en 1490 et converti en prison pour femmes au 19e siècle. L'église date de 1609. Le portail baroque, qui ouvre sur la plaza de Santa Isabel, arbore un bas-relief de la Visitation, œuvre d'Andrés de Ocampo.

9
Iglesia de San Pedro

F5 Plaza San Pedro
C5, 27, 32 954 21 68 58
lun.-jeu. 8h30-13h et 19h-20h30, ven. 8h30-11h30, sam. 8h30-9h30 et 10h30-11h30, dim. 9h30-14h et 19h30-20h30

Cette église dédiée à saint Pierre, où Diego Velázquez fut baptisé en 1599, offre un mélange de styles typiquement sévillan. Des éléments mudéjars subsistent dans sa tour en brique, surmontée d'un clocher baroque. Le portail principal, depuis lequel on accède à la plaza de San Pedro, est l'un des ornements baroques ajoutés par Diego de Quesada, en 1613. Une statue de saint Pierre domine la circulation, en contrebas.

L'intérieur sombre possède un plafond en bois et une porte ouest mudéjars. La voûte de l'une des chapelles est décorée de beaux motifs géométriques, composés de briques entrelacées. Derrière l'église, dans la calle Doña

LES CLOCHERS SÉVILLANS

Les clochers sévillans sont des symboles de l'éclectique histoire de la ville. L'influence de la Giralda *(p. 82)* transparaît sur les arcs maures et les ornements de la torre de San Marcos (14e siècle), et sur les décorations de briques mudéjares, à la base du clocher de San Pedro. Les églises de Santa Paula et de la Magdalena reflètent la sérénité de la période baroque, tandis que les tours de San Ildefonso illustrent le néoclassicisme du 19e siècle.

←
L'intérieur de l'iglesia de San Luís de los Franceses ; vue sur les trois coupoles (médaillon)

María Coronel, des gâteaux sont vendus par la porte à tambour du convento de Santa Inés. Un patio à arcades donne sur l'église restaurée, avec des fresques réalisées par Francisco de Herrera et un chœur séparé du public par un écran. La dépouille de Doña María Coronel, fondatrice du couvent au 14e siècle, est honorée dans le chœur, le 2 décembre.

10

Iglesia de San Luís de los Franceses

G4 Calle San Luís 27
C5 954 55 02 07
mar.-dim. 10h-14h et 16h-20h

Construite entre 1699 et 1730 sous la direction de l'architecte Leonardo de Figueroa, cette église constitue l'un des plus beaux exemples de l'architecture baroque sévillane. D'abord destinée aux Jésuites, elle fut affectée à divers usages après que l'ordre fut banni d'Espagne en 1835. Elle servit notamment de couvent, d'usine et d'hôpital.

Le maître-autel se trouve à l'ouest de l'église, de sorte que le somptueux retable réalisé par le sculpteur Duque Cornejo est souvent baigné de lumière. La position des autels dédiés à saint Stanislas et à saint Francisco Borja leur permet d'être inondés de soleil le jour de leur fête.

Outre le maître-autel, l'intérieur de l'édifice recèle un autre trésor : sa superbe coupole décorée de peintures religieuses représentant des scènes de l'Ancien et du Nouveau Testament. Certaines de ces fresques sont l'œuvre du peintre baroque espagnol Lucas de Valdés.

ConTenedor

Plats à base de produits frais régionaux présentés avec style.

G4 Calle San Luís 50
restaurantecontenedor.com

€€€

Eslava

Ici, vous pourrez déguster de succulents plats andalous.

D4 Calle Eslava 3
espacioeslava.com

€€€

Arte y Sabor

Ce restaurant discret sert des tapas mariant les saveurs espagnoles, marocaines et méditerranéennes.

E4 Alameda de Hércules 85
arteysabor.es

€€€

←
Salle à manger du palacio de las Dueñas, la résidence officielle des ducs d'Albe

Botellas y Latas
Épicerie regorgeant de produits régionaux : fromages artisanaux, jambon ibérique, saucisses, pâtés, confitures, huile d'olive, vins et bières.

F5 Calle Regina 14 elclubdelgourmet.es

Record Sevilla
Ce paradis des mélomanes offre une vaste sélection de vinyles neufs et d'occasion, de CD et de cassettes.

E5 Calle Amor de Dios 17 recordstoreday.es

Rompemoldes
Ensemble d'ateliers où artistes et artisans créent, exposent et vendent leurs œuvres : céramiques, bijoux, vêtements, sculptures, pièces décoratives et peintures. Chaque espace a ses propres heures d'ouverture.

G3 Calle San Luís 70 rompemoldes.com

11

Palacio de las Dueñas

F5 Calle Dueñas 5 ligne C5 avr.-sept. : t.l.j. 10h-20h ; oct.-mars : t.l.j. 10h-18h lasduenas.es

Construit dans le style Renaissance avec des influences gothiques et mudéjares, ce palais de la fin du 15e siècle est considéré comme l'un des plus beaux de Séville. Il possède de charmants cours et jardins. Le poète Antonio Machado (1875-1939) y vit le jour ; plusieurs de ses vers vantent la grandeur de ce lieu exceptionnel.

Le palais abrite de belles œuvres antiques et de salles décorées de meubles d'époque. On y découvre aussi des photos de famille et des lettres personnelles. Une pièce est dédiée à l'histoire de la Feria de Abril *(p. 47)*.

12

Convento de Santa Paula

G4 Calle Santa Paula 11 ligne C5 954 53 63 30 mar.-dim. 10h-13h

Séville compte beaucoup de monastères, mais peu sont accessibles au public. Ce couvent de 1475, où vivent encore 27 religieuses en provenance des quatre continents, est, lui, ouvert au public. L'entrée s'effectue par deux portes dans la calle Santa Paula. Frappez au nº 11, pour visiter le musée du couvent. Des marches mènent à deux galeries abritant peintures et objets religieux. Les fenêtres de la seconde porte donnent sur le cloître. Les sœurs confectionnent de délicieuses confitures, en vente près de la sortie. Sonnez la cloche de la porte voisine pour visiter l'église, que l'on atteint en traversant un jardin méditatif. Le portail allie arcs gothiques, jolis ornements en briques mudéjars, médaillons de style Renaissance et céramiques de l'Italien Nicola Pisano (v. 1220-v. 1278). À l'intérieur, la nef possède un superbe plafond de bois sculpté (1623). Parmi les statues, citons celles de

Le Metropol Parasol, immense structure à l'architecture alvéolaire ↑

saint Jean l'Évangéliste et saint Jean-Baptiste, de Juan Martínez Montañés.

13

Iglesia de Santa Catalina

G5 Plaza Ponce de Léon ligne C5 954 21 74 41 t.l.j. pour les groupes à 10h, 20h et 21h (en été)

Construite au 14e siècle sur le site d'une mosquée, cette église dédiée à sainte Catherine possède une tour mudéjare inspirée de la Giralda – que l'on voit bien de la place Ponce de Léon –, qui a été épargnée de l'ajout baroque habituel. Sur le côté ouest, près de la calle Alhóndiga, le portail gothique provient de l'iglesia de Santa Lucía, détruite en 1930. Dans l'entrée, notez un arc en fer à cheval. À l'extrême est de la nef se trouve la capilla sacramental, conçue par Leonardo de Figueroa. Sur la droite, la capilla de la Exaltación possède un très beau plafond et un superbe Christ de Pedro Roldán.

Le saviez-vous ?

Le Metropol Parasol est considéré comme la plus grande structure en bois au monde.

14

Metropol Parasol

F5 Plaza de la Encarnación lignes C5, 10, 11, 12, 15, 16, 20, 24, 27, 32 pont et passerelles d'observation : dim.-jeu. 10h-23h, ven.-sam. 10h-23h30 ; musée : mar.-sam. 10h-19h30, dim. et jours fériés 10h-13h30 setasdesevilla.com

Bâtie entre 2005 et 2011, cette structure en treillis ultramoderne, que les Sévillans appellent *Las Setas* (« les champignons »), conjugue modernité et vestiges archéologiques. Le mirador et la longue passerelle qui court au-dessus des six corolles offrent une vue aérienne de la ville. Au rez-de-chaussée se trouve un grand marché couvert sur le toit duquel s'étend une plaza vouée aux événements culturels. Metropol Parasol abrite aussi des bars et des restaurants. Au sous-sol, l'Antiquarium présente le produit des fouilles effectuées au tout début du projet en 1973, dont de vastes ruines romaines de l'époque de Tibère (v. 14 apr. J.-C. - 37 apr. J.-C.) et les ruines d'une maison arabe des 12e et 13e siècles.

« LA » VUE

1, 2, 3... clochers!

Prenez une boisson à emporter dans l'un des bars du Metropol Parasol et amusez-vous à compter les célèbres clochers de Séville visibles depuis le mirador.

PETITE BALADE
LA MACARENA

Distance 1,5 km **Bus** ligne C5 **Durée** 20 minutes

Une promenade dans le barrio de la Macarena donne un bel aperçu de la vie quotidienne dans un quartier qui a échappé, jusqu'à présent, au développement touristique, à la différence de celui de Santa Cruz. Le matin, il règne une joyeuse animation dans la rue principale, la calle de la Feria, où les étals du marché regorgent de poissons frais. La soirée est le meilleur moment pour découvrir les nombreuses églises du quartier, qui s'ouvrent pour la messe. C'est aussi l'heure pour les habitants de venir boire un verre et déguster des tapas dans les bars.

Serré entre les bâtiments avoisinants, le **palacio de las Dueñas**, *un palais mudéjar du 15e siècle possède un élégant patio* (p. 102)*. C'est la résidence officielle des ducs d'Albe, dont les armoiries sur céramique surmontent l'entrée.*

Tous les jeudis matin, la **calle de la Feria** *accueille le plus vieux marché de Séville, El Jueves.*

*L'***iglesia de San Juan de la Palma** *est une église en brique mudéjare. Le clocher date de 1788.*

Le saviez-vous ?

Le nom du quartier de la Macarena dériverait de celui de la déesse romaine Macaria.

Les religieuses du **convento de Santa Inés** *fabriquent et vendent des gâteaux* (p. 101).

*Velázquez fut baptisé dans l'***iglesia de San Pedro** (p. 100), *église alliant divers styles d'architecture.*

L'**iglesia de San Marcos**, *église du 14e siècle érigée sur le site d'une mosquée, est dotée d'une tour mudéjare et d'un superbe portail gothico-mudéjar. L'intérieur recèle des arcs en fer à cheval de toute beauté* (p. 100).

Carte de situation
Pour plus de détails, voir p. 96

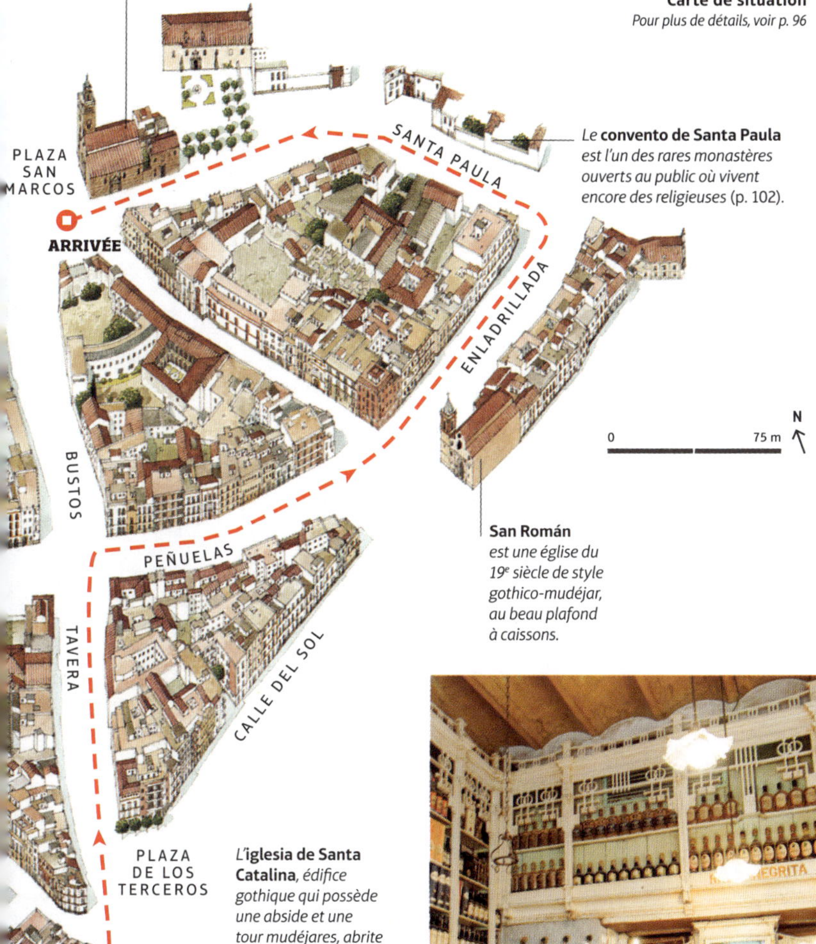

Le **convento de Santa Paula** *est l'un des rares monastères ouverts au public où vivent encore des religieuses* (p. 102).

San Román *est une église du 19e siècle de style gothico-mudéjar, au beau plafond à caissons.*

L'**iglesia de Santa Catalina**, *édifice gothique qui possède une abside et une tour mudéjares, abrite la statue de Santa Lucía de Roldán* (p. 103).

El Rinconcillo *est le bar où les tapas auraient été inventées. Fondé en 1670, cet établissement à l'atmosphère désuète propose des plats délicieux.*

↑ Intérieur du bar à tapas El Rinconcillo

Galerie ombragée de la plaza de España

PARQUE MARÍA LUISA

Le quartier qui s'étend au sud du centre-ville est dominé par le parque María Luisa, le plus vaste espace vert de la ville. À l'origine, une grande partie du parc appartenait au palacio de San Telmo, édifice baroque de 1682. À présent, il est consacré à la détente : avec ses fontaines, ses jardins fleuris et ses arbres majestueux, il offre un repos bien agréable dans la canicule. Au nord du parc se trouve le Prado de San Sebastián, l'ancien site du *quemadero,* bûcher où furent brûlées nombre de victimes de l'Inquisition. La dernière exécution eut lieu en 1781.

Beaucoup de bâtiments historiques du parc ont été bâtis pour l'Exposition ibéro-américaine de 1929. Cette manifestation internationale était destinée à replacer l'Espagne et l'Andalousie sur le devant de la scène mondiale. De splendides pavillons, aujourd'hui transformés en musées, institutions culturelles, quartiers généraux de l'armée ou ambassades, accueillirent des expositions dédiées à l'Espagne, au Portugal et à l'Amérique latine. La plaza de España, en forme de croissant, et l'Hotel Alfonso XIII – un palace cinq étoiles – constituent les héritages les plus marquants de cette manifestation.

Non loin se trouve la Manufacture royale de tabac du 18e siècle, indissociable de la célèbre héroïne de fiction Carmen. Elle fait désormais partie de l'université de Séville.

D
E
F
0
250 m
N
Real Alcázar
JUDERIA
Jardines de Murillo
PLAZA CONTRATACION
S GREGORIO
Jardines del Alcázar
EL ARENAL
p. 62
PUERTA DE JEREZ
SANTA CRUZ
p. 72
Puerta de Jerez
CALLE SAN FERNANDO
Jardines de Cristina
AVENIDA DE ROMA
Hotel Alfonso XIII
PALOS DE LA FRONTERA
Universidad (Real Fábrica de Tabacos)
PL DON JUAN DE AUSTRIA
Prado de San Sebastián
Puente de San Telmo
PASEO DE LAS DELICIAS
Palacio de San Telmo
Jardines de San Telmo
GLORIETA SAN DIEGO
INFANTE CARLOS
GRAL PRIMO DE RIVERA
AVENIDA DE
9
CALLE LA RABIDA
Teatro Lope de Vega
AVENIDA DEL PERU
GRAN CAPITAN
AVENIDA DE ISABEL LA CATOLICA
CALLE JUAN SEBASTIAN
CALLE DEL TURIA
MONTE CARMELO
Guadalquivir
Pabellón de Chile
Pabellón de Perú
AVENIDA DE CHILE
AVENIDA MARÍA LUISA
Pabellón de Uruguay
PLAZA DE ESPAÑA
Costuero de la Reina
AVDA CONDE DE COLOMBIA
AVENIDA RODRIGUEZ CASO
10
GLORIETA DE LOS MARINEROS
ELCANO
Monumento a Elcano
Parque María Luisa
GLORIETA DE LA CIGARRERA
Puente del Generalísimo
AVENIDA DE MAGALLANES
AVENIDA DE PIZARRO
AVENIDA HERNAN CORTES
V DE ARACELI
V DE ROBLEDO
AVENIDA SANTIAGO MONTOTO
MUELLE DE LAS DELICIAS
11
Museo de Artes y Costumbres Populares
PLAZA DE AMÉRICA
Museo arqueológico
PARQUE MARÍA LUISA
12
GLORIETA DE MEXICO

PARQUE MARÍA LUISA

Incontournable

❶ Parque María Luisa

À voir également

❷ Hotel Alfonso XIII
❸ Universidad
❹ Teatro Lope de Vega
❺ Palacio de San Telmo

Où manger ?

① Restaurante Oriza
② Cristina and Co. Bistró
③ La Casa del Estanque

1

PARQUE MARÍA LUISA

F10 Paseo de las Delicias s/n Prado de San Sebastián 955 47 12 32 juil.-août : t.l.j. 8h-minuit ; sept.-juin : t.l.j. 8h-22h

Fontaines bruissantes, parterres de fleurs et avenues ombragées font du parque María Luisa une oasis de fraîcheur dans la chaleur et la poussière de la ville, particulièrement en été.

La princesse Marie-Louise fit don d'une partie du jardin du palacio de San Telmo à la ville, en 1893. C'est l'architecte Jean-Claude Nicolas Forestier, directeur du bois de Boulogne à Paris, qui dessina ce cadre verdoyant pour l'Exposition ibéro-américaine de 1929. Les témoignages les plus remarquables de cette création extravagante sont les œuvres de l'architecte Aníbal González : la plaza de España et la plaza de América. Cette dernière accueille le pabellón Mudéjar, dans lequel le museo de Artes y Costumbres Populares présente les arts populaires. Le pabellón de las Bellas Artes, de style néo-Renaissance, abrite le Museo arqueológico, où sont exposées des pièces du site romain d'Itálica.

Le saviez-vous ?

La princesse Marie-Louise a épousé Antoine d'Orléans à l'âge de 14 ans.

Des lions en céramique gardent la fuente de los Leones, inspirée de la fontaine du patio de los Leones de l'Alhambra (p. 216).

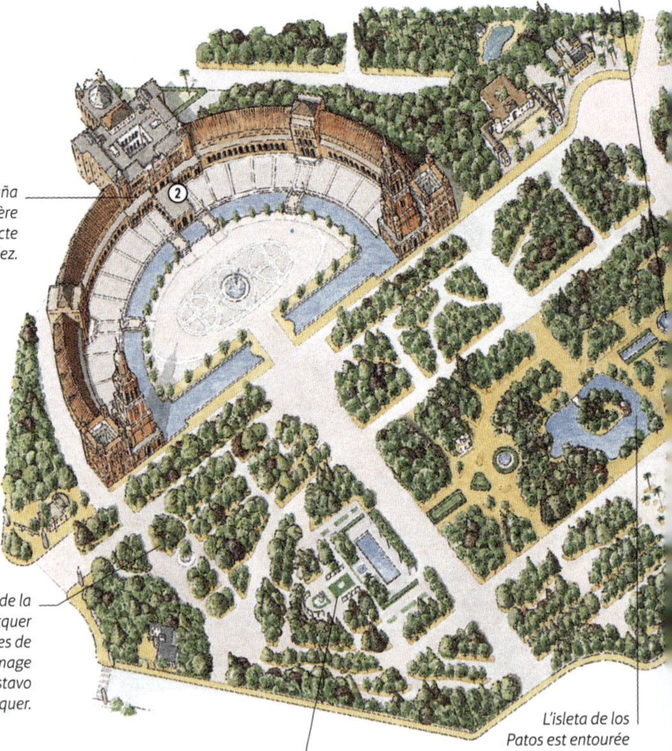

La plaza de España doit son atmosphère théâtrale à l'architecte Aníbal González.

Les sculptures de la Glorieta de Bécquer évoquent les étapes de l'amour – un hommage au poète Gustavo Adolfo Bécquer.

La Glorieta de la Infanta s'orne d'une statue en bronze représentant Marie-Louise d'Orléans.

L'isleta de los Patos est entourée d'un lac où s'ébattent cygnes et canards.

↑ La plaza de España et la Glorieta de Bécquer, monument émouvant et poétique (médaillon)

↑ Allées ombragées et pavillons du parque María Luisa

①

Museo de Artes y Costumbres Populares

Pabellón Mudéjar, parque María Luisa lignes 1, 3, 6, 30, 31, 34, 37 955 54 29 51 de juin à mi-sept. : mar.-dim. 9h-14h30 ; de mi-sept. à mai : mar.-sam. 9h-21h, dim. 9h-15h

Installé dans le pavillon mudéjar de l'Exposition ibéro-américaine de 1929, ce musée dédié aux arts et traditions populaires présente des scènes d'ateliers représentant des artisanats comme le travail du cuir, l'orfèvrerie et la tonnellerie. Vous y découvrirez la reconstitution d'une cave vinicole de Huelva, des collections de verres anciens et de céramiques à usage domestique et décoratif, ainsi que l'histoire des azulejos. Au-dessus sont exposés des costumes du 19e siècle, des meubles, des instruments de musique et des outils agricoles. Des images de flamenco, de corrida, de la Semaine sainte et de la Feria de Abril offrent un aperçu des clichés liés à Séville.

La Casa del Estanque
La cuisine internationale est ici accompagnée de cocktails.

F11 Paseo de las Delicias s/n lacasadelestanque.com

€€€

Bilindo
Bar situé près de la plaza de América.

Paseo de las Delicias
terrazabilindo.com

Teterias al Sultan
Un splendide salon de thé maghrébin.

Calle San Fernando 7
teteriasensevilla.es

2

Plaza de España

Parque María Luisa

Pièce maîtresse de l'Exposition ibéro-américaine de 1929, cette impressionnante place semi-circulaire a été conçue par l'architecte Aníbal González. Mêlant divers éléments architecturaux de styles Art déco, néo-Renaissance, néobaroque et néomudéjar, le bâtiment qui fait face à la plaza constitue, avec ses deux tours, l'un des points de repère de la ville.

Le péristyle de la façade abrite une série d'alcôves – une pour chaque province espagnole – décorées de superbes faïences qui dépeignent des événements historiques. Celle de Barcelone représente les Rois catholiques accueillant Christophe Colomb à son retour du Nouveau Monde. Celui-ci s'incline devant les monarques tandis que les Indigènes qu'il a ramenés des Caraïbes déposent des cadeaux à leurs pieds. L'alcôve de Madrid dépeint quant à elle la résistance de la ville face aux troupes napoléoniennes durant la guerre d'indépendance. Chaque alcôve est flanquée de deux bibliothèques, dans lesquelles vous trouverez des ouvrages traitant de la région, ainsi que des livres laissés par les visiteurs.

Un canal suit la courbe élégante du bâtiment. Il est traversé par plusieurs ponts richement colorés, qui représentent les quatre royaumes d'Espagne : Castille, León, Aragon et Navarre.

« LA » PHOTO
Shooting de star
La plaza de España n'est autre que la cour royale de la planète Naboo dans *Star Wars II : l'Attaque des clones*. Prenez-vous en photo sous les arcades et marchez dans les pas de Padmé et d'Anakin.

Les arcades de la plaza de España et l'une de ses alcôves (médaillon) ↑

Vous pouvez louer une barque pour profiter d'une balade au fil de l'eau, moyen idéal d'admirer la grandeur du bâtiment et de s'imprégner de l'atmosphère de la place. La plaza de España a servi de décor à de nombreux films, comme *Lawrence d'Arabie* (1962) ou *Star Wars II : l'Attaque des clones* (2002).

③

Museo arqueológico

Plaza de América, parque María Luisa 1, 3, 6, 30, 31, 34, 37 955 12 06 32 de juin à mi-sept. : mar.-dim. 9h-15h, de mi-sept. à mai : mar.-sam. 9h-21h, dim. 9h-15h.

Conçu par Aníbal González, le pabellón del Renacimiento (pavillon Renaissance) de l'Exposition ibéro-américaine de 1929 abrite le Musée archéologique d'Andalousie. Le sous-sol renferme des pièces qui vont du Paléolithique au début de l'époque romaine, dont des répliques du célèbre trésor tartessien de Carambolo. Mis au jour en 1958 par un ouvrier qui travaillait sur un chantier à côté de Séville, ces bijoux en or du 6e siècle av. J.-C. présentent des éléments orientaux qui intriguent les chercheurs.

À l'étage, les salles sont consacrées à l'époque romaine ; sont exposées des statues provenant d'Itálica, dont une Vénus et des sculptures représentant les empereurs romains Trajan et Hadrien. Remarquez aussi une mosaïque du 3e siècle av. J.-C. d'Écija. Sarcophages paléochrétiens, vestiges wisigoths et objets issus de la Medina Azahara se trouvent dans les autres salles.

← Buste d'Hadrien, empereur romain né à Itálica, Museo arqueológico

Des orangers en pots entourent l'élégant patio de l'Hotel Alfonso XIII

> **SECRETS D'INITIÉS**
> **Visite en musique**
> Séville sert de décor à plus de 100 opéras. Découvrez ce patrimoine musical lors d'une visite guidée avec une soprano *(www.sevilla officialtours.com).*

À VOIR ÉGALEMENT

2

Hotel Alfonso XIII

E8 Calle San Fernando 2 M Puerta de Jerez ligne C5 hotel-alfonsoxiii-sevilla.com

Ce célèbre palace doit son nom au roi Alfonso XIII qui régna jusqu'en 1931, année où l'Espagne devint une république. Bâti pour les visiteurs de l'Exposition ibéro-américaine de 1929, l'édifice est orné d'*azulejos*, de décorations en brique et de ferronneries. Au centre, un grand patio à colonnades est agrémenté d'une fontaine. L'accès aux bars et aux restaurants reste possible pour les non-clients de l'hôtel.

3

Universidad

F9 Calle San Fernando 4 M Puerta de Jerez ou Prado de San Sebastián lignes 5, 21, 34, C1, C2, C3, C4 lun.-ven. 8h-20h30 us.es

L'université de Séville occupe l'ancienne Real Fábrica de Tabacos (Manufacture royale de tabac). L'édifice était prisé des voyageurs du 19e siècle, partis sur les traces de l'Espagne romantique. Les trois quarts des cigares européens y étaient fabriqués. Ils étaient roulés par quelque 3 000 cigarières *(cigarreras)* qui ont inspiré à Prosper Mérimée sa nouvelle *Carmen*, adaptée en opéra par Georges Bizet. Tenu pour le plus grand bâtiment du pays, après l'Escorial de Madrid, l'édifice fut bâti entre 1728 et 1771. Les fossés et les tours de guet attestent l'importante protection qui entourait le monopole royal du tabac. À droite de l'entrée principale se dresse l'ancienne prison, où étaient incarcérés les employés ayant voulu faire de la contrebande de tabac. Sur la gauche se trouve la chapelle.

La découverte du tabac en Amérique est commémorée au portail principal par des bustes de Christophe Colomb et de Hernán Cortés. Cette partie du bâtiment abritait jadis des logements. Des cours ornées de verdure se trouvent de part et d'autre du vestibule. Le patio de l'Horloge et le patio de la Fontaine conduisent aux anciens ateliers. Les feuilles de tabac séchaient d'abord sur le toit, puis étaient broyées par des meules.

Lorsque l'université de Séville reprit le bâtiment en 1950, la production de tabac déménagea dans une manufacture située de l'autre côté du fleuve. L'usine a fermé ses portes en 2007, mettant un terme à cette institution sévillane.

CARMEN

Les *cigarreras* au sang chaud qui travaillaient à la Manufacture royale de tabac de Séville inspirèrent à Prosper Mérimée sa nouvelle *Carmen*, écrite en 1845. Elle relate l'histoire tragique d'une femme sensuelle et sauvage qui délaisse un soldat pour un torero, avant d'être assassinée par l'amoureux éconduit. Bizet mit en scène la célèbre héroïne gitane dans son opéra de 1875, qui fit de Carmen l'incarnation de la passion à l'espagnole.

4 Teatro Lope de Vega

F9 Avenida María Luisa s/n Prado de San Sebastián lignes 5, 21, 34, C1, C2, C3, C4 pendant les représentations teatrolopedevega.org

Souvent considéré comme le « Shakespeare espagnol », Lope de Vega (1562-1635) écrivit plus de 1500 pièces. Ce théâtre néobaroque qui porte son nom fut inauguré en 1929 comme casino et théâtre pour l'Exposition ibéro-américaine. Les édifices à colonnades et à coupoles accueillent toujours spectacles et pièces de théâtre. Le Café del Casino permet de se détendre dans un décor désuet des années 1920.

5 Palacio de San Telmo

E9 Avenida de Roma Puerta de Jerez lignes 3, 5, 21, 37, 41, C3, C4, C5 sur r.-v. uniquement jeu. et sam. juntadeandalucia.es

Ce majestueux palais, conçu en 1682 pour accueillir le siège du collège de l'Université des Navigants, tient son nom du saint patron des navigateurs. Les ducs de Montpensier s'y établirent en 1849, et jusqu'en 1893, ses vastes jardins incluaient l'actuel superbe parque María Luisa. De 1901 à 1989, le palais servit de séminaire, avant d'accueillir les bureaux de la présidence de la Junta de Andalucía, le gouvernement régional andalou.

Le portail churrigueresque donne sur l'avenida de Roma. Cette œuvre de l'architecte Antonio Matías, achevée en 1734, est particulièrement remarquable. Autour des colonnes ioniques se trouvent des figures allégoriques illustrant les arts et les sciences nautiques. On y voit saint Telmo, le saint patron des navigateurs (également appelé saint Elmo), tenant un bateau et des cartes, flanqué de saint Ferdinand portant une épée et de saint Hermenegildo tenant une croix.

Sur la façade nord, qui donne dans l'avenida de Palos de la Frontera, les sculptures (ajoutées en 1895 par Antonio Susillo) représentent des célébrités sévillanes, notamment des grands artistes tels Velázquez et Murilo.

Restaurante Oriza

Installé dans une ravissante demeure du 20e siècle, cet élégant restaurant propose une appétissante cuisine basque et andalouse.

F8 Calle San Fernando 41
restauranteoriza.com

€€€

Cristina and Co. Bistró

Laissez-vous tenter par un grand choix de plats traditionnels agrémentés d'une touche de modernité. Mets végétariens, ragoûts, viandes ou produits de la mer : quelle que soit votre préférence, vous ne serez pas déçu par cet excellent bistro.

F8 Calle San Fernando 19
606 41 64 58
le soir, mer. et w.-end.

€

← Le magnifique portail churrigueresque du palacio de San Telmo

PETITE BALADE

AUTOUR DE L'UNIVERSIDAD

Distance 2,5 km **Métro** Puerta de Jerez
Durée 35 minutes

Au sud de la puerta de Jerez, des édifices majestueux se dressent entre le río Guadalquivir et le parque María Luisa. Les plus anciens doivent leur existence au fleuve – au 17e siècle, le palacio de San Telmo accueillit une école navale. La Manufacture royale de tabac (l'actuelle université de Séville) fut créée grâce à l'importation du tabac du Nouveau Monde. L'Exposition ibéro-américaine de 1929 est à l'origine des pavillons de divers styles nationaux ou régionaux, mais aussi du prestigieux Hotel Alfonso XIII. Ainsi naquit un quartier qui se distingue par son architecture, que les visiteurs peuvent admirer sur le chemin du parque María Luisa.

Le saviez-vous ?

Le Guadalquivir, qui coule sur 657 km, est le deuxième fleuve le plus long d'Espagne.

↑ Une cour de l'université de Séville, ancienne Manufacture royale de tabac

Carte de situation
Pour plus de détails, voir p. 108

Le **palacio de San Telmo** *abrite la Junta de Andalucía. Une statue de saint Telmo coiffe la porte churrigueresque. L'imposante architecture de l'édifice est remarquable* (p. 115).

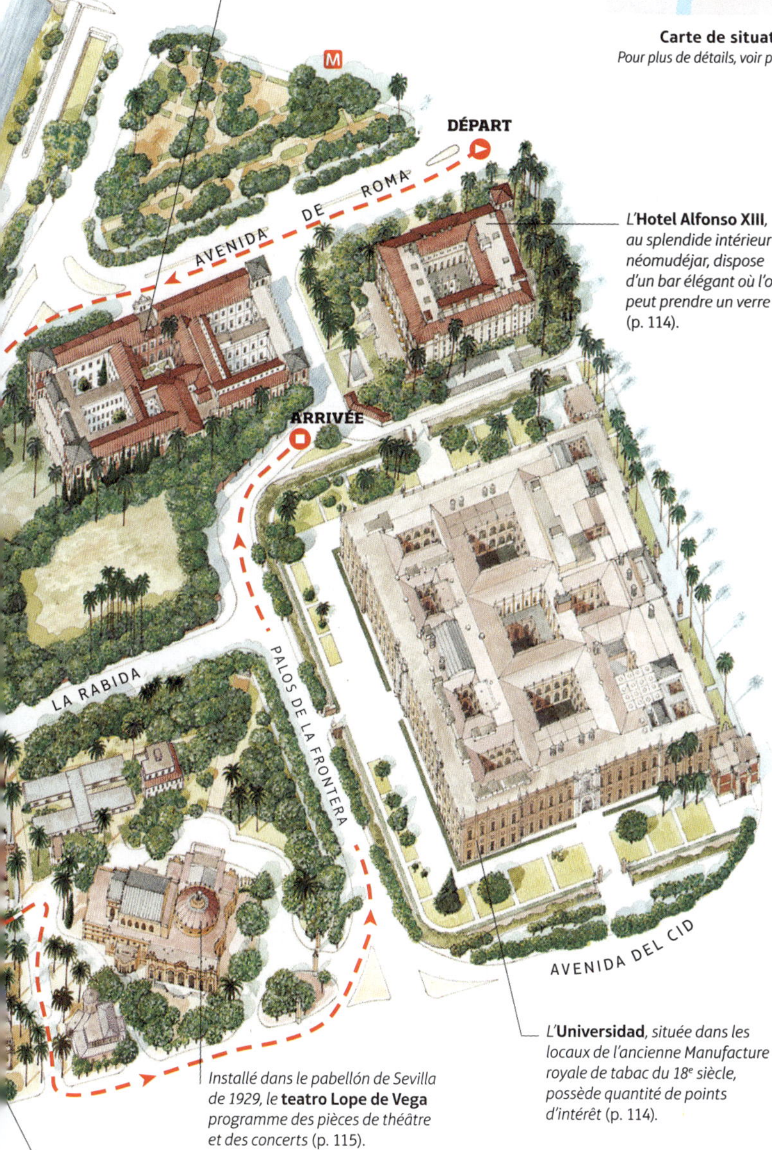

*L'***Hotel Alfonso XIII***, au splendide intérieur néomudéjar, dispose d'un bar élégant où l'on peut prendre un verre* (p. 114).

*L'***Universidad***, située dans les locaux de l'ancienne Manufacture royale de tabac du 18*e *siècle, possède quantité de points d'intérêt* (p. 114).

Installé dans le pabellón de Sevilla de 1929, le **teatro Lope de Vega** *programme des pièces de théâtre et des concerts* (p. 115).

Le **pabellón de Perú** *est à l'image du palais archiépiscopal de Lima. Ce pavillon très sculpté est représentatif des styles nationaux utilisés pour les édifices de l'Exposition.*

Fresque sur carreaux de céramique, à Triana

AU-DELÀ DU FLEUVE

Incontournable

❶ Triana

À voir également

❷ Isla Mágica

❸ PCT Cartuja

❹ CaixaForum

❺ Monasterio de Santa María de las Cuevas

❻ Iglesia de Santa Ana

❼ Iglesia de Nuestra Señora de la O

❽ Torre Sevilla

Sur la rive ouest du Guadalquivir, la Séville historique côtoie la ville moderne. Le quartier populaire de Triana, qui doit son nom à l'empereur Trajan, produit des poteries depuis l'époque romaine. Il est aussi réputé pour ses toreros et ses artistes de flamenco. Au 15e siècle, un monastère chartreux fut érigé au nord de Triana, alors paisible et isolé ; l'édifice donna son nom au quartier : isla de la Cartuja (« île de la Chartreuse »). Plus tard, il compta parmi ses habitants Christophe Colomb. La Cartuja a accueilli l'Exposition universelle de 1992. Le site a été réaménagé et abrite le parc à thème Isla Mágica.

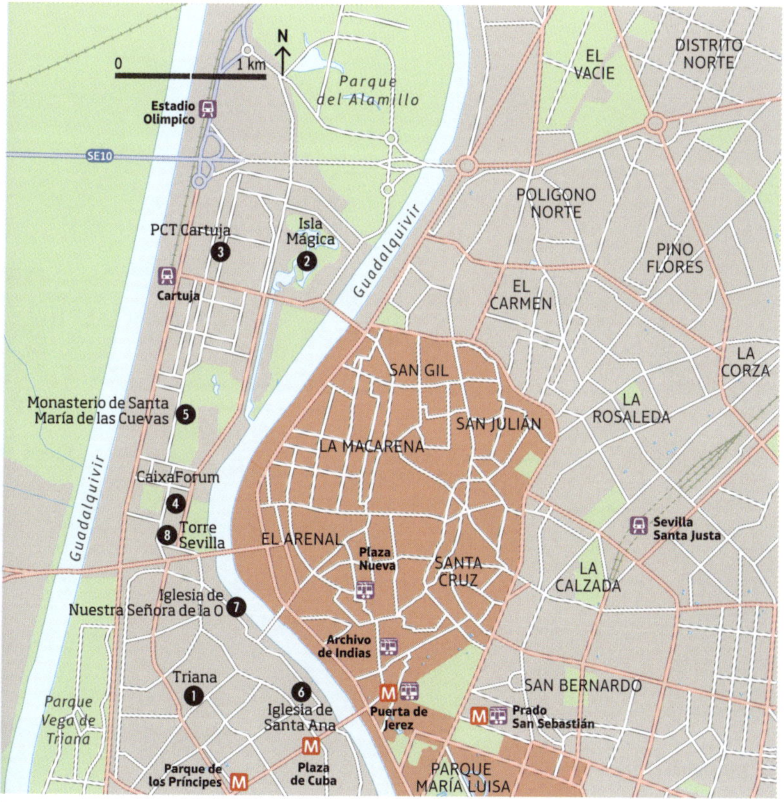

1

TRIANA

Centro Cerámica Triana : 954 34 15 82 ; museo de la Inquisición : 954 33 22 40 Plaza de Cuba, Parque de los Príncipes lignes C1, C2, C3

Triana, qui doit son nom à l'empereur Trajan, est célèbre pour ses poteries depuis des siècles. Nombre d'ateliers produisent et vendent toujours des carreaux et des céramiques. Cet ancien barrio gitan de Séville demeure un quartier ouvrier traditionnel, avec des ruelles fleuries et une atmosphère particulière. Il a également la réputation d'être le berceau de grands toreros, navigateurs et artistes de flamenco.

Même s'il contraste fortement avec l'opulence du centre de Séville, Triana est tout aussi charmant que les quartiers situés de l'autre côté du Guadalquivir et offre quantité d'attractions. Les visiteurs peuvent acheter des céramiques et flâner dans les ruelles étroites la journée, puis apprécier les bars animés et la vue romantique sur le fleuve la nuit. Le centro Cerámica Triana, musée dédié à la tradition potière de Triana, mérite une visite. On peut y voir des céramiques décorées par l'architecte Aníbal González, ainsi que des fours, outils et matériaux datant du 16e siècle. Pour découvrir une autre facette de l'histoire du quartier, visitez le museo de la Inquisición, logé dans le castillo de San Jorge, où l'Inquisition espagnole est relatée à travers des peintures et des mises en scène.

SECRETS D'INITIÉS

Tenez-vous à carreaux

Offrez-vous une initiation de 2h30 à l'atelier Barro Azul pour apprendre les techniques de base de la céramique et décorer votre propre *azulejo* (*www.barroazul.es*).

Bateaux sur le río Guadalquivir pendant la Vela de Santa Ana, fête de Triana ↑

Installé dans l'ancienne usine Cerámica Santa Ana, le centro Cerámica Triana présente l'artisanat du quartier.

Bâtie par Aníbal González en 1926, la capillita del Carmen se dresse à l'extrémité occidentale du puente de Isabel II.

Le puente de Isabel II, pont de fer également appelé puente de Triana, mène à El Arenal.

Museo de la Inquisición

À l'ouest du puente de Isabel II, la plaza del Altozano est entourée de balcons en fer forgé vitrés, appelés miradores.

La calle Betis, riche en bars, est un des pôles de la vie nocturne.

La capilla de los Marineros est une chapelle dédiée aux marins.

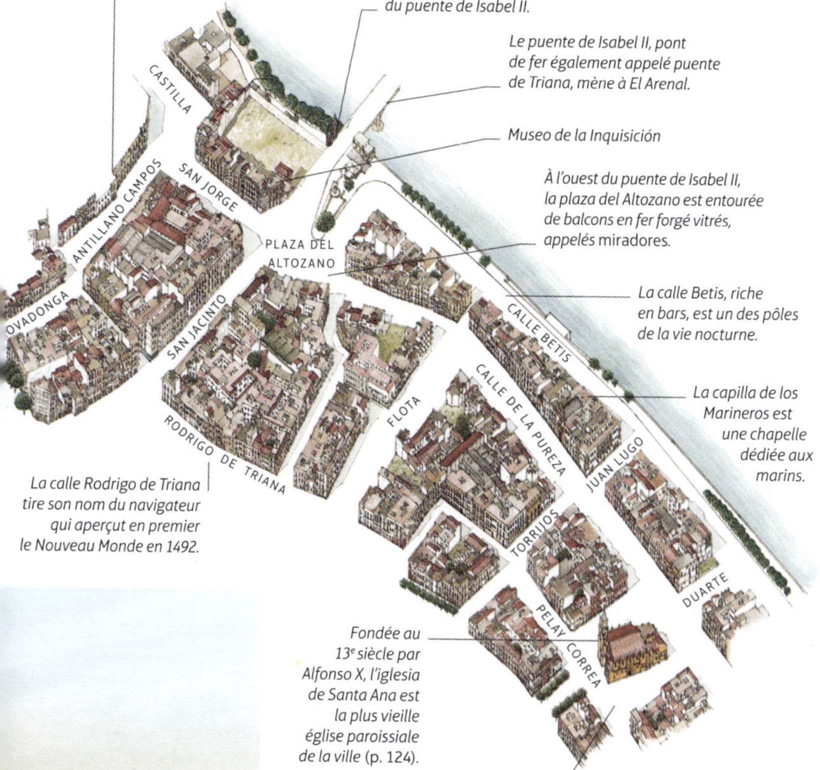

La calle Rodrigo de Triana tire son nom du navigateur qui aperçut en premier le Nouveau Monde en 1492.

Fondée au 13e siècle par Alfonso X, l'iglesia de Santa Ana est la plus vieille église paroissiale de la ville (p. 124).

La calle Pelay Correa, rue fleurie où le linge sèche aux fenêtres, rappelle l'ambiance du Triana d'antan.

↑ Les rues du quartier de Triana

SANTA JUSTA ET SANTA RUFINA

Deux chrétiennes qui travaillaient dans les poteries de Triana au 3e siècle sont devenues les saintes patronnes de Séville. Les Romains les auraient fait jeter aux lions pour avoir refusé de se joindre à une procession vouée à Vénus. Leur martyre a inspiré des artistes sévillans dont Antonio María Esquivel.

À VOIR ÉGALEMENT

2 Isla Mágica

Pabellón de España, Isla de la Cartuja lignes C1, C2 horaires variables, se rens. de nov. à mi-avr. islamagica.es

Ouvert en 1997, le parc d'attractions Isla Mágica occupe une partie de l'isla de la Cartuja, site de l'Expo '92, qui accueille aussi le PCT Cartuja et le monasterio de Santa María de las Cuevas.

Le parc retrace les exploits et les voyages d'explorateurs célèbres partis de Séville au 16e siècle pour découvrir le Nouveau Monde. La première des six zones que les visiteurs expérimentent est Séville, port des Indes, suivie par la Porte des Amériques, le Repaire des pirates, la Fontaine de Jouvence, El Dorado et l'Amazonie. Le Jaguar est l'attraction la plus impressionnante : des montagnes russes où l'on s'élance à 85 km/h. Dirigez-vous également vers l'Anaconda, une course dans un ravin, les Rapides de l'Orinoco sur lesquels des barques sont ballottées par des vagues tourbillonnantes, et El Desafío (« le défi »), une tour de chute bâtie dans le style d'un minaret. Haute de 68 m, elle offre une vue spectaculaire. La Fontaine de Jouvence est faite pour les enfants, avec ses manèges et ses combats de pirates mis en scène.

Moyennant un supplément, les visiteurs ont accès aux quatre attractions d'Agua Mágica. La playa Quetzal est une grande piscine à vagues avec plage, la isla de Tobagones compte un dédale de toboggans aquatiques, et Río Lento vous donnera l'occasion d'une balade en bateau. Le mini-Paraiso avec piscine et toboggans s'adresse aux plus petits. Le parc propose des spectacles et des films projetés dans un cinéma IMAX. Programmes disponibles sur le site Internet.

Le saviez-vous ?

Attraction la plus populaire d'Isla Mágica, le Jaguar est le premier grand huit inversé d'Espagne.

3 PCT Cartuja

Paseo del Oeste (rebaptisé calle Leonardo da Vinci) lignes C1, C2

Le parc des Sciences et de la Technologie Cartuja (PCT) occupe la partie ouest du site de l'Expo '92. La calle Leonardo da Vinci et les chemins d'accès permettent d'admirer quelques-uns des pavillons les plus grandioses. Les édifices, qui s'intègrent dorénavant au « World

→ Chaises volantes traditionnelles au parc Isla Mágica

L'entrée du CaixaForum, conçue par Guillermo Vázquez Consuegra ↑

Trade Center andalou », appartiennent à des sociétés publiques et privées et ne se visitent pas. Les bâtiments au sud et à l'est du parque Alamillo font partie de l'université de Séville, qui participe à la PCT Cartuja. Au sud s'étendent les jardins entourant l'ancien monastero de Santa María de las Cuevas qui abrite désormais le Centro Andaluz de Arte Contemporáneo.

4

CaixaForum

Centro Comercial Torre Sevilla, Calle López Pintado s/n lignes 5, C1 t.l.j. 10h-20h (18h30 en janv., Jeu. saint, Ven. saint, 24 et 31 déc.) caixaforum.es

Situé sous le centre commercial de la Torre Sevilla, gratte-ciel de 40 étages appartenant au groupe financier CaixaBank, ce centre moderne accueille une multitude d'activités culturelles : expositions, films, ateliers, conférences, lecture de contes et de poèmes, concerts…

Le complexe se compose de deux vastes espaces d'exposition, de deux salles polyvalentes, d'une zone destinée aux enfants, d'un amphithéâtre de 273 places, d'une boutique de souvenirs proposant une excellente sélection d'ouvrages consacrés à l'art et au design, ainsi que d'un restaurant doté d'une terrasse. Les expositions changent quatre fois par an et présentent la collection d'art contemporain de La Caixa. Des activités en lien avec les œuvres exposées sont proposées aux enfants. Le CaixaForum de Séville est le huitième du pays, mais le troisième par la taille, avec ses 8 000 m² accueillant quelque 1 200 événements par an. Venez le visiter un dimanche et offrez-vous un repas dans le restaurant du complexe, qui propose un menu spécial composé de plats provenant de la région de l'artiste exposé. La terrasse offre une vue vertigineuse sur la torre Sevilla.

Vega 10

Ce restaurant propose un éventail de tapas créatives, une bonne carte des vins, un service agréable et un excellent rapport qualité-prix.

Calle Rosario Vega 10
954 23 77 48 dim.

€€€

Mariatrifulca

Ce lieu magique au bord de l'eau met les fruits de mer à l'honneur, mais les carnivores y trouveront aussi leur bonheur.

Plaza del Altozano 1
954 33 03 47

€€€

Abades Triana

Pour se prélasser à Triana, rien de mieux que les chaises longues de la terrasse (l'été seulement) de ce restaurant. Elle offre une vue panoramique sur le Guadalquivir et la torre del Oro.

Calle Betis 69
abadestriana.com

€€€

Le monasterio de Santa María de las Cuevas et ses tombes d'albâtre (médaillon) ↑

5

Monasterio de Santa María de las Cuevas

Calle Américo Vespucio 2, Isla de la Cartuja mar.-sam. 11h-21h, dim. et jours fériés 11h-15h30 museosdeandalucia.es

Érigé par l'ordre des Chartreux au 15e siècle, ce complexe monastique est intimement lié à l'histoire de Séville. Christophe Colomb travailla et vécut ici; il fut inhumé dans la crypte de l'église, la capilla de Santa Ana, de 1507 à 1542. Des chartreux y vécurent jusqu'en 1836. On leur doit quelques chefs-d'œuvre de l'école sévillane, tels ceux de Zurbarán et Montañés, aujourd'hui exposés au museo de Bellas Artes.

En 1841, un industriel britannique fit bâtir une usine de céramiques sur le site. La production cessa en 1980 et le monastère fut restauré pour devenir un des fleurons de l'Expo '92.

Ne manquez pas la capilla de Afuera, près de l'entrée principale, et la casa prioral, qui renferme une exposition sur la rénovation du lieu. Admirez le cloître mudéjar, construit en marbre et en brique, et la salle capitulaire, qui abrite les pierres tombales des protecteurs du monastère.

Le couvent héberge aussi le Centro Andaluz de Arte Contemporáneo, qui accueille des collections d'art contemporain. Les fonds permanents réunissent surtout des œuvres d'artistes andalous du 20e siècle, tandis que les expositions temporaires présentent des créations internationales : peintures, photographies, installations, sculptures, art performatif et numérique...

SECRETS D'INITIÉS
De l'art et du jazz

Les œuvres du Centro Andaluz de Arte Contemporáneo donnent matière à réflexion. Visitez-le un dimanche matin, puis profitez d'un concert de jazz au café du musée.

6

Iglesia de Santa Ana

Entrée calle Vázquez de Leca 1 954 27 08 85 lun.-jeu. 10h30-13h30, ven. 11h-13h30

Cette église dédiée à sainte Anne est l'une des premières édifiées à Séville après la Reconquête, en 1276. Elle a subi maints remaniements. Elle joue aujourd'hui un rôle essentiel pour les fidèles et les *cofradías* (confréries religieuses) de Triana. La voûte de la nef, qui ressemble

Dans le baptistère, les fonts baptismaux gitans (Pila de los Gitanos) transmettent, dit-on, le don du chant flamenco aux enfants des fidèles.

à celle de la cathédrale de Burgos, aurait été conçue par les mêmes architectes. L'extrémité ouest de l'allée centrale possède un retable d'Alejo Fernández, du 16e siècle. Dans le baptistère, les fonts baptismaux gitans (Pila de los Gitanos) transmettent, dit-on, le don du chant flamenco aux enfants des fidèles.

7

Iglesia de Nuestra Señora de la O

Calle de Castilla 954 33 75 39 t.l.j.

Cette église de la fin du 17e siècle, possède un clocher aux couleurs vives, agrémenté d'*azulejos*. L'intérieur recèle des sculptures baroques, comme une *Vierge à l'Enfant*, avec des auréoles d'argent, attribuée à Duque Cornejo dans la dernière chapelle à gauche. De l'autre côté du maître-autel se trouve un superbe groupe de Pedro Roldán, représentant sainte Anne, saint Joachim et la Vierge. Dans la chapelle principale, sur le mur opposé, le Jésus de Nazareth portant sa croix est du même artiste.

L'église borde la calle de Castilla, laquelle tient son nom du tristement célèbre château de Triana qui fut le siège de l'Inquisition au 16e siècle. Le château abrite le **museo de la Inquisición**.

Museo de la Inquisición

Plaza del Altozano s/n 955 47 02 55 mar.-sam. 11h-18h, w.-end 10h-15h

→

La torre Sevilla (tour Séville) est le plus haut immeuble d'Andalousie.

8

Torre Sevilla

Calle Gonzalo Jiménez de Quesada 2 lignes C1, C2, 6 et 43 torre-sevilla.com

Située sur la rive sud de la Cartuja, la torre Sevilla surplombe le fleuve Guadalquivir et offre une superbe vue panoramique. Conçue par l'architecte argentin César Pelli, la tour mesure 180 m et possède 40 étages. Sa construction a suscité de vives controverses ; l'Unesco s'y est notamment opposé afin de préserver le paysage urbain. Le luxueux hôtel Eurostars Torre Sevilla occupe les 12 derniers étages de la tour, les autres accueillent des bureaux et des boutiques.

Le toit vert du centre commercial adjacent offre un bon point du vue sur la tour.

Hotel Zenit

Avec ses chambres élégantes, sa piscine sur le toit et son solarium, cet hôtel offre du luxe à petit prix. Il possède en outre un excellent restaurant.

Calle Pagés del Corro 90 sevilla.zenithoteles.com

€€€

Hotel Zenit Sevilla

Dans cet hôtel situé au cœur du quartier de Triana, la terrasse avec piscine offre une vue sensationnelle.

Calle Pages del Corro 90 sevilla.zenithoteles.com

€€€

DÉCOUVRIR L'ANDALOUSIE

Front de mer de Málaga

ANDALOUSIE, VISITE PAR RÉGION

Dominant le sud de l'Espagne, l'Andalousie est une terre de contrastes, où les déserts répondent aux marais, et les montagnes enneigées aux plages ensoleillées. Avec leur architecture mêlant différents styles, les villes de cette communauté autonome sont elles aussi une source d'émerveillement.

PAGE 132

PROVINCES DE HUELVA ET DE SEVILLA

Peu fréquenté, l'extrême ouest de l'Andalousie est empreint d'un charme intemporel. Ici, vous pourrez marcher sur les pas des gladiateurs romains dans les arènes d'Itálica et vous délecter de l'atmosphère envoûtante de Carmona. À l'écart des villes, la côte atlantique de Huelva recèle de plages solitaires; les dunes et marais du parque nacional de Doñana regorgent d'espèces sauvages; et les montagnes escarpées des sierras du nord invitent à la randonnée et à l'exploration.

Idéal pour
Les sorties dans la nature

L'incontournable
Le parque nacional de Doñana

Expérience
Explorer le parque nacional de Doñana en 4 x 4

PAGE 148

PROVINCES DE CÓRDOBA ET DE JAÉN

Les provinces de Córdoba et de Jaén sont bordées, au nord, par la Sierra Morena, aux forêts peuplées de cerfs et de sangliers, et, au sud, par des paysages dorés de champs de tournesols et de maïs. L'incontournable Cordoue compte le plus grand nombre de sites classés par l'Unesco, dont la Mezquita (Grande Mosquée). Si la province de Córdoba comprend des chefs-d'œuvre d'architecture maure, celle de Jaén abrite deux joyaux de la Renaissance : les cités jumelles d'Úbeda et de Baeza.

Idéal pour
Les chefs-d'œuvre architecturaux

Les incontournables
Cordoue, Jaén, Úbeda, Baeza

Expérience
Observer les étoiles dans la Sierra Morena, réserve de ciel étoilé de l'Unesco

→

PAGE 174

PROVINCES DE CÁDIZ ET DE MÁLAGA

Le sud de l'Andalousie offre des contrastes saisissants. Émaillée de forteresses abandonnées et de villages blancs, la province de Málaga dévoile des falaises abruptes surplombant les stations balnéaires de la Costa del Sol. L'arrière-pays offre des montagnes boisées et le splendide site naturel de la Garganta del Chorro. À l'ouest s'étendent les vignobles de la province de Cádiz, la patrie du xérès. Dans les villes, on peut percevoir le raffinement de la culture hispano-maghrébine.

Idéal pour
Les bodegas et les plages

Les incontournables
Jerez de la Frontera, Cadix, Ronda, Málaga

Expérience
Fouler le raisin aux pieds à Jerez de la Frontera

PAGE 210

PROVINCES DE GRANADA ET D'ALMERÍA

Rares sont les destinations où l'on peut descendre des pistes enneigées et, le jour suivant, se baigner dans des eaux cristallines. Coupée en deux par la Sierra Nevada et ourlée des plages de la Costa Tropical, la province de Granada est unique. À l'est s'étendent les déserts arides d'Almería et les dunes de sable isolées du parque natural de Cabo de Gata. Les villes de la région sont également incontournables. Ne manquez pas Grenade et son palais maure féerique, l'Alhambra.

Idéal pour
Le ski et la plage

Les incontournables
Grenade, Almería

Expérience
Skier dans la Sierra Nevada

Plage isolée de Mazagón

PROVINCES DE HUELVA ET DE SEVILLA

Au 3e siècle av. J.-C., les légions romaines de Scipion l'Africain fondent, au nord de Séville, Itálica, première d'une longue série de cités illustres. Puis, les Maures arrivent pour dominer la région, formant une partie de l'émirat d'al-Andalus ; ils la parsèment de villes fortifiées aux murs blanchis à la chaux, telle Carmona. Après la Reconquête, l'influence maure se perpétue par l'architecture mudéjare, qui épouse les styles Renaissance ou baroque, comme à Osuna, ville très prospère au 16e siècle.

La province de Huelva est intimement liée à un chapitre de l'histoire des grandes découvertes : en 1492, Christophe Colomb part de Palos de la Frontera, qui est alors un port important.

Le nord de la province de Huelva est bordé d'un massif montagneux qui comprend la Sierra de Aracena. De vastes réserves de fer et de cuivre y sont exploitées depuis 1873 par la Rio Tinto, une société anglo-australienne. En 1888, lors d'une manifestation organisée pour protester contre la pollution émanant de la mine, l'armée tire sur la foule, faisant près de 200 morts. Cet événement est connu sous le nom d'« année de la fusillade ». Aujourd'hui, les provinces de Huelva et de Sevilla sont réputées pour leurs attraits naturels. Avec ses forêts entrecoupées de torrents, la Sierra Norte de Sevilla est le refuge des oiseaux de proie et des chèvres. Les dunes et les marécages proches de l'embouchure du Guadalquivir forment le parque nacional de Doñana, dont les eaux peu profondes accueillent de nombreuses espèces d'oiseaux.

PORTUGAL
Moura
Fregenal de la Sierra
Sierra Morena
Embalse de Aracena
Arroyomolinos de León
Rosal de la Frontera
Aroche
Cortegana
Jabugo
Aracena
Santa Olalla del Cala
Higuera de la Sierra
4 SIERRA DE ARACENA
Chanza
Santa Bárbara de Casa
Paymogo
Cabezas Rubias
3 MINAS DE RIOTINTO
Zalamea la Real
El Ronquillo
El Castillo de las Guardas
Calañas
HUELVA
Tharsis
Alosno
Valverde del Camino
Villanueva de los Castillejos
Sanlúcar de Guadiana
Embalse de Sancho
Odiel
Tinto
Guadiamar
Aznalcóllar
San Bartolomé de la Torre
EL CONDADO 15
Sanlúcar la Mayor
San Silvestre de Guzmán
Gibraleón
Trigueros
Niebla
Palma del Condado
Guadiana
Villablanca
Cartaya
HUELVA
San Juan del Puerto
Bollullos del Condado
Pilas
6
8 MOGUER
Almonte
Lepe
10 AYAMONTE
2 ISLA CRISTINA
MONASTERIO DE LA RÁBIDA 9
11 PALOS DE LA FRONTERA
PUNTA UMBRÍA 5
7 MAZAGÓN
12 EL ROCÍO
Villafranca del Guadalquivir
1 PARQUE NACIONAL DE DOÑANA
Golfo de Cádiz
21 MATALASCAÑAS
Guadalquivir
Sanlúcar de Barrameda
Chipiona
Océan Atlantique
El Puerto de Santa María
Cadix
San Fernando
0 25 km
N

PROVINCES DE HUELVA ET DE SEVILLA

Incontournable

1 Parque nacional de Doñana

À voir également

2 Isla Cristina
3 Minas de Riotinto
4 Sierra de Aracena
5 Punta Umbría
6 Huelva
7 Mazagón
8 Moguer
9 Monasterio de la Rábida
10 Ayamonte
11 Palos de la Frontera
12 El Rocío
13 Lebrija
14 Itálica
15 El Condado
16 Sierra Norte
17 Écija
18 Estepa
19 Osuna
20 Carmona
21 Matalascañas

Flamants roses pêchant
au crépuscule dans
le parque nacional de Doñana

1

PARQUE NACIONAL DE DOÑANA

B4 Huelva et Sevilla Carretera A-483, km 1, La Rocina; Carretera A-483 Almonte-Matalascañas, km 27,5, palacio del Acebrón; Carretera A-483 del Rocío a Matalascañas, km 12, El Acebuche; www.reddeparquesnacionales.mma.es

Ce parc national est l'une des plus vastes étendues marécageuses d'Europe. Le parc et les zones protégées couvrent une superficie de 50 000 ha de marais et de dunes de sable, où une faune très variée s'ébat librement.

Cette ancienne réserve de chasse des ducs de Medina Sidonia n'a jamais été favorable à l'installation de l'homme, permettant à la faune de s'épanouir. Le parc fut officiellement créé en 1969. En plus des espèces endémiques, tels le daim *(Dama dama)*, le cerf élaphe *(Cervus elaphus)* et l'aigle ibérique *(Aquila adalberti)*, qui vivent à l'année dans ces vastes étendues marécageuses, des milliers d'oiseaux migrateurs, dont le crabier chevelu *(Ardeola ralloides)* et le flamant rose *(Phoenicopterus ruber)*, y font halte en hiver, lorsque les marais sont à nouveau inondés après plusieurs mois de sécheresse.

Des dunes pouvant atteindre 30 m de haut bordent la côte du parc. L'étendue boisée du monte de Doñana offre un refuge aux lynx, aux cerfs et aux sangliers. Le nombre de visiteurs est limité et l'intérieur du parc est uniquement accessible en compagnie d'un guide *(www.donanareservas.com)*.

LE DERNIER REFUGE DU LYNX

Très difficile à observer, le lynx est l'un des mammifères les plus rares d'Europe. Environ 30 lynx ibériques *(Lynx pardinus)* ont trouvé refuge dans le parque nacional de Doñana. Cet animal nocturne, au magnifique pelage brun-jaune tacheté de brun foncé, a tendance à rester caché dans les broussailles. Il se nourrit en chassant principalement des lièvres et des canards, ou, à l'occasion, des faons.

← Un crabier chevelu doté d'un bec au bleu intense lors de la saison des amours

Une arméria piquante *(Armeria pungens)* dans les dunes de Doñana ↓

SECRETS D'INITIÉS
En marche !

Le parc offre trois itinéraires balisés : le chemin reliant la Rocina au charco de la Boca (3,5 km), le sentier du charco del Acebrón (1,5 km) et le circuit qui fait le tour de la laguna del Acebuche (1,5 km).

À VOIR ÉGALEMENT

2

Isla Cristina

A3 Huelva
Calle San Francisco 12; www.islacristina.org

Aujourd'hui entourée de marais, Isla Cristina était autrefois une île. Située à proximité de l'embouchure du río Guadiana, elle est devenue un important port de pêche au thon et à la sardine qui abrite une flotte de chalutiers. Grâce à son agréable plage de sable, Isla Cristina est aussi un lieu de villégiature. De nombreux restaurants proposent d'excellents poissons et fruits de mer.

Casa Rufino
Le meilleur restaurant d'Isla Cristina.

A3 Avenida de la Playa s/n, Isla Cristina restauranterufino.com

€€€

LPA The Culinary Bar
Restaurant de fruits de mer, à Ayamonte.

A3 Plaza la Lota 10, Ayamonte 633 66 76 03 lun.

€€€

Restaurante Tapas Jesús Carrión
Ce restaurant d'Aracena offre une cuisine régionale revisitée.

B2 Calle Pozo de la Nieve 35, Aracena jesuscarrion restaurante.com

€€€

Le saviez-vous ?

L'extrême acidité du Rio Tinto permet à la NASA de simuler l'environnement de la planète Mars.

3

Minas de Riotinto

B3 Huelva
Plaza de Minero s/n; www.aytoriotinto.es

Pour se rendre aux mines à ciel ouvert de Riotinto, quittez la N435 entre Huelva et la Sierra de Aracena. Si les Phéniciens les ont exploitées en premier, les Grecs, les Romains et les Wisigoths ont aussi puisé fer, cuivre, argent et autres minerais dans ses réserves.

Le cratère est ouvert sur des parois rocheuses zébrées d'échancrures. Le week-end et les jours fériés, vous pouvez découvrir les mines, installé dans les wagons d'un train « 1900 ». Le **Museo minero** retrace l'histoire de la compagnie minière Rio Tinto.

Museo minero
Plaza del Museo
t.l.j. 10h30-15h et 16h-19h
1er et 6 janv., 25 déc.
parquemineroderiotinto.es

4

Sierra de Aracena

A3 Huelva
El Repilado Aracena
Calle Pozo de la Nieve, Aracena; www.aracena.es

Au nord de la province de Huelva, cette montagne déserte, parcourue par de nombreuses routes sinueuses, est peu fréquentée. Ses pentes creusées de torrents sont couvertes d'oliviers sauvages, de chênes-lièges, de chênes verts et de châtaigniers. Aracena, la ville principale de la région, est nichée au pied d'une forteresse maure en ruine sur une colline criblée de grottes. On peut visiter l'une d'entre elles, la **gruta de las Maravillas** (grotte des Merveilles), qui abrite un lac souterrain.

Gruta de las Maravillas
Calle Pozo de la Nieve, Aracena 663 93 78 76
t.l.j. 10h-13h30 et 15h-18h

5

Punta Umbría

A3 Huelva
Avenida Ciudad de Huelva; www.punta umbria.es

Aménagée au 19e siècle pour les employés britanniques de la Rio Tinto, Punta Umbría est la principale station balnéaire

↑ Promenade menant à la plage de Punta Umbría

de la province de Huelva. Elle se trouve à l'extrémité d'un long promontoire bordé d'un côté par des marais et de l'autre par une plage de sable. Aujourd'hui, les villas du bord de mer sont prisées des vacanciers espagnols.

Si un pont routier franchit les marécages en direction de Huelva, il est préférable de suivre la trace des pionniers de la Rio Tinto en prenant le bac qui traverse les marais peuplés d'une myriade d'oiseaux.

6

Huelva

A3 Huelva
Calle Jesús Nazareno 21; www.turismohuelva.org

Fondée par les Phéniciens sous le nom d'Onuba, Huelva a connu son apogée sous les Romains. Le début du commerce avec les Amériques lui a valu un regain de prospérité, mais elle a vite été supplantée par Séville. En 1755, le séisme qui ruina Lisbonne l'a presque rayée de la carte. Pourtant, des faubourgs industriels se développent de nos jours autour des quais de l'Odiel.

Le fait que Christophe Colomb soit parti de Palos de la Frontera, de l'autre côté de l'estuaire, est le principal titre de gloire de Huelva. Cette page historique est très bien évoquée au **Museo provincial** qui retrace aussi pas à pas le développement des minas de Riotinto.

Museo provincial
Alameda Sundheim 13
959 65 04 24 mar.-sam. 9h-20h, dim. 9h-15h

CHRISTOPHE COLOMB

Convaincu de pouvoir atteindre les Indes en faisant voile vers l'ouest, Christophe Colomb *(ci-dessous)* part de Palos de la Frontera en 1492. Lorsqu'il débarque dans les Bahamas, il pense avoir réussi sa mission. Il effectue trois autres voyages, toujours à partir de l'Andalousie, et aborde le continent sud-américain ainsi que d'autres îles peuplées d'hommes que nous appelons toujours « Indiens » en raison de sa méprise.

Le lac souterrain de la gruta de las Maravillas, dans la Sierra de Aracena ↓

« LA » PHOTO
Clichés d'époque

Le troisième week-end de février, les habitants de Moguer revêtent des tenues d'époque à l'occasion de la feria Moguer 1900, célébrée en l'honneur du poète Juan Ramón Jiménez. Photos pittoresques garanties !

Moguer et son dédale de rues ravissantes et de cours fleuries

7 Mazagón

A4 Huelva Edificio Mancomunidad, Avenida de los Conquistadores s/n; www.andalucia.org

Dissimulée au milieu des pins, à 23 km au sud-est de Huelva, Mazagón est l'une des stations balnéaires les plus isolées de la Costa de la Luz. Presque déserte en hiver, elle est assaillie en été par les vacanciers (espagnols pour la plupart), occupés à pêcher, à faire de la voile ou à profiter de la grande (mais venteuse) plage. La foule estivale se fait vite oublier car on peut longer, à cet endroit, la côte atlantique sur des kilomètres ou errer dans les dunes de sable sans rencontrer âme qui vive.

8 Moguer

A3 Huelva Calle Andalucía 17; www.andalucia.org

Cette cité aux murs blanchis à la chaux invite à la flânerie. Moguer possède des trésors tels que la Nuestra Señora de Montemayor, un ermitage du 16e siècle, et un hôtel de ville néoclassique. C'est ici que naquit Juan Ramón Jiménez, poète prix Nobel de littérature en 1956. Sa maison, restaurée, abrite le **museo de Zenobia y Juan Ramón Jiménez**.

Le **monasterio de Santa Clara**, fondé au 14e siècle, dissimule un splendide cloître mudéjar en pierre ciselée. La cuisine, le dortoir et le réfectoire témoignent de la vie des religieuses.

Museo de Zenobia y Juan Ramón Jiménez
Calle Juan Ramón Jiménez 10 horaires variables, se rens. fundacion-jrj.es

Monasterio de Santa Clara
Plaza de las Monjas visites guidées uniquement mar.-dim. monasteriodesantaclara.com

La plage de Mazagón, idéale pour se promener sur la côte atlantique et dans les dunes de sable

9 Monasterio de la Rábida

A3 Diseminado de la Rábida s/n, Huelva depuis Huelva mar.-dim. 10h-18h monasteriodelarabida.com

En 1491, un navigateur génois trouva refuge au monastère

Hotel Familia Conde

Bien agencé, cet hôtel propose des chambres spacieuses pensées pour les familles. Excellent accueil.

A4 Alameda Sundheim 14, Huelva hotelfamiliaconde.com

€€€

Five Gates

De belles chambres à l'esprit contemporain en plein centre-ville.

A9 Carrera 79, Osuna

€€€

Complejo Pequeño Rocío

Les 22 chambres de cet hôtel d'El Rocío sont entourées de jardins.

B4 Avenida de la Canaliega s/n, El Rocío complejopequenorocio.es

€€€

franciscain de la Rábida. Le roi Ferdinand et la reine Isabelle avaient refusé son projet de gagner l'Inde en naviguant vers l'ouest. Le prieur Juan Pérez était le confesseur de la reine ; il la persuada de revenir sur sa décision. L'année suivante, le marin, un certain Christophe Colomb, fut le premier Européen depuis les Vikings à atteindre l'Amérique.

Bâti au 15e siècle sur des ruines maures, le monasterio de la Rábida est un mémorial à Christophe Colomb. Des fresques de Daniel Vázquez Díaz (1930) glorifient sa vie. Dans la sala de las Banderas, un coffret contient de la terre issue de chaque pays d'Amérique latine.

10 Ayamonte

A3 Huelva Plaza de España 1 ; 959 32 07 37

Avant l'ouverture en 1992 du pont suspendu qui enjambe le Guadiana, tout le trafic desservant l'Algarve depuis l'Andalousie passait par Ayamonte. Le petit bac qui franchit le fleuve fonctionne toujours. On peut également traverser la frontière portugaise en empruntant la tyrolienne de **Límite Zero**.

Límite Zero

Avenida de Portugal, Sanlúcar de Guadiana
Réservation uniquement sur le site Internet
limitezero.com

11 Palos de la Frontera

A3 Huelva Paraje de la Rábida s/n ; 959 49 46 64

Bien que Palos soit une ville agricole peu avenante, son rôle dans l'épopée de Christophe Colomb y attire nombre de visiteurs. Le 3 août 1492, Colomb quitta le port à bord de sa caravelle, la *Santa María*, suivie de la *Pinta* et la *Niña* commandées par Martín et Vicente Pinzón, deux frères originaires de Palos. Une statue de Martín Pinzón trône sur la place principale ; sa maison est désormais un petit musée de l'Exploration, la **casa museo de Martín Alonso Pinzón**. Avant de lever l'ancre, Colomb écouta la messe dans l'iglesia de San Jorge, de style gothico-mudéjar. Le quai où était amarrée sa caravelle est aujourd'hui envasé.

Le saviez-vous ?

Le puits de Palos de la Frontera a fourni l'eau potable embarquée à bord de la *Santa María*.

Casa museo de Martín Alonso Pinzón

Calle Colón 24 959 10 00 41 lun.-ven. 10h-14h

Jolie place arborant une pergola couverte de bougainvilliers, à Ayamonte

→

Procession se rendant au santuario de Nuestra Señora del Rocío (médaillon)

12

El Rocío

B4 Huelva Calle Alonso Pérez, Almonte; 959 45 15 03

El Rocío est réputé pour sa *romería* (pèlerinage) annuelle, durant laquelle il reçoit près d'un million de visiteurs. La plupart sont des pèlerins venus de toute l'Espagne, en car, en voiture, à cheval, en char à bœufs ou à pied. Leur but est le santuario de Nuestra Señora del Rocío, dont la statue de la Vierge est célèbre pour ses guérisons miraculeuses depuis 1280. Les curieux se joignent aux pèlerins, séduits par l'ambiance festive et musicale qui règne alors dans le village.

« LA » PHOTO

Défilé de pèlerins

Installez-vous au bord du río Quema pour saisir l'instant où les chars et carrioles bariolées des pèlerins franchissent le pont d'El Rocío à dos d'âne, lors de la *romería* annuelle.

13

Lebrija

B4 Sevilla Casa de Cultura, calle Tetuán 15; 955 97 40 68

La ville fortifiée de Lebrija offre une vue splendide sur le vignoble d'où provient le célèbre xérès de la région de Jerez de la Frontera. D'étroites rues pavées mènent à l'iglesia de Santa María de la Oliva, mosquée almohade datant du 12e siècle transformée en église par Alfonso X.

14

Itálica

B3 Avenida de Extremadura 2, Santiponce, Sevilla 600 14 17 67 depuis Séville mar.-sam. 9h-18h (d'avr. à mi-juin : jusque 21h ; de mi-juin à mi-sept. : jusque 15h), dim. et jours fériés 9h-15h

Fondée en 206 av. J.-C. par Scipion l'Africain, Itálica, l'une des premières cités romaines d'Espagne, est rapidement devenue un centre stratégique et un foyer culturel. Elle vit naître les empereurs Trajan et Hadrien. Ce dernier y édifia d'élégants temples de marbre et d'autres bâtiments magnifiques.

Les archéologues supposent que le déclin d'Itálica est en partie lié au changement de cours du Guadalquivir. La ville a probablement dépéri de façon progressive après la chute de l'Empire romain.

Au cœur du site, vous découvrirez les ruines d'un grand amphithéâtre, qui pouvait jadis accueillir 25 000 spectateurs. D'autres vestiges sont exposés sur place, mais la plupart des trésors se trouvent au Museo arqueológico de Séville. Vous pourrez aussi explorer les anciennes rues et villas, mais il reste peu de témoignages des temples et des thermes de la ville qui fut pillée au cours des siècles.

15 El Condado

B3 Huelva Palma del Condado Plaza de España 14, Palma del Condado; www.lapalma delcondado.org

Les douces collines à l'est de Huelva produisent quelques-uns des meilleurs vins du pays. Cette région est couverte de vignobles, dont l'étendue occupe à peu près les bourgs de Niebla, Palma, Rociana et Bollullos del Condado.

Dans les environs de Niebla, les vignobles côtoient les petites agglomérations qui se sont développées autour des principales *bodegas*.

Au **centro del Vino Contado de Huelva**, vous pourrez découvrir les techniques de vinification, goûter des crus régionaux et en acheter.

Palma et Bollullos del Condado produisent des vins blancs aussi réputés qu'agréables.

Centro del Vino Condado de Huelva

Calle San José 2, Bollullos Par del Condado 959 41 38 75 lun. 9h-15h, mar.-ven. 9h-15h et 16h-19h, sam. 10h-14h et 16h-19h

Au centro del Vino Condado de Huelva, vous pourrez découvrir les techniques de vinification, goûter des crus régionaux et en acheter.

Embutidos y Quesos Corral

Grand magasin d'alimentation dans la Sierra Norte.

C2 Calle Virgen del Monte 26, Cazalla de la Sierra 647 58 23 55

Agroalimentaria Virgen del Rocio

Vins, huiles d'olive et vinaigres issus de trois coopératives d'Almonte.

B3 Avenida de los Cabezudos 1, Almonte cooperativa.raigal.es

Sombrerería Simón Vidosa

La plus ancienne chapellerie de Huelva.

A3 Calle José Nogales 15, Huelva 664 03 42 53

16 Sierra Norte

C2 Sevilla Estación de Cazalla y Constantina Constantina; Cazalla Plaza del Dr Manuel Nosea 1, Cazalla de la Sierra; 954 88 35 62

Au nord, la province de Sevilla est bordée par une chaîne de montagnes austère. Baptisée Sierra Norte de Sevilla, elle s'intègre à la Sierra Morena, qui constitue une frontière naturelle entre l'Andalousie et les plaines de la Manche et de l'Estrémadure. La région, peu peuplée, offre une fraîcheur relative en été, idéale pour échapper aux températures élevées de Séville.

La principale ville de la région, Cazalla de la Sierra, est assez animée : les jeunes Sévillans l'apprécient le week-end. Cazalla s'enorgueillit d'une création originale : la *licor de guindas*, un curieux breuvage à base de liqueur de cerise et d'anis, au goût déconcertant.

À l'est, Constantina est plus paisible et jouit d'une belle vue sur la campagne. Une aura romantique entoure le château en ruine dominant la ville.

→ Un lac de la Sierra Norte, niché au cœur d'un paysage splendide

17

Écija

C3 Sevilla
Calle Elvira 1A, palacio de Benamejí ; 955 90 29 33
turismoecija.com

En raison de son climat torride, Écija est surnommée « la poêle à frire de l'Andalousie ». La plaza de España, ombragée par des palmiers, constitue le centre de la vie sociale. Une foule s'y presse pour flâner sur ses bancs, surtout le soir.

Écija possède 11 clochers baroques, presque tous décorés de superbes *azulejos*, offrant un spectacle impressionnant. L'iglesia de Santa María, sur la plaza de España, offre l'ornementation la plus exubérante. Sa rivale la plus proche, l'iglesia de San Juan, arbore un magnifique clocher.

Le **palacio de Peñaflor** est, lui aussi, de style baroque. Son portail de marbre rose est surmonté de colonnes torsadées, et un beau balcon de fer forgé court sur la façade.

Palacio de Peñaflor
Calle Caballeros 32
954 83 02 73 lun.-ven. 10h-14h30, sam. 10h-14h30 et 20h-22h, dim. 10h-15h

↑ La plaza de España à Écija, idéale pour se promener et boire un café dans la fraîcheur du soir

20 000

tonnes de *mantecados, polvorones* et autres gâteaux sont produits à Estepa chaque année.

18

Estepa

D3 Sevilla Calle Aguilar y Cano ; 955 91 27 17
estepa.es

Selon la légende, les habitants d'Estepa auraient préféré se suicider collectivement plutôt que de se rendre aux assiégeants romains en 207 av. J.-C. C'est aujourd'hui une paisible petite ville du sud-est de la province de Sevilla. Sa principale activité, qui en fait aussi la renommée, est la production de biscuits : les *mantecados* et les *polvorones*. On prend plaisir à parcourir ses rues étroites, recelant des palais ornés de grilles en fer forgé, et à s'asseoir sur la grand-place pour contempler la baroque iglesia del Carmen.

← Le clocher de l'iglesia de San Juan, de style baroque, à Écija

19

Osuna

C3 Sevilla Calle Sevilla 37 ; 954 81 57 32

Cette paisible bourgade s'est retrouvée sous le feu des projecteurs en 2014, lorsque les équipes de *Game of Thrones* sont venues y tourner des scènes de la série. Des hordes de fans viennent désormais visiter les lieux de tournage, notamment les arènes qui ont servi de décor à la ville fictive de Meereen. Le boom économique et touristique qui en a résulté a été bien accueilli par la plupart des riverains. Le musée de la ville présente des costumes et des accessoires.

Osuna a connu deux âges d'or par le passé. Elle fut d'abord une importante ville de garnison romaine, avant de décliner à l'époque médiévale. Au 16e siècle, les puissants ducs d'Osuna rendirent sa prospérité à la ville, fondant une grande église collégiale, la colegiata de Santa María, où l'on peut voir un retable baroque et des tableaux de José de Ribera. Ils conçurent également l'Universidad, un bâtiment plutôt sévère agrémenté d'un joli patio. Quelques palais témoignent de la gloire passée de cette ville, dont le palacio del Marqués de la Gomera, de style baroque.

20 Carmona

C3 Sevilla Alcázar de la Puerta de Sevilla; 954 19 09 55 turismo. carmona.org

Surplombant une plaine fertile, Carmona est la première ville importante que l'on rencontre à l'est de Séville, en suivant la NIV (A4). Une enceinte maure sépare la vieille ville des faubourgs. Après avoir franchi l'antique puerta de Sevilla, vous admirerez, au gré d'un lacis de ruelles tortueuses, une étonnante concentration de palais et d'églises mudéjars.

L'élégante plaza de San Fernando sert d'écrin à la façade Renaissance de l'ancien hôtel de ville. L'Ayuntamiento moderne, tout proche, date du 18e siècle. Sa cour abrite des mosaïques romaines. Non loin se dresse la plus belle église de la ville, l'iglesia de Santa María la Mayor (15e siècle), fondée sur le site d'une mosquée dont le patio existe toujours. Les imposants vestiges de l'Alcázar del Rey Don Pedro – jadis ancienne résidence du roi Pedro Ier – dominent la ville. Une partie du palais est un parador.

À la sortie de Carmona se trouvent les ruines d'un vaste cimetière romain : la **Necrópolis romana**. Un musée local présente des statues, du verre, des bijoux et des urnes mortuaires.

Necrópolis romana
Avenida Jorge Bonsor 9
600 14 36 32 mar.-sam. 9h-18h, dim. 9h-15h

21 Matalascañas

B4 Huelva Parque Dunar; 959 43 00 86

Matalascañas est la station balnéaire la plus proche de Séville à l'ouest du Guadalquivir. Elle reçoit des milliers de vacanciers, qui font de l'équitation ou du ski nautique le jour, et fréquentent les discothèques la nuit. La ville jouit d'un isolement naturel. D'un côté, dunes et forêts s'étendent jusqu'à Mazagón; de l'autre, elle profite de la sérénité de Doñana.

Casa Curro
Tapas à la présentation soignée, à Osuna.
C3 Plaza Salitre 5, Osuna lun.
€€€

El Picote de la Rocina
L'adresse est connue pour ses *bacalao* à la crème de langouste, *mozárabe* (oignons).
A4 Calle Pablo Rada, Huelva
959 80 22 18
€€€

La Yedra
Restaurant romantique de Carmona réputé pour ses desserts.
C3 Calle General Freire 6, Carmona
restaurantelayedra.es
€€€

↓ L'Alcázar de Carmona depuis le clocher de San Pedro

Une ruelle escarpée de Jaén, avec la magnifique cathédrale en toile de fond

PROVINCES DE CÓRDOBA ET DE JAÉN

Peuplées depuis la Préhistoire, les provinces de Córdoba et de Jaén prennent une importance de premier plan avec l'arrivée des Romains, qui font de la ville de Cordoue la capitale de la province de Baetica.

Bien que Rome ait laissé son empreinte sur ces terres, leur âge d'or date de la période de l'al-Andalus, lorsque les Maures fondent le califat de Cordoue. La capitale devient rapidement le plus grand centre culturel européen. La réputation d'excellence de ses savants, notamment en matière de sciences, de mathématiques et de littérature, rayonne à travers tout le continent.

Durant la Reconquête, au 13e siècle, Cordoue et Jaén rejoignent l'Espagne chrétienne, qui établit son centre économique et politique plus au nord. Les deux régions entament alors une longue période de déclin. Elles sont envahies et occupées par les troupes françaises entre 1808 et 1814, lors de la guerre d'Indépendance. Un siècle plus tard, l'Andalousie est à nouveau le théâtre de combats pendant la guerre civile. Jaén, dont la population s'est rangée du côté des Républicains, en paye le prix fort.

Aujourd'hui, l'économie des deux provinces repose en grande partie sur le tourisme. Jaén est reconnue pour son huile d'olive, l'une des meilleures d'Espagne.

Castuera
Alamillo
Puertollano
A420
N502
Zújar
Belalcázar
Santa Eufemia
N420
Embalse de Montoro I
Hinojosa del Duque
Guadalmez
Torrecampo
Pedroche
Añora
Conquista
Alcaracejos
Pozoblanco
Peñarroya-Pueblonuevo
Villanueva de Córdoba
A420
N432
Fuente Obejuna
Bélmez
N502
Sierra Morena
Cardeña
Espiel
A421
SANTUARIO VIRGEN DE LA CABEZA
Bembézar
Embalse de Puente Nuevo
N420
Villaviciosa de Córdoba
Embalse del Guadalmellato
ANDÚJAR
21
Adamuz
CÓRDOBA
8
MONTORO
Embalse del Bembézar
N432
Villa del Río
A433
MEDINA AZAHARA
6
Arjona
1
CORDOUE
Bujalance
Hornachuelos
Porcuna
Embalse del Retortillo
A306
Posadas
7
A309
CASTILLO DE ALMODÓVAR DEL RÍO
Guadajoz
A431
A305
A4
N331
N432
Lora del Río
10
NIV
Castro del Río
La Carlota
PALMA DEL RÍO
Fernán Núñez
Espejo
BAENA
La Rambla
15
5
MONTILLA
La Campana
Doña Mencía
Alcaudete
Écija
A4
A318
AGUILAR DE LA FRONTERA
9
12
CABRA
A333
PROVINCES DE HUELVA ET DE SEVILLA
p. 132
A309
A45
11
A340
14
LUCENA
A364
Puente Genil
A340
PRIEGO DE CÓRDOBA
A388
Embalse de Cordobilla
A351
Rute
Estepa
A331
A92
Genil
Benamejí
Iznájar
A92
Osuna
Embalse de Iznájar
A361
Morón de la Frontera
PROVINCES DE CÁDIZ ET DE MÁLAGA
A92
Riofrío
p. 174
A406
Campillos
A384
A92M
Embalse de Guadalhorce
PROVINCES DE CÓRDOBA ET DE JAÉN
A343
Colmenar
AP46
A357
Pizarra
A45
Cártana
Málaga
A7
N340a
0
25 km
N

PROVINCES DE CÓRDOBA ET DE JAÉN

Incontournables

1 Cordoue
2 Jaén
3 Úbeda
4 Baeza

À voir également

5 Montilla
6 Medina Azahara
7 Castillo de Almodóvar del Río
8 Montoro
9 Aguilar de la Frontera
10 Palma del Río
11 Priego de Córdoba
12 Cabra
13 Alcalá la Real
14 Lucena
15 Baena
16 Cástulo
17 Baños de la Encina
18 La Carolina
19 Cazorla
20 Desfiladero de Despeñaperros
21 Andújar
22 Santuario Virgen de la Cabeza
23 Parque natural de Cazorla, Segura y Las Villas
24 Segura de la Sierra

Le puente Romano enjambant le río Guadalquivir, à Cordoue

1

CORDOUE

D3 Córdoba Plaza del Triunfo s/n; www.turismodecordoba.org

Cordoue porte les traces d'une longue et glorieuse histoire. Pendant l'ère romaine, elle vit naître le philosophe Sénèque ; au 10e siècle, elle est la capitale du puissant califat d'Abd al-Rahman III. Aujourd'hui, elle reste l'une des villes les plus spectaculaires du pays.

①

Museo arqueológico

Plaza de Jerónimo Páez 7 957 35 55 17 juil.-août : mar.-dim. et jours fériés 9h-15h ; sept.-juin : mar.-sam. 9h-21h, dim. et jours fériés 9h-15h

Situé dans un manoir Renaissance, cet excellent musée archéologique comprend des vestiges du théâtre romain retrouvé sous le bâtiment, dont mosaïques et poteries, ainsi que de belles pièces maures. Parmi les plus impressionnantes, citons un cerf en bronze du 10e siècle trouvé à Medina Azahara. Un marbre sculpté du 1er siècle, trouvé dans les environs et représentant l'empereur Auguste, est aussi présenté.

②

Alcázar de los Reyes cristianos

Calle Caballerizas Reales s/n 957 42 01 51 de mi-juin à mi-sept. : mar.-sam. 8h30-15h, dim. 8h30-14h30 ; de mi-sept. à mi-juin : mar.-sam. 8h30-20h45, dim. 8h30-14h30

Ce palais-forteresse (1328) est une commande d'Alfonso XI de Castille. Ferdinand II d'Aragon et Isabelle Ire de Castille y résidèrent durant la guerre contre les Maures de Grenade. L'Alcázar devint ensuite le siège de l'Inquisition, puis une prison. Les beaux jardins, avec leurs bassins et leurs fontaines, restent ouverts le soir *(juil.-août)*. Des mosaïques romaines se trouvent dans le palais.

③

Sinagoga

Calle Judíos 20 957 20 29 28 de mi-juin à mi-sept. : mar.-dim. et jours fériés 9h-15h30 ; de mi-sept. à mi-juin : mar.-sam. 9h-20h30, dim. et jours fériés 9h-15h30

Bâti vers 1315, cet édifice de style mudéjar est l'une des trois seules synagogues de cette période à subsister en Espagne (les deux autres se trouvent à Tolède). La galerie des femmes et les superbes stucs ornés d'inscriptions hébraïques sont particulièrement dignes d'intérêt. La Judería (quartier juif) a peu changé depuis l'époque médiévale. Sur une place se dresse une statue honorant la mémoire de Maïmonide, un philosophe juif du 12e siècle.

Le saviez-vous ?

Le nom de Cordoue dériverait du phénicien *Kartuba*, qui signifie « cité prospère ».

④ Torre de la Calahorra

Puente Romano **oct.-avr. : t.l.j. 10h-18h ; mai-sept. : t.l.j. 10h-14h et 16h30-20h30** **torrecalahorra.es**

Cette tour du 14e siècle se dresse à une extrémité du puente Romano, un pont en arc que les Maures ont reconstruit sur des fondations romaines. Elle abrite un musée dédié à la vie, à la culture et à la philosophie de Cordoue à l'époque du califat indépendant d'Abd al-Rahman III, au 10e siècle.

⑤ Museo de Bellas Artes

Plaza del Potro 1 **957 10 36 59** **de mi-juin à mi-sept. : mar.-dim. 9h-15h30 ; de mi-sept. à mi-juin : mar.-sam. 9h-21h, dim. 9h-15h**

Logé dans un ancien hospice de charité, le musée des Beaux-Arts expose des œuvres de Mateo Inurria et de l'école de Séville (Zurbarán).

⑥ Palacio de Viana

Plaza Don Gome 2 **juil.-août : mar.-dim. 9h-15h ; sept.-juin : mar.-sam. 10h-19h, dim. 10h-15h** **palaciodeviana.com**

Achetée par une caisse d'épargne en 1981, cette ancienne demeure a conservé son aspect du 17e siècle et recèle meubles, tapisseries et tableaux d'origine. Elle possède 14 patios et un très agréable jardin.

⑦ Baños del Alcázar califal

Campo Santo de los Mártires **horaires variables, se rens.** **banosdelalcazarcalifal.cordoba.es**

Ce hammam très bien conservé faisait partie de l'Alcázar califal de Cordoue, palais détruit et remplacé par l'Alcázar de los Reyes cristianos. Bâti sous les ordres d'al-Hakam II au 10e siècle, il reflète la disposition classique des bains romains : salles froides, salles chaudes et brûlantes. Un musée reconstitue l'histoire sociale et religieuse, et les usages des bains.

Casa Pepe de la Judería

Établi en 1928, cet excellent restaurant est doté d'un patio fleuri.

Calle Romero 1
restaurantecasapepedelajuderia.com

€€€

Mercado Victoria

Aire de restauration gastronomique dédiée aux produits et plats régionaux.

Paseo de la Victoria 3
mercadovictoria.com

€€€

8

LA MEZQUITA

Calle Torrijos 10 · mars-oct. : lun.-sam. 10h-19h, dim. 8h30-11h30 et 15h-19h ; nov.-fév. : lun.-sam. 10h-18h, dim. 8h30-11h30 et 15h-18h · mezquita-catedraldecordoba.es

Âgée de 12 siècles, la grande mosquée de Cordoue est le symbole le plus éclatant de la domination musulmane en Espagne. La visite de la Mezquita vous fera voyager dans le passé, à l'époque faste des souverains maures.

Abd al-Rahman Ier, fondateur du califat de Cordoue, a bâti la mosquée originelle sur le site d'une église wisigoth entre 785 et 787. Puis, l'édifice a été remanié et agrandi au cours des siècles. Certains des aménagements les plus remarquables ont été réalisés au 10e siècle par al-Hakam II, comme le superbe *mihrab* (niche orientée vers La Mecque) et la *maqsura* (espace réservé au calife). Une cathédrale fut finalement construite au 16e siècle au centre de la mosquée, sous les ordres de Charles Ier, afin d'achever la christianisation de la ville.

← Vue sur la Mezquita depuis la rive du Guadalquivir

← Les arcs califaux bicolores de la Mezquita

ARCS MAURES

L'arc maure est né de l'arc en fer à cheval utilisé par les Wisigoths dans leurs constructions. Les Maures l'ont modifié pour en faire l'élément essentiel de projets architecturaux grandioses comme la Mezquita. Les arcs plus tardifs présentent des ornements plus sophistiqués et s'éloignent de la forme originelle.

Arc califal, la Mezquita

Arc almohade, le Real Alcázar (p. 78)

Arc mudéjar, le Real Alcázar (p. 78)

Arc nasride, l'Alhambra (p. 216)

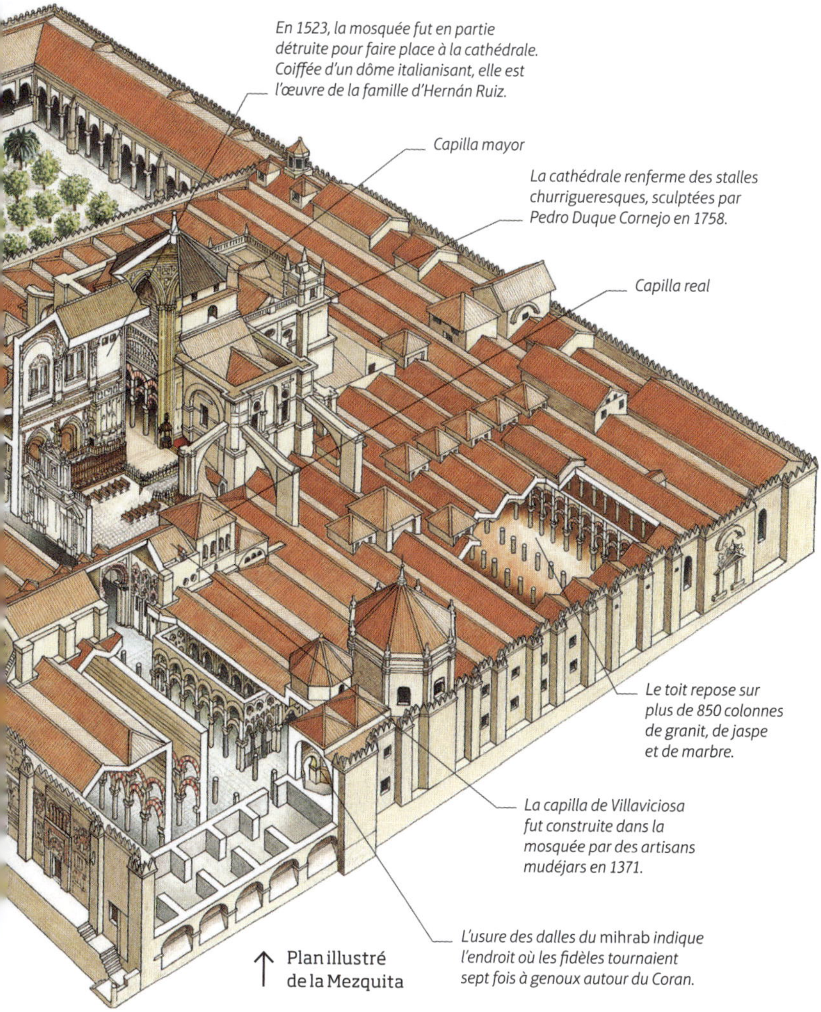

↑ Plan illustré de la Mezquita

PETITE BALADE
CORDOUE

Distance 2 km **Gare** Cordoue
Durée 30 minutes

Le cœur de Cordoue se situe dans l'ancien quartier juif, à l'ouest de la Mezquita : le temps semble s'y être arrêté il y a 1 000 ans, lorsque Cordoue était l'une des grandes villes d'Occident. Ses rues étroites pavées et inaccessibles aux voitures sont ornées de grilles en fer forgé et bordées d'ateliers d'orfèvres. La plupart des édifices dignes d'intérêt se trouvent dans ce quartier. On retrouve l'animation de la grande ville moderne un peu plus au nord, autour de la plaza de las Tendillas.

De style gothico-mudéjar, la **capilla de San Bartolomé** *est ornée d'azulejos très délicats.*

Des inscriptions hébraïques ornent la **Sinagoga** (p. 152). *D'autres grandes synagogues sont à Tolède, Madrid et Barcelone.*

Située au cœur du quartier juif, la **casa de Sefarad** *est un centre culturel présentant l'histoire judéo-espagnole.*

*Les bassins et les fontaines contribuent à l'atmosphère paisible des jardins de l'***Alcázar de los Reyes cristianos** (p. 152).

↑ Ravissants *azulejos* de la capilla de San Bartolomé

↑ La torre de la Calahorra et le puente Romano enjambent le fleuve Guadalquivir

Les couleurs vives des géraniums de la **callejón de las Flores** *tranchent sur les murs blancs des maisons.*

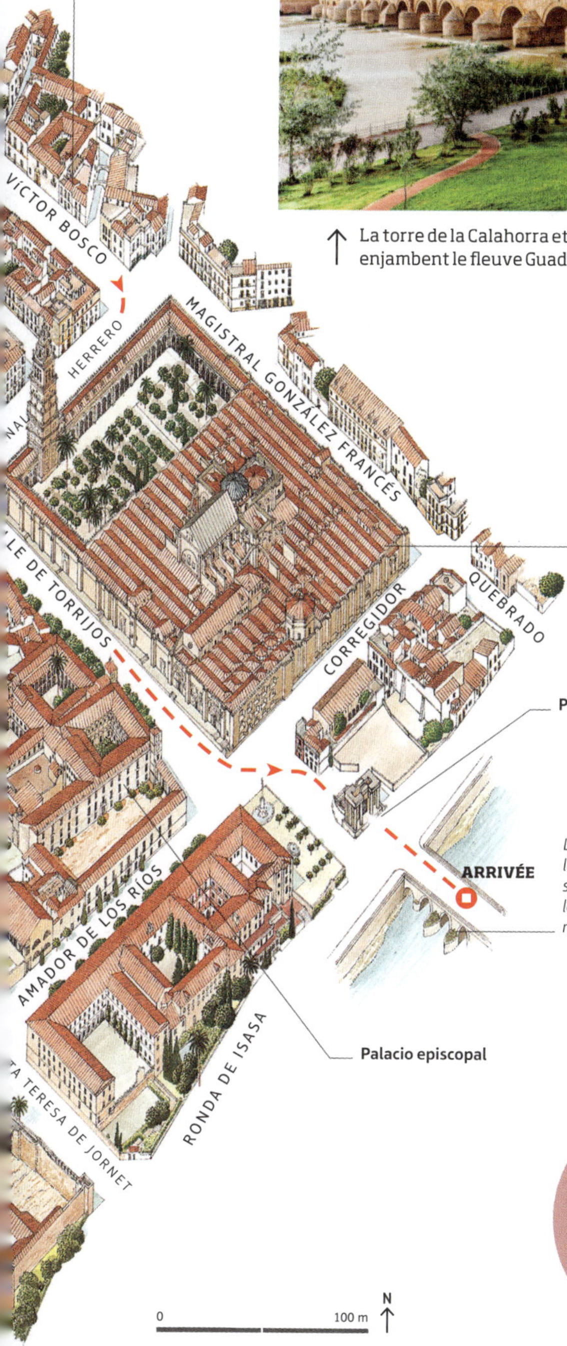

La Mezquita *renferme une forêt de piliers et d'arcatures, ainsi qu'un splendide* mihrab. (p. 154).

Puerta del Puente

Le **puente Romano** *enjambe le río Guadalquivir. Un musée situé au sud-est explore les différentes cultures médiévales de Cordoue.*

Palacio episcopal

Le saviez-vous ?

La fiesta de los Patios (fête des patios) se tient à Cordoue tous les ans, en mai.

2

JAÉN

E3 Jaén Calle Maestra 8; 953 31 32 81

Les Maures l'appelaient Djayyan,« lieu de passage des caravanes ». Pendant des siècles, la région a servi de champ de bataille aux Maures et aux chrétiens. Aujourd'hui, le centre-ville regorge de jolies boutiques; le soir, à l'heure du *tapeo*, ses ruelles fourmillent de monde.

①

Catedral

Plaza Santa María
953 23 42 33 lun.-ven. 10h-14h et 16h-20h, sam. 10h-14h et 16h-19h, dim. 10h-minuit

La cathédrale fut érigée au 16e siècle par Andrés de Vandelvira, qui édifia plusieurs bâtiments à Úbeda. Au 17e siècle, deux tours furent ajoutées à la façade ouest. À l'intérieur, superbes stalles du chœur; un petit musée recèle de belles pièces d'orfèvrerie. Le vendredi *(10h30-12h et 17h-18h)*, les fidèles peuvent vénérer le Lienzo del Santo Rostro (linge de la Sainte Face). Sainte Véronique l'aurait utilisé pour essuyer le visage du Christ dont les traits se seraient imprimés sur le tissu.

②

Centro cultural Baños Árabes

Palacio Villardompardo, plaza Santa Luisa de Marillac
mar.-sam. 9h-22h, dim. 9h-15h jours fériés
bañosarabesjaen.es

Ces bains du 11e siècle possèdent de minuscules verrières en forme d'étoile, une coupole hémisphérique et deux vasques de faïence où l'on se baignait autrefois.

③

Capilla de San Andrés

Calle San Andrés s/n

Cette chapelle mudéjare du 16e siècle, dissimulée dans une ruelle, a été fondée par Gutiérrez González, le trésorier du pape Léon X. On y remarque, en particulier, une splendide grille dorée de Bartolomé de Jaén.

④

Real monasterio de Santa Clara

Calle Santa Clara 7

Fondé au 13e siècle, après la reconquête de la ville, le real monasterio de Santa Clara possède une effigie du Christ en bambou (16e siècle)

HUILE D'OLIVE

L'olivier fut introduit en Andalousie par les Phéniciens, ou peut-être par les Grecs. L'industrie oléicole a depuis prospéré : Jaén produit actuellement plus de 200 000 tonnes d'huile par an. La récolte des olives, en grande partie manuelle, commence en décembre.

←
La ville de Jaén, dominée par sa cathédrale

originaire de l'Équateur. On peut y acheter les pâtisseries des religieuses du couvent.

---

⑤

Basílica menor de San Ildefonso

Plaza San Ildefonso s/n

Cette église arbore des façades de styles variés. La première est gothique, ornée d'une mosaïque de la Vierge veillant sur Jaén durant le siège maure de 1430; la deuxième est plateresque; la troisième, néoclassique. À l'intérieur, le maître-autel est l'œuvre de Pedro et José Roldán. Une chapelle est dédiée à la Virgen de la Capilla, la patronne de Jaén.

⑥

Castillo de Santa Catalina

Carretera al Castillo
953 12 07 33 juil.-sept. : lun.-sam. 10h-14h et 17h-21h, dim. 10h-15h; oct.-juin : lun.-sam. 10h-18h, dim. 10h-15h

On dit qu'Hannibal aurait érigé une tour sur la cime rocheuse qui surplombe la cité. Plus tard, les Maures y édifièrent une forteresse. Le roi Fernando III s'en empara en 1246 et fit bâtir un vaste château aux énormes remparts. Ce dernier a été restauré, à côté duquel fut construit un parador de style médiéval.

Suivez la route sinueuse qui mène à la torre del Homenaje. De là, on a une merveilleuse vue sur la ville, la campagne, la Sierra Morena couverte de champs d'oliviers et les sommets de la Sierra Nevada.

⑦

Museo provincial

Paseo de la Estación 29
de mi-juin à mi-sept. : mar.-dim. 9h-15h; de mi-sept. à mi-juin : mar.-sam. 9h-20h, dim. 9h-15h
museosdeandalucia.es

L'édifice incorpore dans sa construction des vestiges de l'iglesia de San Miguel et la façade d'un grenier à blé du 16e siècle. Un sarcophage paléochrétien, des mosaïques, sculptures et céramiques grecques et romaines y sont, entre autres, exposés.

À côté, le mémorial de la plaza de las Batallas évoque la défaite des Maures ainsi que celle des troupes de Napoléon.

Pepitina Ruiz Silk

Atelier dédié aux vêtements, écharpes, éventails et accessoires en soie naturelle.

Paseo de la Estación 14
pepitinaruizseda.com

Oleoteca Jaén

Ce magasin propose plus de 50 variétés d'huile d'olive extra-vierge de qualité supérieure, ainsi que des produits gastronomiques et des souvenirs artisanaux.

Calle Maestra 9
953 82 34 24

Galería de vinos Caldos

Cette boutique dédiée au monde du vin offre un large choix de crus espagnols et internationaux.

Calle Cerón 12
vinosjaen.com

→ L'imposante façade de l'hospital de Santiago domine des jardins

3

ÚBEDA

E2 Jaén Plaza de Andalucía 5 ; 953 77 92 04

Inscrite au patrimoine mondial de l'Unesco, Úbeda est une vitrine de l'architecture de la Renaissance. Elle doit ses richesses au mécénat d'hommes parmi les plus influents de l'Espagne du 16e siècle, tel Juan Vázquez de Molina. Les murailles qui enserrent la vieille ville ont été élevées par les Maures, en 852.

①

Hospital de Santiago

Calle Obispo Cobos s/n 953 75 08 42 t.l.j. 10h-14h et 17h-21h (juil. : lun.-sam. ; août : lun.-ven.)

Édifié à l'initiative de l'évêque de Jaén vers 1562, ce vaste hôpital est l'œuvre d'Andrés de Vandelvira. Son immense façade, qui illustre le courant austère du style Renaissance espagnol, est flanquée de deux tours carrées. Aujourd'hui, l'édifice accueille des expositions.

②

Museo arqueológico

Casa Mudéjar, calle Cervantes 6 953 10 86 23 de juin à mi-sept. : mar.-dim. 9h-15h30 ; de mi-sept. à mai : mar.-sam. 9h-20h30, dim. : 9h-15h30

Ce musée expose des vestiges allant du néolithique à l'époque maure, dont des pierres tombales datant du 1er siècle apr. J.-C. Il est installé dans la casa Mudéjar, un palais du 15e siècle.

③

Iglesia de San Pablo

Plaza Primero de Mayo 39 mar.-sam. 18h30-19h30, dim. 10h30-13h

Cette église possède une abside du 13e siècle et une belle chapelle du 16e siècle. Un clocher plateresque, achevé en 1537, domine l'édifice.

SECRETS D'INITIÉS
Villes jumelles

Située à quelques kilomètres d'Úbeda, la ravissante ville de Baeza *(p. 162)* est un autre joyau de la Renaissance. Profitez de votre passage dans la région pour la visiter.

④

Capilla del Salvador

Plaza Vázquez de Molina horaires variables, se rens. fundacion medinaceli.org

Conçue au 16e siècle par Francisco de los Cobos, alors secrétaire d'État, cette chapelle fut saccagée pendant la guerre civile. Toutefois, elle a conservé un grand nombre de trésors, dont un calice en or offert à Cobos par Charles Ier. Derrière la chapelle se trouvent le palais de la famille Cobos, doté d'une façade Renaissance, et l'hospital de los Honrados Viejos. Une visite guidée de ces deux édifices est possible *(uniquement sur réserv.)*.

⑤

Santa María de los Reales Alcázares

Plaza Vázquez de Molina s/n horaires variables, se rens. santamaria deubeda.es

Construite sur le site d'une ancienne mosquée, cette église, qui date en partie du 13e siècle, possède un cloître gothique et un remarquable porche roman. Tout près, la cárcel del Obispo, ou prison de l'évêque, doit son nom aux religieuses punies par l'évêque, qui y étaient recluses.

⑥

Parador de Úbeda

Plaza Vázquez de Molina s/n parador.es

Bâti au 16e siècle et remanié au 17e siècle, ce palais fut la demeure de Fernando Ortega Úbeda Salido, doyen de Málaga et chapelain d'El Salvador. L'austère édifice a été converti en hôtel appelé Condestable Dávalos. Le patio est accessible même si vous n'êtes pas client de l'hôtel.

⑦

Palacio de las Cadenas

Plaza Vázquez de Molina s/n 953 75 04 40 lun.-ven. 8h-14h30

Deux lions en pierre montent la garde devant l'hôtel de ville d'Úbeda, qui occupe ce palais bâti par Vandelvira pour Vázquez de Molina. Le nom de l'édifice vient des chaînes *(cadenas)* fixées jadis aux colonnes de l'entrée principale.

Zenit El Postigo Inn

Hôtel moderne aux chambres spacieuses et confortables. Également piscine et jardin.

Calle Postigo 5
elpostigo.zenit hoteles.com

€€€

Las Casas del Consul

Cet hôtel romantique installé dans un ancien palais du 16e siècle offre de belles vues sur la vallée du Guadalquivir.

Plaza del Carmen 5
lascasasdelconsul.es

€€€

4

BAEZA

E2 Jaén Plaza del Pópulo s/n ; 953 77 99 82

Nichée au milieu d'oliveraies, paysage typique de la province de Jaén, cette ravissante petite ville se distingue par la richesse de ses édifices Renaissance. Au détour de ses rues sinueuses, vous découvrirez de magnifiques palais, églises et bâtiments majestueux qui illustrent cet âge d'or de l'architecture. Baeza est un véritable régal pour les yeux.

Appelée Beatia par les Romains, Baeza fut plus tard la capitale d'une principauté maure, avant d'être conquise, en 1227, par le roi Fernando III de Castille. Première ville d'Andalousie définitivement reprise aux Maures, elle fut alors peuplée de chevaliers castillans. Une période de splendeur s'ensuivit, dont l'apogée se situe au 16e siècle : c'est de cette époque que datent les splendides édifices de l'architecte Andrés de Vandelvira, dont le plus impressionnant est sans doute la cathédrale de Baeza, reconstruite en 1567. À l'intérieur, la capilla Sagrario renferme une superbe grille réalisée par Bartolomé de Jaén. Baeza a été classée au patrimoine mondial de l'Unesco en 2003, en même temps que sa voisine, Úbeda *(p. 160)*.

Le saviez-vous ?

La province de Jaén représente 20 % de la production mondiale d'huile d'olive.

←

Ruelle de Baeza avec l'Antigua Universidad à l'arrière-plan

«LA» PHOTO
Selfie avec poète

La statue d'Antonio Machado située calle San Pablo se prête particulièrement bien aux selfies. Elle représente le poète assis sur un banc, en pleine lecture. Prenez place à ses côtés !

La grille qui entoure le chœur de la cathédrale est l'œuvre de Bartolomé de Jaén.

La fuente de Santa María, achevée en 1564, est une fontaine en forme d'arc de triomphe.

Le palacio de Jabalquinto est un magnifique palais gothique à la façade de style isabélin.

L'Antigua Universidad est l'une des premières universités du pays.

La torre de los Aliatares fut construite par les Maures il y a 1 000 ans.

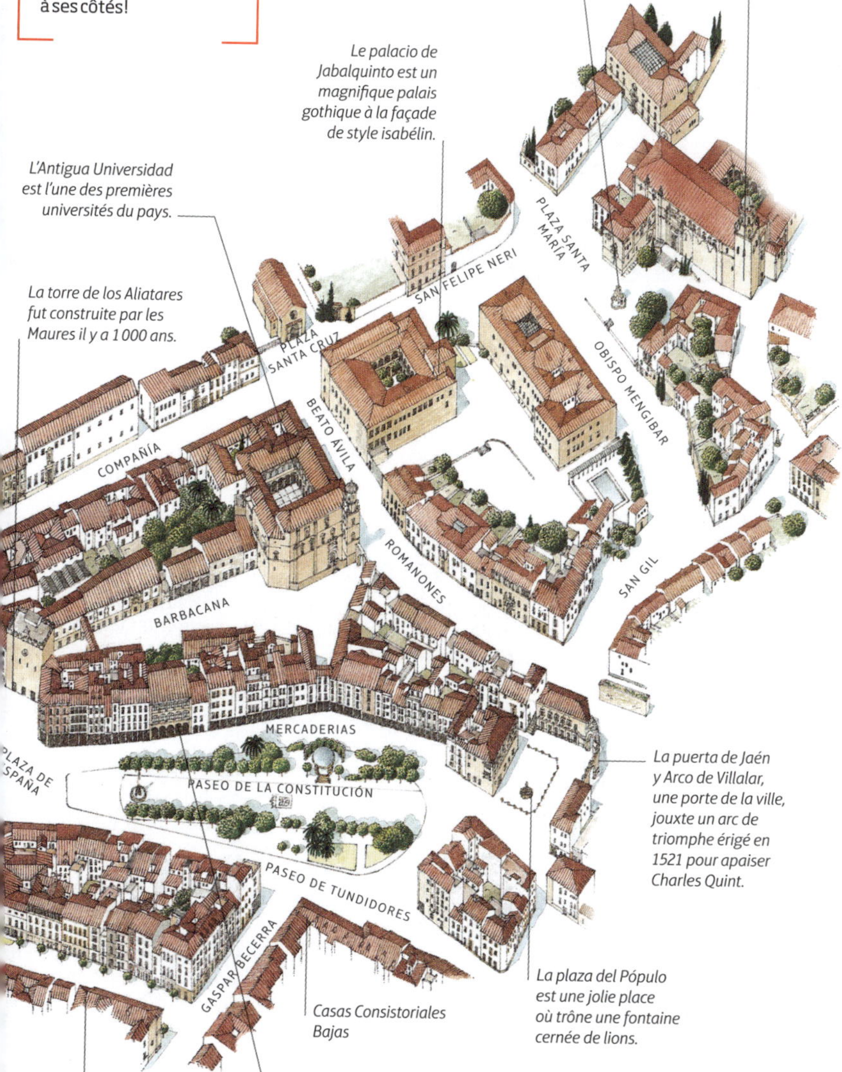

La puerta de Jaén y Arco de Villalar, une porte de la ville, jouxte un arc de triomphe érigé en 1521 pour apaiser Charles Quint.

Casas Consistoriales Bajas

La plaza del Pópulo est une jolie place où trône une fontaine cernée de lions.

La Alhóndiga est l'ancienne halle au blé. Sa façade possède trois étages d'arcades.

L'Ayuntamiento est un bel hôtel de ville plateresque.

↑ Les rues de Baeza, bordées de superbes édifices de la Renaissance

À VOIR ÉGALEMENT

5

Montilla

D3 Córdoba
Calle Capitán Alonso de Vargas 3; 957 65 24 62

Montilla est le centre d'une importante région vinicole où l'on produit un excellent *fino*. Contrairement au xérès, ce vin blanc n'est pas fortifié. Certaines *bodegas*, comme celles d'Alvear, accueillent des visiteurs sur rendez-vous.

Le château de la ville date du 18e siècle. La bibliothèque municipale est située dans la casa del Inca. Elle fut baptisée ainsi parce que l'écrivain Garcilaso de la Vega, fils d'un conquistador et d'une princesse inca, y vécut au 16e siècle.

Le saviez-vous ?

La Medina Azahara est équipée d'installations sanitaires depuis le 10e siècle.

6

Medina Azahara

D3 Carretera Palma del Rio, km 5,5, Córdoba
avr.-juin : mar.-sam 9h-21h ; de juil. à mi-sept. : mar.-dim. 9h-15h ; de mi-sept. à mars : mar.-sam. 9h-18h, dim. 9h-15h
medinaazahara.org

Au nord-ouest de Cordoue, cette ville palatiale du 10e siècle, fondée par Abd al-Rahman III, doit son nom à Azahara, épouse favorite du calife. Plus de 10000 ouvriers et 15000 mules furent affectés au transport des matériaux, provenant, pour certains, du Maghreb. Les nombreuses salles de la résidence étaient ornées d'albâtre, de jaspe et d'ébène, mais le complexe fut mis à sac par les Berbères en 1010. Les vestiges du site, que l'on restaure peu à peu, n'offrent qu'un pâle aperçu de son faste d'antan.

« LA » PHOTO
Hautjardin

À l'approche du castillo de Almodóvar del Río, vous reconnaîtrez peut-être le château de Hautjardin, siège de la maison Tyrell dans la série *Game of Thrones*.

7

Castillo de Almodóvar del Río

C3 Córdoba avr.-sept. : lun.-ven. 11h-14h30 et 16h-20h, w.-end 11h-20h ; oct.-mars : lun.-ven. 11h-14h30 et 16h-19h, w.-end et jours fériés 11h-19h castillodealmodovar.com

Le château mauresque, dont certaines parties datent du 8e siècle, domine la pittoresque ville blanche d'Almodóvar del Río, nichée au milieu de champs de coton. Sa silhouette est l'une des

↑ Vendange du raisin pedro ximénez dans la région de Montilla

plus typiques d'Andalousie. La visite théâtralisée est idéale pour découvrir l'édifice.

8

Montoro

D2 Córdoba
Calle Corredera 25; www.montoro.es

Dominant cinq collines et un coude du Guadalquivir, Montoro existait déjà aux temps des Grecs et des Phéniciens. De nos jours, l'économie de cette ville paisible aux ruelles escarpées repose sur la culture de l'olivier, la maroquinerie de qualité et la fabrication de selles.

Sur la plaza de España se trouvent l'Ayuntamiento, jadis palais des ducs d'Albe, et l'iglesia de San Bartolomé, de style gothico-mudéjar.

9

Aguilar de la Frontera

D3 Córdoba
Cuesta de Jesús 2; 957 66 17 71

Aguilar est réputée pour sa production de vin, de céramiques et d'huile d'olive. La ville s'articule autour de la plaza de San José, une place octogonale conçue en 1810, qui abrite l'hôtel de ville, un clocher baroque et plusieurs demeures seigneuriales.

10

Palma del Río

C3 Córdoba
Plaza Mayor de Andalucía s/n; www.palmadelrio.es

Les murailles almohades du 12e siècle rappellent le passé de ville frontalière de ce bourg agricole créé par les Romains il y a plus de 2 000 ans, sur la voie reliant Cordoue à Itálica.

L'iglesia de la Asunción, de style baroque, remonte au 18e siècle. Le monasterio de San Francisco, aujourd'hui occupé par un charmant hôtel, renferme l'ancien réfectoire des franciscains, datant du 15e siècle, où les clients prennent leurs repas. Palma est la ville natale d'El Cordobés, un des toreros les plus réputés du pays. Sa biographie, *Ou tu porteras mon deuil*, évoque fidèlement les difficultés de la vie à Palma après la guerre civile.

Mirador Tierra de Frontera

Dans ce chaleureux petit hôtel d'Alcalá la Real, on profite de bières artisanales et de superbes vues depuis la terrasse. Menu limité mais soigneusement étudié.

E3 Calle Santo Domingo de Silos 30, Alcalá la Real
650 68 35 60

Bodega Alvear

Réputé pour son raisin pedro ximénez, qui donne d'excellents *finos, olorosos* et *amontillados,* ce domaine viticole, le plus ancien d'Andalousie, est une institution de Montilla. Visites et dégustations le dimanche et le lundi.

D3 Avenida María Auxiliadora, Montilla
alvear.es

← Rassemblement sur le parvis de l'iglesia de la Asunción, à Palma del Río

La Pianola Casa Pepe
Copieux ragoûts, poissons et viandes sont à l'honneur dans ce restaurant de Priego de Córdoba. La paella est au menu le dimanche midi.

D3 Calle Obispo Caballero 6, Priego de Córdoba 957 70 04 09 lun.

€€€

Bar Carrasquilla
Ce restaurant de Montilla propose des viandes rôties tendres et juteuses, des fruits de mer succulents et de délicieux desserts.

D3 Calle Feria 1, Montilla 957 65 00 50 mar.

€€€

11

Priego de Córdoba

D3 Córdoba Plaza de la Constitución 3; www.turismodepriego.com

Priego de Córdoba, petite ville discrète, revendique le titre de capitale baroque de la région.

Priego de Córdoba est située dans une plaine fertile, au pied de La Tiñosa (le plus haut sommet de la province). Cette petite ville discrète revendique le titre de capitale baroque de la région. On le lui concède bien volontiers à la vue des œuvres splendides créées par ses sculpteurs sur bois, ses doreurs et ses ferronniers.

La vieille ville a conservé son tracé labyrinthique de l'époque maure. Mais l'âge d'or de Priego fut le 18e siècle, lors de la création de la manufacture de soie. La cité se couvrit alors d'élégantes demeures et de belles églises baroques.

Bâtie sur des fondations romaines, une forteresse maure restaurée donne accès au quartier médiéval, le barrio de la Villa. Des maisons chaulées bordent ses rues étroites et ses places fleuries. Le paseo Colombia débouche sur l'Adarve, qui offre un superbe point de vue sur la campagne.

La belle iglesia de la Asunción se trouve non loin de là. Gothique à l'origine, elle fut convertie en église baroque au 18e siècle. Sa partie la plus remarquable est la chapelle de la sacristie, qui abrite sculptures, volutes et autres ornements de stuc.

L'iglesia de la Aurora, baroque, est le siège de la confrérie de Nuestra Señora de la Aurora. Chaque samedi, à minuit, ses membres, vêtus d'une grande cape, défilent dans les rues en chantant des hymnes et en recueillant des aumônes.

Un passage fleuri dans le vieux quartier de Priego de Córdoba ↑

À l'extrémité de la calle del Rio, la fuente del Rey (fontaine du Roi), agrémentée de trois bassins et d'une statue de Neptune, illustre toute l'exubérance de l'ère baroque.

Mai est l'un des meilleurs mois pour visiter Priego. Tous les dimanches, une procession a lieu pour célébrer la fin de la grande peste survenue il y a des siècles.

↑ Ornements baroques de la capilla del Sagrario, iglesia de San Mateo, à Lucena

12 Cabra

D3 Córdoba Calle Mayor 1; www.turismo.cabra.eu

Situé au milieu de champs et de vastes oliveraies, ce bourg était, au 3e siècle, le siège d'un évêché. L'ancien château est devenu une école, et l'on peut voir quelques nobles demeures et l'iglesia de Santo Domingo, dotée d'une façade baroque.

À la sortie de la ville, la fuente del Río, source du río Cabra, est idéale pour pique-niquer.

13 Alcalá la Real

E3 Jaén Palacio Abacial, Avenida de las Mercedes; 953 10 28 68

Pendant la Reconquête, Alcalá était un point stratégique tenu par l'ordre militaire de Calatrava. Aujourd'hui, sa grand-place s'orne de beaux monuments comme le palacio Abacial, Renaissance, et la fuente de Carlo V (fontaine de Charles Quint). Une forteresse maure du 14e siècle, la fortaleza de la Mota, élevée par les souverains de Grenade, domine la colline de la Mota. Non loin se trouvent les ruines de l'ancienne église principale de la ville. Le sommet offre un splendide panorama sur la vieille ville et la campagne environnante.

14 Lucena

D3 Córdoba Calle San Pedro 42; www.turlucena.com

À l'époque des califes de Cordoue, Lucena était un important centre intellectuel et commercial, où vivait une communauté juive dynamique. De nos jours, cette petite ville prospère fabrique meubles, objets en cuivre et belles céramiques.

L'iglesia de Santiago, dotée d'une tourelle baroque, a été bâtie en 1503 sur le site d'une ancienne synagogue. La torre del Moral est l'unique vestige d'un château maure. Non loin, l'iglesia de San Mateo (15e siècle) abrite une superbe sacristie baroque.

Le premier dimanche de mai, une grande cérémonie en l'honneur de la Virgen de Araceli se déroule à Lucena.

15 Baena

D3 Córdoba Virrey del Pino 5; 957 67 17 57

L'huile d'olive de Baena est réputée depuis l'époque romaine. L'iglesia de Santa María la Mayor domine cette petite ville. Sur la plaza de la Constitución, l'hôtel de ville moderne jouxte la casa del Monte, un palais à arcades du 18e siècle. À Pâques, les rues sont envahies par des milliers de percussionnistes.

Le saviez-vous ?

Le mercredi de la Semaine sainte, Baena résonne au son de plus de 2 000 tambours.

16

Cástulo

E2 Carreta Linares-Torreblascopedro (JV-3003), km 3,3, Jaén depuis Linares et Jaén de mi-juin à août : mar.-dim. 9h-15h ; de sept. à mi-juin : mar.-sam. 9h-21h, dim. 9h-15h www.museosdeandalucia.es

Les ruines de l'antique ville de Cástulo se trouvent à 7 km de Linares. Des traces humaines datant du Néolithique y ont été découvertes, ainsi que des traces de huttes de la fin du Néolithique-Chalcolithique et des outils de l'âge du bronze. Le Museo arqueológico de Linares, qui s'occupe du site, expose les objets trouvés dans la zone. Le lion ibéro-romain et la Patena de Cristo, l'une des plus anciennes représentations connues du Christ, sont à voir.

17

Baños de la Encina

E2 Jaén depuis Linares et Jaén Avenida José Luis Messía 2 ; www.bdelaencinaturismo.com

Le calife al-Hakam II ordonna la construction du castillo de Burgalimar en 967. Avec ses hauts remparts et ses 15 tours, cette impressionnante forteresse domine le charmant village de Baños de la Encina.

« LA » VUE

Remparts de Burgalimar

Les remparts du castillo de Burgalimar offrent une vue imprenable sur les toits en ardoise et les moulins de Baños de la Encina, entourés d'un épais tapis d'oliviers.

La Iruela, forteresse perchée sur son éperon rocheux, près de Cazorla

18

La Carolina

E2 Jaén Plaza del Ayuntamiento ; 953 66 00 34

Créée en 1767 par Carlos III, La Carolina fut peuplée de colons venant d'Allemagne et des Flandres. L'objectif était de favoriser le développement de la région et d'accroître la sécurité de ses visiteurs. Son ministre, Pablo de Olavide, se fit construire un palais sur la grand-place. À la sortie de la ville, un monument évoque la bataille de 1212 : le roi Alfonso VIII de Castille fut guidé dans les collines par un berger et y écrasa les Maures en 1212. Cette victoire marqua le début de la reconquête de l'Andalousie.

19

Cazorla

F3 Jaén Paseo Santa María ; www.cazorla.es/turismo

Cazorla était très prospère à l'époque où les Romains creusaient les montagnes alentour pour y trouver de l'argent. De nos jours, elle n'est plus fréquentée que par les visiteurs du magnifique parque natural de Cazorla, Segura y Las Villas. Sur la route du parc, vous rencontrerez les vestiges de La Iruela, une forteresse bâtie sur un éperon rocheux.

Malgré l'invasion d'édifices modernes, ses petites rues sinueuses invitent toujours à la flânerie entre la plaza de la Corredera et la plaza Santa María. Au-dessus de la ville surgit le **castillo de la Yedra**, abritant un musée folklorique.

Le 14 mai, les habitants fêtent saint Isicio, l'un des sept apôtres ayant diffusé le christianisme en Espagne avant l'arrivée des Maures.

Castillo de la Yedra
Camino Ángel s/n 953 10 14 02 de juin à mi-sept. : mar.-sam. 9h-15h, dim. et jours fériés 10h-15h ; de mi-sept. à mai : mar.-sam. 9h-21h dim. et jours fériés 10h-15h

Sierra Sur Artesanos
À Alcalá la Real, ce magasin charmant est spécialisé dans les objets en bois sculptés à la main.
E3 Calle Fernando el Católico 12, Alcalá la Real 953 45 77 55

Arciri s.c.a
Cet atelier d'Andújar produit de belles céramiques peintes à la main. C'est le lieu idéal pour acheter un souvenir.
E2 Calle Juan Ramón Jiménez 3, Andújar 953 51 13 71

Casa Mohedo
Dans cet atelier de chaussures et d'accessoires faits main, vous êtes accueilli par l'odeur du cuir fraîchement tanné.
D2 Calle Corredera 39, Montoro mohedo.es

20

Desfiladero de Despeñaperros

E2 Jaén Centre des visiteurs, Carretera JA-7102 Santa Elena-Miranda del Rey, km 2, Santa Elena, Jaén; 658 56 05 07

Ce col spectaculaire est la seule brèche naturelle dans la Sierra Morena. Au 19e siècle, lorsqu'il était emprunté par les armées, les diligences et les caravanes, les attaques de brigands y étaient courantes. Traversé par l'autovía de Andalucía et une ligne de chemin de fer, le défilé offre des formations rocheuses, telles que Los Órganos (les Orgues) et El Salto del Fraile (le Saut du moine). C'est une destination prisée des randonneurs.

21

Andújar

E2 Jaén Torre del Reloj, plaza Santa Maria; www.andujar.es

Andújar fut autrefois la cité ibère d'Iliturgi, détruite par Scipion l'Africain au cours des guerres puniques. Un pont romain à 15 arches franchit toujours le río Guadalquivir. Sur la grand-place, un édifice gothique, l'iglesia de San Miguel, abrite des toiles d'Alonso Cano. L'iglesia de Santa María la Mayor présente une façade Renaissance coiffée d'un clocher mudéjar et renferme le célèbre *Christ au jardin des Oliviers* (v. 1605), peint par Le Greco.

La renommée d'Andújar repose sur sa production de céramiques traditionnelles.

Véritablement spectaculaire, le Desfiladero de Despeñaperros est la seule brèche naturelle dans la Sierra Morena.

22

Santuario Virgen de la Cabeza

D2 Padres Trinitarios, Jaén t.l.j. santuario virgencabeza.org

Niché au milieu des chênes et des élevages de la Sierra Morena, au nord d'Andújar, ce sanctuaire du 13e siècle abrite une statue de la Vierge, très vénérée. Une tradition veut qu'elle ait été envoyée en Espagne par saint Pierre en personne. Le dernier dimanche d'avril, des milliers de pèlerins se rendent au sanctuaire pour honorer la Virgen de la Cabeza, escortée sur un char fleuri.

23 Parque natural de Cazorla, Segura y Las Villas

F2 Jaén Cazorla Paseo Santa María, Cazorla; 953 72 01 02

Avec ses bois denses, ses torrents fougueux et sa faune variée, on ne peut être que stupéfié par les paysages de cette réserve naturelle de 214 336 ha. Les montagnes escarpées culminent à 2 000 m au-dessus de la source du Guadalquivir, qui traverse une vallée au nord avant d'atteindre le barrage de Tranco de Beas et de bifurquer vers l'Atlantique.

Les voitures sont admises sur la route principale. La plupart des visiteurs explorent le parc à pied, mais vous pouvez louer un VTT au **centro de Recepción e Interpretación de la Naturaleza**. Il est possible de chasser et de pêcher à la ligne.

Centro de Recepción e Interpretación de la Naturaleza

Carretera del Tranco, km 49, Torre del Vinagre 953 71 30 17 été : t.l.j. 10h-14h et 17h-20h ; hiver : t.l.j. 10h-14h et 16h-19h

Le saviez-vous ?

Le parque natural de Cazorla, Segura y Las Villas est le plus grand parc national d'Espagne.

Passerelle au bord d'une rivière du parque natural de Cazorla, Segura y Las Villas

24 Segura de la Sierra

F2 Jaén Paseo P. Genaro Navarro 1 ; 953 48 07 84 seguradelasierra.es

Ce minuscule village, qui culmine à 1 200 m d'altitude, est dominé par le **castillo de Segura de la Sierra**, un château maure restauré. Ses remparts offrent de superbes vues sur les montagnes. En contrebas, on aperçoit des arènes en partie taillées dans le roc. L'huile d'olive de la région est l'une des quatre seules en Espagne à bénéficier de la prestigieuse *denominación de origen controlada* (DOC ou AOC).

Castillo de Segura de la Sierra

Calle Castillo 627 87 7919 de mars à mi-oct. : t.l.j. ; de mi-oct. à mars : ven.-dim. (horaires variables, se rens.)

Spa Hotel Coto del Valle de Cazorla

Situé au cœur du parc naturel de Cazorla, ce paisible hôtel offre de belles vues et un spa.

F2 Carretera del Tranco, km 34,3, Cazorla cotodelvalle.com

€€€

Hotel Mirador

Chambres confortables situées au sous-sol, offrant de belles vues sur le Guadalquivir. Piscine.

D2 Calle Cerro de la Muela hotelmirador demontoro.es

€€€

LA FAUNE DU PARQUE NATURAL DE CAZORLA, SEGURA Y LAS VILLAS

Englobant des sommets escarpés et des plaines entrecoupées de rivières, le parque natural de Cazorla, Segura y Las Villas accueille une faune variée, essentiellement endémique. Certaines espèces ont toutefois été introduites ou réintroduites pour la chasse. Les ornithologues y ont dénombré plus d'une centaine de variétés d'oiseaux, dont certaines sont très rares, tel le gypaète barbu. La forêt abrite également un large éventail d'espèces végétales, dont la *Viola cazorlenzis,* une plante indigène à fleur violette qui pousse au milieu des rochers.

Les oiseaux

Parmi les nombreuses espèces d'oiseaux qui peuplent le parc, certaines sont des vedettes incontestées. Considéré comme le roi des oiseaux, le majestueux aigle royal *(Aquila chrysaetus),* que l'on observe souvent tournoyant très haut dans le ciel, se nourrit de petits mammifères vivant dans la réserve. Le vautour fauve *(Gyps fulvus)* plane lui aussi dans les airs et se laisse tomber comme une flèche lorsqu'il aperçoit une proie. Si la chance est avec vous, vous verrez peut-être un gypaète barbu *(Gypaetus barbatus).* Ce vautour très rare jette les os sur les rochers pour les briser afin d'en manger la moelle.

Les mammifères

Les paysages variés de la réserve constituent l'habitat idéal d'un grand nombre de mammifères. Réintroduit dans la région en 1952, le cerf élaphe *(Cervus elaphus)* est surtout visible en automne, lorsqu'il broute l'herbe des prairies. Le bouquetin *(Capra pyrenaica)* est incroyablement agile sur les rochers. Aujourd'hui, les rares survivants ne sortent qu'au crépuscule pour se nourrir. La loutre *(Lutra lutra)* se rencontre le plus souvent à l'aube et au crépuscule autour des lacs et des torrents. Enfin, le sanglier *(Sus scrofa)* attend dans les bois pendant la journée et sort la nuit en quête de glands ou de racines.

1

2

3

4

5

1 Trois vautours fauves juchés en haut d'un arbre

2 Jeune cerf doté de bois

3 Le bouquetin peut vivre à 3000 m d'altitude

4 Les loutres vivent dans les rivières

5 Les sangliers se nourrissent d'œufs d'oiseaux et de petits mammifères

DÉCOUVRIR **Provinces de Córdoba et de Jaén**

EN VOITURE
SIERRA MORENA

Distance 190 km **Étapes** Certains villages de ce circuit ont des restaurants et des bars pour faire une pause **Terrain** Certaines routes sont raides et sinueuses.

L'âpre chaîne de la Sierra Morena couvre tout le nord de l'Andalousie. Cette excursion d'une journée, à partir de Cordoue, dans la partie la moins peuplée de la province, vous permettra d'explorer une région de collines couvertes de chênes et de pins, où l'on chasse le cerf et le sanglier, ainsi que la plaine de los Pedroches, où les cigognes nichent sur les clochers. Cet itinéraire permet une approche différente, peut-être plus austère, de l'Andalousie.

Une immense tour, vestige d'un château bâti en 1466, se dresse à ***Belalcázar****. Sebastián de Belalcázar, le conquérant du Nicaragua, y est né vers 1480.*

Appelée cathédrale de la Sierra, l'iglesia de San Juan Bautista, de style gothico-Renaissance, domine la ville de ***Hinojosa del Duque****.*

Peñarroya-Pueblonuevo *était jadis un important centre d'extraction du fer et du cuivre.*

Fuenteovejuna, *la pièce de Lope de Vega sur l'émeute du village de* **Fuente Obejuna**, *est souvent représentée sur la plaza Lope de Vega.*

À ***Bélmez****, les ruines d'un château du 13e siècle offrent de superbes vues.*

← Le château de Bélmez, perché au sommet d'une colline rocheuse

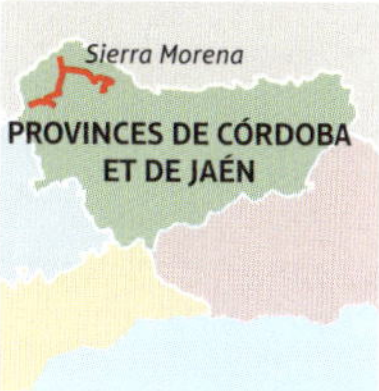

Carte de situation
Pour plus de détails, voir p. 150

↑ Taureaux dans les pâturages de Pozoblanco

Añora *est célèbre pour ses vieilles coutumes, dont la fête des Cruces de Mayo (Croix de mai), durant laquelle la ville se pare de crucifix.*

Un clocher de granit de 56 m de haut, dangereusement lézardé, surplombe le village de **Pedroche**.

Pozoblanco *est entré dans l'histoire le 26 septembre 1984, lorsque le torero Paquiri y a été mortellement encorné par un taureau.*

→ Le village de Pedroche est entouré de forêts de chênes verts

Un bar de plage de Zahara de los Atunes, près de Barbate

PROVINCES DE CÁDIZ ET DE MÁLAGA

Cadix et Málaga, fondées par les Phéniciens vers 1100 et 770 av. J.-C., sont parmi les plus anciennes villes d'Europe. Attisant les convoitises en raison de leur emplacement idéal sur la côte, elles furent occupées par les Grecs, les Carthaginois, les Romains, les Wisigoths et les Byzantins, avant de passer sous le contrôle des Maures en 711.

Cette région est l'une des dernières à avoir été reprise par les chrétiens. Cadix demeure sous domination musulmane jusqu'en 1262 et Málaga, qui dépend du royaume nasride de Grenade, jusqu'en 1487.

Au cours des siècles suivants, la province de Cádiz assoit sa fortune et son prestige grâce au port de Cadix, d'où Christophe Colomb part en 1493 et 1502, à l'occasion de ses deuxième et quatrième voyages vers les Amériques. En 1717, le monopole commercial avec le Nouveau Monde est transféré de Séville à Cadix. La ville confirme son importance en 1812, lorsqu'elle devient pendant quelque temps la capitale de l'Espagne, où est promulguée la première Constitution du pays.

Au 19e siècle, Málaga est une destination prisée des Anglais qui viennent y passer l'hiver. Dans les années 1960, l'industrie du tourisme baptise cette bande côtière « Costa del Sol ». La construction anarchique d'immeubles fait rapidement de Torremolinos et de ses plages de sable gris un symbole des excès du tourisme de masse. Pendant ce temps, au sud-ouest, Marbella devient un lieu de villégiature huppé pour les stars du cinéma et émirs du pétrole. Aujourd'hui, ces stations balnéaires fréquentées sont entourées de charmants villages, de vastes vignobles et de criques isolées.

PROVINCES DE CÁDIZ ET DE MÁLAGA
PROVINCES DE HUEL ET DE SEVILLA
p. 132
Alcalá de Guadaíra
Marchena
Arahal
La Puebla de Cazalla
Utrera
Morón de la Frontera
El Coronil
Las Arcas
Puerto Serrano
Olvera
Algondales
Sete
Trebujena
Espera
Villamartín
Zahara de la Sierra
RONDA LA VIEJA
18
SANLÚCAR DE BARRAMEDA
7
CHIPIONA
6
Aéroport de Jerez
ARCOS DE LA FRONTERA
17
Bornos
Embalse de Bornos
Grazalema
RONDA
JEREZ DE LA FRONTERA
1
Guadalete
Embalse de los Hurones
Ubrique
Rota
Algar
EL PUERTO DE SANTA MARÍA
8
Embalse del Guadalcacín
Pueblos Blancos
Serranía
CÁDIZ
CADIX
2
Puerto Real
Paterna de Rivera
Guadiaro
Gaucín
San Fernando
Alcalá de los Gazules
MEDINA SIDONIA
5
Jimena de la Frontera
ESTEPONA
Chiclana de la Frontera
Embalse de Barbate
Manilva
Embalse de Guadarranque
Barbate
SOTOGRANDE
16
Conil de la Frontera
PARQUE NATURAL DE LOS ALCORNOCALES
VEJER DE LA FRONTERA
9
San Roque
LA LÍNEA DE LA CONCEPCIO
15
12
13
Los Barrios
BARBATE
Facinas
Algeciras
14
Zahara de los Atunes
GIBRALTAR
Costa de la Luz
10
BAELO CLAUDIA
11
Punta de Tarifa
TARIFA
Océan Atlantique
Détroit de Gibraltar
Punta Almina
34
CEUTA
TANGER
36
MAROC
Anjra
Cherafate
M'diq
Martil
Tétouan
Assilah
A364
A92
A394
A361
NIV
A375
A4
A382
A471
A480
A372
A393
A369
A381
A375
CA33
A48
N340
A7
RN16
A5
RN2
RN1
0
20 km
N

PROVINCES DE CÁDIZ ET DE MÁLAGA

Incontournables

1. Jerez de la Frontera
2. Cadix
3. Ronda
4. Málaga

À voir également

5. Medina Sidonia
6. Chipiona
7. Sanlúcar de Barrameda
8. El Puerto de Santa María
9. Vejer de la Frontera
10. Baelo Claudia
11. Tarifa
12. Barbate
13. Parque natural de Los Alcornocales
14. Gibraltar
15. La Línea de la Concepción
16. Sotogrande
17. Arcos de la Frontera
18. Ronda la Vieja
19. Parque natural de la Sierra de las Nieves
20. Garganta del Chorro
21. Parque natural del Torcal
22. Álora
23. Archidona
24. Antequera
25. Fuente de Piedra
26. Nerja
27. Axarquia
28. Montes de Málaga
29. Benalmádena
30. Marbella
31. Fuengirola
32. Torremolinos
33. Estepona
34. Ceuta
35. Melilla
36. Tanger

↑ Une place de Jerez de la Frontera au coucher du soleil

❶

JEREZ DE LA FRONTERA

B4 Cádiz Plaza del Arenal, edificio Los Arcos; www.turismojerez.com

Jerez, la capitale du xérès, est entourée de vignes plantées en rangs serrés. Pour mieux apprécier la ville, rendez-vous dans l'une des nombreuses *bodegas* environnantes. Une visite de leurs caves remplies de barriques permet aux visiteurs d'apprendre à distinguer un xérès *fino* d'un *amontillado* ou d'un *oloroso*.

①

Real Escuela Andaluza del Arte Ecuestre

Avenida Duque de Abrantes s/n lun.-sam. 10h-14h realescuela.org

Installée dans un magnifique palais du 19e siècle, l'École royale andalouse d'art équestre est l'une des plus prestigieuses écoles d'équitation au monde. Elle joue un rôle majeur dans la préservation de la race andalouse, réputée pour ses prédispositions au dressage. Les spectacles de chevaux qui ont lieu sont de véritables ballets équestres exécutés en grande pompe et en musique. Sur place, visitez aussi le museo del Arte Ecuestre et le museo del Enganche (musée de l'Attelage).

②

Museos de la Atalaya

Calle Cervantes 3 uniquement par visites guidées, lun.-ven. 9h30, 10h30, 11h30, 12h30 et 13h15 museosdelaatalaya.com

Considéré comme l'un des musées les plus originaux du pays, le palacio del Tiempo *(visite en 50 minutes)* présente plus de 300 horloges, dont certaines datent du 17e siècle. Sonnant toutes les demi-heures, celles-ci créent une véritable symphonie musicale et une incroyable expérience sensorielle.

③

Catedral del Salvador

Plaza de Encarnación avr.-août : t.l.j. 11h-14h et 16h-20h; sept. : lun. 10h-18h30, mar.-sam. 10h-20h, dim. 13h30-20h; oct.-mars : lun.-sam. 10h-18h30; dim. 13h30-18h30 catedraldejerez.es

Offrant un mélange de styles gothique, baroque et néoclassique, cette ancienne collégiale fondée lors de la conquête chrétienne de Jerez, en 1264, a été élevée au rang de cathédrale par le pape Jean-Paul II en 1984. Son musée abrite de nombreuses œuvres originales, dont la *Vierge enfant endormie*, de Zurbarán.

La cathédrale renferme d'autres curiosités, comme le patio de los Naranjos (patio des Orangers) et un escalier en colimaçon qui, de nos jours, ne mène plus nulle part. Mais le clou de la visite est le clocher de la cathédrale, érigé à l'emplacement du minaret de l'ancienne mosquée. Du haut de la tour, on profite d'une vue magnifique sur Jerez.

④

Alcázar

Alameda Vieja s/n
956 14 99 55 juil.-sept. : lun.-ven. 9h30-17h30, w.-end 9h30-14h30 ; oct.-juin : t.l.j. 9h30-14h30
1er et 6 janv., 25 déc.

Considéré comme l'un des rares exemples d'architecture almohade subsistant en Espagne, l'Alcázar de Jerez de la Frontera est l'un des monuments les plus emblématiques de la ville. Baignant dans le parfum des oliviers, des cyprès, du jasmin et de la fleur d'oranger, ses jardins vous font voyager à l'époque des Almohades. Certaines parties de la forteresse sont ouvertes au public, comme la Mezquita, dotée d'un minaret, d'un patio et d'une salle de prières, et les bains arabes. Découvrez également le palacio Villavicencio (1664), édifice baroque construit pendant les rénovations de l'Alcázar. Sa tour renferme une chambre noire qui offre une vue aérienne de Jerez et de la campagne environnante.

⑤

Centro andaluz de Flamenco

Palacio de Pemartín, plaza de San Juan 1
lun.-ven. 9h-14h
jours fériés centro andaluzdeflamenco.es

Installé dans le palacio de Pemartín (15e siècle), le Centro andaluz de Flamenco propose des expositions et des montages audiovisuels pour découvrir cette tradition musicale. Des spectacles ont souvent lieu dans le patio central.

Bodegas Real Tesoro

Cette *bodega* très renommée a été fondée par le marquis del Real Tesoro en 1897.

Carretera Nacional IV, km 640 grupo estevez.es

Bodegas González Byass

Cette *bodega* du 19e siècle propose une visite guidée en petit train.

Calle Manuel María González 12
tiopepe.com

Bodegas Fundador

Ce domaine du 18e siècle produit la célèbre marque Harveys.

Calle Puerta de Rota s/n grupo emperadorspain.com

Le front de mer de Cadix, avec la cathédrale en toile de fond

2

CADIX

B4 Cádiz Avenida José León de Carranza s/n; www.cadizturismo.com

Construite sur un rocher presque entièrement cerné par la mer, Cadix aurait été fondée par Hercule. C'est certainement l'une des plus anciennes cités d'Europe, créée en 1100 av. J.-C. par les Phéniciens sous le nom de Gadir. En 1812, elle devint pendant quelque temps la capitale de l'Espagne, où l'on promulgua la première Constitution du pays.

Aujourd'hui, Cadix est une ville agréable où il fait bon flâner le long des quais aux jardins bien entretenus et aux places ouvertes, avant d'explorer les ruelles étroites du centre. La fierté de Cadix est son carnaval, pendant lequel on se déguise, on chante et on boit dans une explosion de joie.

1

Catedral

Plaza de la Catedral s/n
horaires variables, se rens.
catedraldecadiz.com

Bâtie sur le site d'une église plus ancienne, la Catedral Nueva (nouvelle cathédrale), de styles baroque et néoclassique, est l'une des plus grandes d'Espagne. Le trésor est conservé dans la casa de la Contaduria, derrière l'édifice.

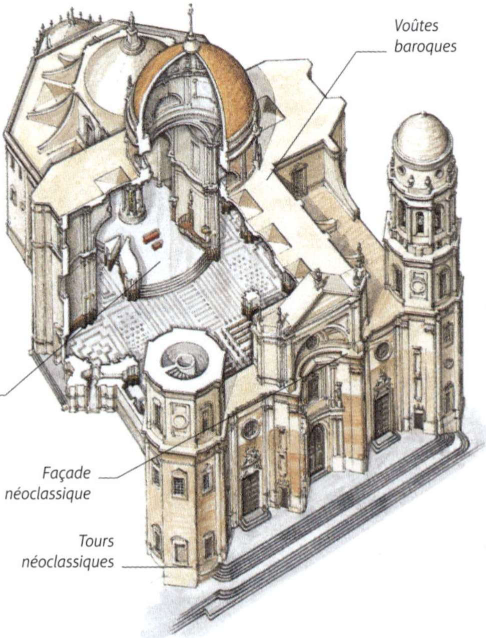

La cathédrale de Cadix et sa splendide coupole, créée par l'architecte Juan Daura

☆☆☆

Le saviez-vous ?

Lord Byron surnommait Cadix la « Sirène de l'Océan ».

②
Museo de Cádiz

Plaza de Mina 856 10 50 23 mar.-sam. 9h-21h, dim. 9h-15h 1er janv., 1er Mai, 25 déc.

Ce musée, dédié à l'histoire de Cadix, est le plus grand musée d'art de l'Andalousie.

Au 3e étage se trouve une collection de marionnettes réalisées pour les fêtes locales.

③
Torre Tavira

Calle Marqués del Real Tesoro 10 horaires variables, se rens. torretavira.com

Cette tour d'observation du 18e siècle abrite une chambre noire aux superbes vues.

④
Oratorio de San Felipe Neri

Calle Santa Inés s/n 956 80 70 18 mar.-ven. 10h30-14h et 16h30-20h (juil.-août : 10h30-14h et 17h30-20h30), sam. 10h30-14h, dim. 10h-13h (12h en juil.-août)

En 1812, alors que Napoléon resserrait son emprise sur le pays, les membres du Parlement provisoire se réunirent ici pour rédiger la première Constitution espagnole.

Freiduría Cervecería Las Flores

Restaurant spécialisé dans les crustacés.

Plaza Topete 4
956 22 61 12

€

Balandro

Ce restaurant qui donne sur la baie de Cadix offre un bon choix de plats de viande.

Alameda Apodaca 22
restaurantebalandro.com

€€

El Faro

Restaurant de fruits de mer dans le quartier du port. Plusieurs menus dégustation.

Calle San Félix 15
elfarodecadiz.com

€€

GRANDE BALADE
CADIX HISTORIQUE

Distance 4 km **Durée** 90 minutes à pied
Difficulté Facile **Station** Cádiz

Au départ de l'Ayuntamiento (hôtel de ville), cette promenade traverse 3 000 ans de la riche histoire de la ville. L'itinéraire débute plaza San Juan de Dios, sur la frange est de la baie de Cadix. Il mène au cœur du lacis de ruelles et de places, avant d'atteindre les ravissants jardins situés près de l'université. On perd rarement de vue la mer durant cette balade, qui permet de découvrir le marché aux poissons de la ville, son restaurant le plus célèbre et le front atlantique. La promenade se termine devant la monumentale cathédrale, avec son dôme doré dominant l'océan.

*Les jardins de l'***Alameda Apodaca** *abritent d'énormes dragonniers.*

Le **Baluarte de la Candelaria** *est à présent un centre d'art contemporain.*

Tournez à gauche dans le paseo Carlos III, qui passe devant le beau **parque Genovés**, *avec son allée arborée, son théâtre en plein air et son café.*

À l'extrémité des jardins s'élève le **Parador Hotel** *de Cadix, à l'architecture avant-gardiste. D'ici, vous pouvez rejoindre le cœur de la vieille ville.*

*L'***Oratorio de San Felipe Neri** (p. 181)

L'étonnante **torre Tavira** *(18e siècle) tient son nom de son premier gardien, Antonio Tavira (p. 181).*

Rejoignez la plage de Cadix la plus réputée, **playa de la Caleta**, *avec sa maison de bains du 19e siècle et son école nautique.*

Marchez vers le front de mer et tournez à gauche sur le **campo del Sur**, *où des édifices pastel s'étendent jusqu'à la cathédrale.*

Empruntez la calle Venezuela pour traverser le quartier des poissonniers, où vous trouverez le restaurant de poisson le plus célèbre de la région, **El Faro** *(p. 181), qui est doublé d'un bar à tapas ; tous deux sont excellents.*

Terrasses de cafés dans une rue ensoleillée, près de la cathédrale

De l'autre côté de la place, prenez la calle Fernando el Católico qui mène au front de mer, aux ***murallas de San Carlos****, surplombant la baie de Cadix.*

Empruntez la ***calle Honduras****, à gauche, qui longe les digues.*

Faites une pause ***plaza de España****. Cette place est dominée par le Monumento a las Cortes, qui commémore le Parlement établi brièvement en 1812.*

La calle Nueva mène à la calle San Francisco, puis à la ***plaza San Francisco****, l'une des nombreuses et minuscules places de la ville.*

Au nord de la place, prenez la ***calle Nueva****, centre du quartier commerçant de Cadix.*

*Partez de l'****Ayuntamiento****. Bâti en 1799 dans le style néoclassique, cet hôtel de ville est l'œuvre de l'architecte Torcuato Benjumeda.*

Pour finir, grimpez tout en haut de l'un des clochers de la ***cathédrale*** *pour profiter de la vue* (p. 180).

L'Ayuntamiento, plaza San Juan de Dios

Le saviez-vous ?

Orson Welles, célèbre réalisateur de *Citizen Kane*, est enterré à Ronda.

3

RONDA

C4 Málaga Paseo Blas Infante s/n ; www.turismoderonda.es

Ronda est bâtie sur un immense affleurement rocheux entaillé par une gorge profonde. Cet emplacement spectaculaire s'accorde parfaitement au passé de la ville, qui servit de refuge aux bandits et aux insurgés de la région. Attirés par la riche histoire et la situation impressionnante de cette cité, les visiteurs affluent à Ronda, où vécurent notamment l'écrivain Ernest Hemingway et l'acteur-réalisateur Orson Welles.

Véritable nid d'aigle, la ville fut l'un des derniers bastions maures en Andalousie : les chrétiens ne s'en emparèrent qu'en 1485. La vieille ville maure, La Ciudad, est perchée au sud de la faille. C'est un *pueblo blanco* (village blanc) typique, aux murs d'une blancheur aveuglante, aux ruelles pavées et aux fenêtres dotées de grilles en fer forgé. La plupart des bâtiments historiques se situent dans ce quartier de la ville. Le palacio Mondragón a été en grande partie reconstruit après la Reconquête, mais son patio est orné de mosaïques et de stucs maures d'origine. La ville moderne, El Mercadillo, abrite l'une des plus anciennes plazas de Toros d'Espagne, inaugurée en 1785. En septembre, des aficionados viennent de toute la péninsule pour jouir de l'atmosphère singulière de la Corrida Goyesca, suivie par des millions de personnes à la télévision.

Véritable nid d'aigle, Ronda fut l'un des derniers bastions maures en Andalousie : les chrétiens ne s'en emparèrent qu'en 1485.

LES CORRIDAS

Les arènes de Ronda sont tenues pour le temple de la tauromachie. Ce sport fait partie intégrante du patrimoine andalou, mais il est au centre de vives polémiques en raison de son caractère cruel. Si vous décidez d'assister à une corrida, privilégiez les toreros renommés : généralement, les mises à mort des bêtes sont plus rapides.

Le puente Nuevo relie la partie moderne et la vieille ville de Ronda

Plan illustré de La Ciudad, vieille ville de Ronda

Vue sur les arènes de Málaga

4

MÁLAGA

D4 Málaga Plaza de la Marina 11; www.malagaturismo.com

Port animé, Málaga est la deuxième ville de la région. Si sa périphérie et ses buildings donnent une première impression peu flatteuse, Málaga est pourtant une cité chargée d'histoire et émaillée de magnifiques monuments.

1

Museo Carmen Thyssen Málaga

Calle Compañía 10 mar.-dim. : 10h-20h 1er janv., 25 déc. carmen thyssenmalaga.org

Inauguré en 2011 dans le palacio de Villalón (16e siècle), le museo Carmen Thyssen Málaga tient son nom de son fonds, constitué de la collection personnelle de la baronne Carmen von Thyssen-Bornemisza. Prêtées au musée jusqu'en 2025, les 285 œuvres datent de la fin du 19e siècle et du début du 20e siècle.

Le musée réunit quatre collections principales : « paysages romantiques et *costumbrismo* », « grands maîtres », « style précieux et naturaliste » et « fin de siècle ». On y trouve les œuvres de peintres espagnols, tels Zurbarán, Julio Romero de Torres, Sorolla et Iturrino. Des expositions temporaires mettent en lumière un artiste ou un thème, comme la pop culture espagnole, le réalisme ou le cubisme.

Des ruines romaines du 2e siècle apr. J.-C. ont été découvertes lors du chantier de rénovation du palais. Les travaux archéologiques sont encore en cours, mais ces vestiges devraient être ouverts au public prochainement.

Le saviez-vous ?

La baronne Carmen von Thyssen-Bornemisza vendit *L'Écluse* (1824), de John Constable, pour 25 millions d'euros.

Mercado de Atarazanas

Rendez-vous sur le marché de Málaga pour vous imprégner de la vie locale. Vous y trouverez du poisson et des légumes frais, ainsi qu'un grand vitrail illustrant l'histoire de la ville.

Calle Atarazanas 10
951 92 60 10
lun.-sam. 9h-14h

2

Museo automovilístico y de la Moda

Avenida Sor Teresa Prat 15 t.l.j. 10h-19h 1er janv., 25 déc. museo automovilmalaga.com

Revenez 100 ans en arrière et laissez-vous envahir par la nostalgie qui se dégage du Museo automovilístico y de la Moda. Situé près du port de Málaga, ce musée original occupe l'ancienne Manufacture royale de tabac, un bâtiment des années 1930 offrant un cadre idéal à ses collections. Les véhicules et vêtements exposés évoquent la grande époque du début du 20e siècle à travers des marques telles que Bugatti, Rolls Royce, Bentley, Jaguar, Mercedes, Ferrari, Chanel et Dior. Cent voitures, restaurées avec soin, sont présentées dans 13 salles thématiques qui suivent l'évolution de l'industrie automobile. Outre ces véhicules de légende, vous pourrez admirer plus de 200 pièces de haute couture. Ce musée est le lieu parfait pour s'échapper du monde moderne le temps d'un après-midi.

↑ Le museo de Málaga, installé dans le palacio de la Aduana

③

Museo de Málaga

Plaza de la Aduana 1 de mi-juin à mi-sept. : mar.-sam. 9h-21h ; de mi-sept. à mi-juin : mar.-sam. 9h-20h et dim. 9h-15h 1er et 6 janv., 1er Mai, 4, 25 et 31 déc. museosdeandalucia.es

Le museo de Málaga est né en 2016 de la fusion du musée des Beaux-Arts et du Musée archéologique de Málaga.

Installé dans le palacio de la Aduana (18e siècle), c'est le plus grand musée d'Andalousie et le cinquième d'Espagne.

La collection archéologique comprend plus de 15000 pièces, qui vont du 8e siècle av. J.-C. au Moyen Âge. Provenant des fouilles archéologiques menées dans toute l'Andalousie, ces objets sont des vestiges des populations égyptienne, grecque, romaine, arabe, phénicienne, chrétienne et byzantine qui ont vécu dans cette région du sud de l'Espagne. Certaines des curiosités du musée viennent du museo Loringiano, qui abritait les antiquités collectées par le marquis de Casa-Loring au 19e siècle.

Au 2e étage, on peut admirer plus de 200 œuvres d'art réalisées par les plus célèbres artistes espagnols, tels Murillo, Velázquez, Goya et Sorolla, sans oublier, bien sûr, Picasso, qui vit le jour à Málaga.

4

Centre Pompidou Málaga

Pasaje Doctor Carrillo Casaux s/n, Muelle Uno mer.-lun. 9h30-20h 1er janv., 25 déc. centre pompidou-malaga.eu

Les espaces, objets et sons présentés dans ce musée d'art contemporain sont destinés à stimuler la créativité et à faire réfléchir les visiteurs. Situé sur le front de mer de Málaga, dans le quartier redynamisé de Muelle Uno, ce musée est le premier centre national d'art et de culture Georges Pompidou à avoir ouvert hors de France. Il abrite 70 œuvres des 20e et 21e siècles, issues de la collection de la maison mère parisienne. Les pièces exposées changent tous les deux ou trois ans et le musée accueille chaque année deux ou trois expositions temporaires.

Inauguré en 2015, le centre Pompidou Málaga est surnommé le « Cube » en raison de l'immense structure en acier et en verre coloré évoquant un Rubik's Cube qui le surmonte. On peut le découvrir lors de visites guidées thématiques et interactives, ou opter pour un audioguide (en anglais).

5

Museo Picasso Málaga

Calle San Agustín 8 mars-juin, sept.-oct. : t.l.j. 10h-19h ; juil.-août : t.l.j. 10h-20h ; nov.-fév. : t.l.j. 10h-18h 1er et 6 janv., 25 déc. museopicasso malaga.org

Ce musée est dédié aux œuvres de Pablo Picasso, le plus célèbre natif de Málaga et l'un des artistes espagnols les plus prolifiques au monde. Les peintures, sculptures et céramiques exposées retracent la progression du peintre, de ses premières esquisses au cubisme, en passant par ses périodes bleue et rose. Certaines de ses œuvres les plus connues côtoient d'autres réalisations moins célèbres, qui aident les visiteurs à comprendre le processus créatif et les ressorts intimes de ce grand artiste.

La collection du musée met également en lumière la façon dont Picasso représentait les femmes, en particulier ses muses, son utilisation de l'asymétrie faciale et l'impact des différentes guerres sur son œuvre.

6

Casa natal de Picasso

Plaza de la Merced 15 t.l.j. 9h30-20h 1er janv., 25 déc. fundacion picasso.malaga.eu

La maison natale de Picasso est devenue un musée dédié à l'histoire de sa famille en 1991. C'est un incontournable pour quiconque désire mieux comprendre l'un des artistes les plus célèbres au monde.

Le salon, temps fort de la visite, est très richement décoré, car c'est ici que la famille Picasso recevait ses invités. D'autres pièces renferment divers objets liés aux premières années du peintre. L'une d'elles, dédiée aux souvenirs personnels de ses parents, présente des reliques familiales et les premières œuvres du jeune Picasso ; une autre explore le quotidien des habitants de Málaga au 19e siècle. Photographies, cartes postales et documents d'époque donnent une idée de l'environnement dans lequel l'artiste est né et a grandi.

Le saviez-vous ?

Le nom complet de Picasso est composé de 23 mots et inclut de nombreux saints.

Le cube multicolore du Centre Pompidou Málaga, sur le front de mer ↓

Plan illustré de l'Alcazaba, vaste forteresse de Málaga

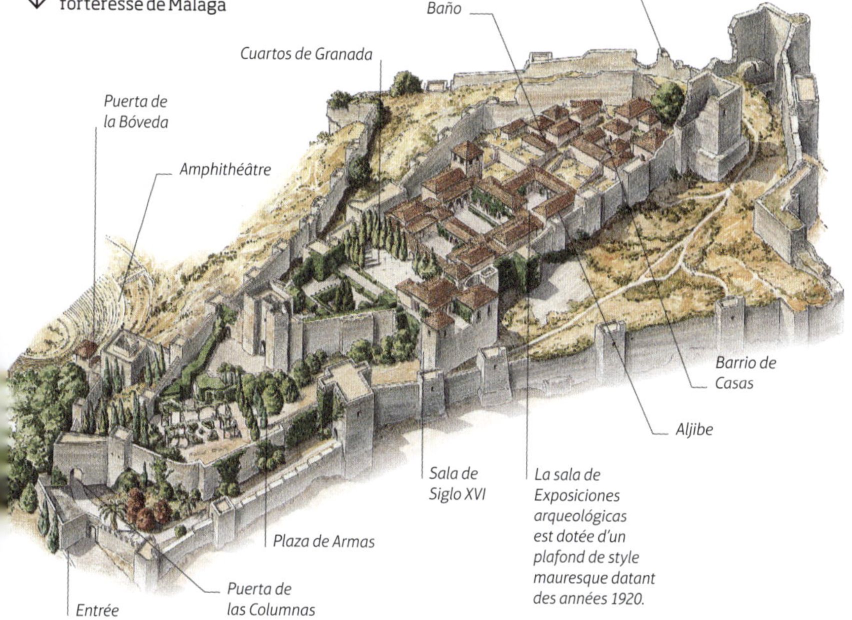

⑦

Castillo de Gibralfaro

Camino Gibralfaro 11
952 22 72 30 juin-sept. : t.l.j. 9h-20h; oct.-mai. : t.l.j. 9h-18

Construite au 8e siècle sous le règne de l'émir de Cordoue Abd al-Rahman Ier, cette forteresse gardait l'Alcazaba. Après la Reconquête, elle servit de résidence temporaire aux Rois catholiques.

L'armurerie du château renferme une collection d'objets militaires et une petite maquette du castillo de Gibralfaro, qui montre l'évolution de l'édifice du 16e au 20e siècle, avant qu'il ne soit laissé à l'abandon.

Promenez-vous le long des remparts pour profiter de superbes vues sur Málaga et la Méditerranée. Lorsque le ciel est dégagé, on peut même apercevoir le Maroc.

⑧

Alcazaba

Calle Alcazabilla 2
951 92 61 89 avr.-oct. : t.l.j. 9h-20h; nov.-mars : t.l.j. 9h-18h 1er janv., 24, 25 et 31 déc.

Perchée sur la colline de Gibralfaro, la majestueuse kasbah de Málaga est une forteresse maure, édifiée entre le 8e et le 11e siècle sur le site d'une ville romaine. En 1951, fut découvert un théâtre du 1er siècle (presque entièrement mis au jour aujourd'hui), juste devant l'entrée de l'Alcazaba.

On accède à la citadelle extérieure en passant par la puerta de la Bóveda, dont la structure complexe était destinée à ralentir la progression des armées ennemies. Au-delà de la porte, les jardins offrent un cadre paradisiaque orné de fleurs et de fontaines, éléments caractéristiques de l'architecture maure.

L'enceinte intérieure abrite le palais, construit autour de trois patios successifs aux 11e, 13e et 14e siècles, ainsi que d'autres bâtiments. Le clou de la visite est la sala de Exposiciones arqueológicas, qui présente une collection d'objets phéniciens, romains et maures, dont de splendides céramiques.

« LA » VUE

À perte de vue

Grimpez tout en haut de l'Alcazaba pour profiter du magnifique panorama sur la Méditerranée, le port de Málaga et les paysages spectaculaires qui entourent la ville.

À VOIR ÉGALEMENT

5

Medina Sidonia

B5 Cádiz Plaza de Abastos, calle San Juan; www.turismomedinasidonia.es

Tandis que vous roulez sur la N440, entre Algésiras et Jerez, la ville immaculée de Medina Sidonia apparaît soudain au sommet d'une colline. En 1264, la cité fut prise aux Maures par Alfonso X et, au cours du 15e siècle, la famille Guzmán s'y établit en tant que ducs de Medina Sidonia pour défendre les terres s'étendant jusqu'à la baie de Cadix. Après la Reconquête, la famille s'enrichit grâce à des investissements aux Amériques : Medina Sidonia devint l'un des plus importants duchés d'Espagne.

L'iglesia de Santa María la Coronada est l'édifice le plus important de la ville. Créée sur les fondations d'un château au 15e siècle (après la Reconquête), elle constitue un bel exemple de style gothique andalou et abrite un ensemble d'œuvres d'art religieuses de la Renaissance, dont divers tableaux et un retable doté de panneaux finement sculptés.

6

Chipiona

B4 Cádiz Calle del Castillo 5; www.turismodechipiona.es

Cette petite station balnéaire est entourée de vignobles. Elle possède une très belle plage, où règne une belle atmosphère quand, en été, les Espagnols s'y pressent.

Dans la vieille ville, la grand-rue offre quantité de cafés et glaciers *(heladerías)* qui restent ouverts tard dans la nuit. S'y côtoient vacanciers, calèches et artistes de rue. L'église principale, l'iglesia de Nuestra Señora de Regla, possède une source naturelle qui alimente une fontaine. Son cloître est orné d'*azulejos* du 17e siècle.

7

Sanlúcar de Barrameda

B4 Cádiz Calle Calzada Duquesa Isabel s/n; www.sanlucarturismo.com

Situé à l'embouchure du Guadalquivir, ce port de pêche est dominé par le castillo de Santiago. De là, on peut rejoindre en bateau le parque nacional de Doñana. Christophe Colomb partit de Sanlúcar en 1498 pour accomplir son troisième voyage vers les Amériques; Ferdinand Magellan y prit les voiles en 1519, pour réaliser le premier tour du monde.

Aujourd'hui, Sanlúcar est connu pour le *manzanilla*, xérès sec et léger produit, entre autres, par les **Bodegas Barbadillo**, lieu idéal pour déguster une *copita* (petit verre) de *manzanilla*,

322

marches mènent au sommet du phare de Chipiona, le plus haut du pays.

Coucher de soleil sur la plage de Chipiona et le phare du 19e siècle ↑

Le museo de Manzanilla, Bodegas Barbadillo, à Sanlúcar de Barrameda

accompagnée de *langostinos* (grosses crevettes). Des visites en espagnol et en anglais sont proposées tous les jours sauf le lundi. Sur place, le museo de Manzanilla, qui retrace l'histoire de ce vin, est un incontournable pour tous les amateurs de xérès.

L'iglesia de Nuestra Señora de la O mérite aussi une visite pour ses superbes portails mudéjars ornés de bas-reliefs finement sculptés.

Bodegas Barbadillo
Calle Luis de Eguilaz 11
avr.-oct. : t.l.j. 10h-15h; nov.-mars : lun.-sam. 10h-15h
barbadillo.com

8

El Puerto de Santa María

B4 Cádiz
Palacio Aranibar, plaza Alfonso X El Sabio 9; www.turismoelpuerto.com

Nichée à l'abri du vent et de la houle de la baie de Cadix, cette ville tranquille est l'un des grands ports d'exportation du xérès. On peut y visiter des *bodegas*, dans lesquelles des producteurs, tels que **Terry** et **Osborne**, proposent des dégustations.

La ville abrite divers édifices intéressants, tels le **castillo de San Marcos** (13e siècle) et la très impressionnante **Plaza de Toros**, l'une des arènes les plus grandes et les plus réputées d'Espagne. La plaza Mayor est dominée par l'iglesia Mayor Prioral (13e siècle), édifice gothique au chœur intéressant. Plusieurs beaux palais sont disséminés dans la ville, ornés des blasons des puissantes familles qui se sont enrichies avec le commerce colonial.

Bodegas Terry
Calle de los Toneleros 1 956 15 15 00 lun.-ven. (r.-v. par téléphone)

Casa Bigote
Profitez de l'air marin et de la plage dans ce restaurant de fruits de mer de Sanlúcar de Barrameda.

B4 Calle Pórtico Bajo de Guia 10, Sanlúcar de Barrameda restaurantecasa bigote.com

€€€

Pantalán G
Ce restaurant d'El Puerto de Santa María offre des vues sur le port et un grand choix de poissons. Concerts le week-end.

B4 Avenida de la Libertad, El Puerto de Santa María pantalang.com

€€€

El Jardín del Califa
Les délicieux plats marocains de ce restaurant de Vejer de la Frontera sont servis dans une cour.

B5 Plaza de España 16, Vejer de la Frontera califavejer.com

€€€

Bodegas Osborne
Calle de los Moros 7
956 86 91 00 t.l.j. (résa obligatoire)

Castillo de San Marcos
Plaza Alfonso X El Sabio
956 85 17 51 de juil. à mi-sept. : mer.-lun. 11h30, lun.-sam. 18h; de mi-sept. à juin : mar., jeu. et sam. 11h30

Plaza de Toros
Plaza Elias Ahuja 7
956 86 11 88 lun.-ven. 10h-14h et 16h-19h

9

Vejer de la Frontera

B5 Cádiz Avenida Los Remedios 2, parque municipal de Los Remedios; www.turismovejer.es

Jouissant d'un cadre agréable au sommet d'une colline, Vejer de la Frontera fut l'un des premiers lieux occupés par les Maures en 711, peu après qu'ils eurent vaincu les Wisigoths non loin de là.

La partie la plus ancienne de la ville est ceinte d'une muraille irrégulière protégée par trois tours et percée de quatre portes. À l'intérieur de la zone fortifiée s'élèvent le château arabe et l'église paroissiale, l'iglesia parroquial del Divino Salvador, construite sur le site d'une mosquée entre les 14e et 16e siècles. Elle se caractérise par un mélange de styles gothique et mudéjar.

En dehors des murailles, le palacio del Marqués de Tamaron, superbe demeure datant des 17e et 18e siècles, mérite un détour.

Barbate Mercado de Abastos

On dit que le thon de Barbate serait le meilleur au monde. Offrez-vous un pavé de thon frais sur ce marché dont les étals débordent de fruits de mer, de légumes et de viandes produits localement. Le plafond de la halle est orné d'une fresque représentant un paysage sous-marin.

B5 Avenida de Andalucía 1, Barbate 956 06 36 25 lun.-sam. 9h-14h

10

Baelo Claudia

C5 Bolonia, Cádiz d'avr. à mi-juin : mar.-sam. 9h-21h, dim. 9h-15h; de mi-juin à juil. : mar.-sam. 9h-15h et 18h-21h, dim. 9h-15h; d'août à mi-sept. : mar.-dim. 9h-15h; de mi-sept. à mars : mar.-sam. 9h-18h, dim. 9h-15h juntadeandalucia.es

Le site romain de Baelo Claudia, implanté sur la côte au 2e siècle av. J.-C., prit son essor grâce au commerce avec l'Afrique du Nord, ainsi qu'à ses activités de salage et de saumurage du poisson. L'empereur Claude (41-54) éleva Baelo Claudia au statut de municipalité, mais son prestige fut bref; le site fut détruit par un séisme au 2e siècle puis abandonné au 6e siècle.

MOULINS À VENT

En raison d'un vent d'une grande régularité autour de Tarifa, de nombreuses éoliennes y ont été installées pour produire de l'électricité. L'Espagne possède la deuxième plus importante production d'énergie éolienne au monde après l'Allemagne. Les noms des vents de la région sont gravés sur le socle de la grande girouette en forme de thon qui se dresse sur le front de mer de Tarifa.

Les ruines, comprennent un théâtre, une nécropole et des colonnes, qui se trouvent près d'une belle plage, à côté de Bolonia.

11

Tarifa

C5 Cádiz Paseo de la Alameda s/n; www.cadizturismo.com

Tarifa, capitale européenne de la planche à voile et du kitesurf, doit son nom à Tarif ibn Malik, un commandant maure du 8e siècle.

Le **castillo de Guzmán el Bueno** (10e siècle) est le lieu d'une légende. En 1292, Guzmán, qui défendait Tarifa devant les Maures, apprit que son fils pris en otage serait exécuté s'il ne se rendait pas. Plutôt que de capituler, Guzmán jeta son épée pour que les ravisseurs achèvent son enfant avec celle-ci.

Castillo de Guzmán el Bueno

Calle Guzmán el Bueno 607 98 48 71 hiver : mar.-dim. 10h-16h; été : t.l.j. 10h-16h

← Vestiges de l'ancienne ville romaine de Baelo Claudia

Coucher de soleil depuis un bar de Zahara de los Atunes, près de Barbate

12

Barbate

A B5 Cádiz i Paseo marítimo 5; www.turismobarbate.es

Située à l'embouchure du fleuve du même nom, dans une région de marais salants, Barbate est la plus importante ville de la côte entre Cadix et Tarifa. Elle n'est pas d'un grand intérêt, mais deux petits centres de vacances à proximité peuvent être visités.

Un peu plus au sud, Zahara de los Atunes se trouve près de l'une des plus agréables plages de la côte. La spécialité culinaire de Barbate est le *mojama*, du thon salé à la manière du *jamón serrano*. À l'intérieur des terres, le long de la N340 (route côtière principale) se dressent de nombreuses éoliennes produisant de l'électricité pour le réseau national. La route partant de Barbate vers le nord (au-delà du port de pêche) grimpe au sommet d'un cap bordé de falaises et planté de pins, puis replonge vers Los Caños de Meca, petite station balnéaire à l'esprit bohème, fréquentée par les hippies dans les années 1970.

Non loin, sur une petite pointe sableuse, un phare marque le cabo de Trafalgar (cap de Trafalgar), qui donna son nom à la bataille navale du 21 octobre 1805. Ce jour-là, l'amiral anglais Nelson vainquit les flottes espagnole et française, largement supérieures en nombre.

13

Parque natural de Los Alcornocales

A C5 Cádiz et Málaga i Carretera C-2112, km 1, Alcalá de los Gazules; 856 58 75 08

Cette réserve naturelle doit son nom aux *alcornocales* (chênes-lièges) qui poussent ici en grande quantité. Ils sont faciles à identifier, car la partie basse de leur tronc a été dépouillée de leur écorce, révélant le cœur rouge du bois. L'extrémité sud du parc est coupée par de profondes vallées appelées *canutos*, dans lesquelles subsistent de rares vestiges d'anciennes forêts européennes. Hormis sa faune et sa flore, la région a peu d'attraits, sauf les villes de Jimena de la Frontera, Castellar de la Frontera, Medina Sidonia *(p. 190)*, et plusieurs grottes.

« LA » VUE
À l'horizon

Le sommet d'El Aljibe, dans le parque natural de Los Alcornocales, et la N 340, une route côtière qui longe le massif entre Los Barrios et Facinas, offrent de superbes vues sur le détroit de Gibraltar et sur le Maghreb.

Randonnée sur les pentes du parque natural de Los Alcornocales

Le rocher de Gibraltar, l'une des deux colonnes d'Hercule selon les Romains ↑

14

Gibraltar

C5 Royaume-Uni Duke of Kent House, Cathedral Square; www.visitgibraltar.gi

Ce haut promontoire rocheux appartient à la Couronne britannique depuis la signature du traité d'Utrecht, en 1713. Tous les ans, quelque 4 millions de visiteurs franchissent la frontière à La Línea de la Concepción pour explorer ce morceau de Royaume-Uni de seulement 6,7 km², avec ses pubs et ses grandes enseignes.

Construit sur les fondations d'un bain maure, le **Gibraltar Museum** retrace l'histoire de ce territoire, façonné par son emplacement stratégique et sa géographie particulière. La ville est dominée par le Rocher de Gibraltar. À mi-hauteur de ce promontoire se trouvent le **Donjon**, un château maure du 8e siècle qui servit de prison jusqu'en 2010, et les **galeries du Siège**, un réseau souterrain de 80 km de long abritant des réserves et des casernes utilisées à la fin du 18e siècle, lors du blocus de Gibraltar par les flottes espagnole et française. Verrou de la Méditerranée, Gibraltar prit une importance stratégique de premier plan pendant la Seconde Guerre mondiale (aujourd'hui, la moitié du trafic maritime mondial emprunte ce détroit). Presque tous les civils furent évacués durant cette période vers Londres et la Jamaïque. La grotte **St Michael's Cave**, qui abritait un hôpital militaire pendant le conflit, accueille aujourd'hui des concerts de musique classique.

Un téléphérique fonctionne du centre de la ville au sommet du Rocher (450 m d'altitude). Situé au nord d'Europa Point, l'extrémité sud de Gibraltar, l'**Apes' Den** (le ravin des Singes) abrite les singes sans queue de Gibraltar, des macaques de Barbarie originaires du Maroc et répartis en cinq groupes. Une légende veut que les Anglais conserveront le Rocher tant que les singes y vivront.

GIBRALTAR, TERRITOIRE CONTROVERSÉ

C'est en 1704, durant la guerre de Succession d'Espagne, que les forces anglo-néerlandaises s'emparèrent de Gibraltar; la Grande-Bretagne en obtint la concession « à perpétuité » peu après. Pendant la guerre d'Indépendance américaine, une alliance franco-espagnole tenta de reprendre le Rocher, sans succès. Verrou de la Méditerranée, Gibraltar joua un rôle clé à l'époque coloniale. Lors du référendum de 1967, les habitants se prononcèrent en faveur de la souveraineté britannique. Après une période d'apaisement, le Brexit a ravivé les tensions.

Gibraltar Museum

18 Bombhouse Lane
lun.-ven. 10h-18h, sam. 10h-14h jours fériés
gibmuseum.gi

15 La Línea de la Concepción

C5 Cádiz Avenida de 20 Abril; 956 78 41 35

La Línea est la ville située du côté espagnol de la frontière. Son nom évoque l'ancien mur de démarcation, démoli lors de l'invasion napoléonienne pour empêcher les Français de l'utiliser. C'est maintenant une ville très animée; ses nombreux hôtels attirent les visiteurs avec leurs prix bien plus intéressants que ceux de Gibraltar.

CURIOSITÉ
Visite de bunkers

Les férus de Seconde Guerre mondiale peuvent explorer plusieurs bunkers dans le parque Reina Sofia, à La Línea de la Concepción. Contactez le bureau touristique pour réserver une visite guidée.

16 Sotogrande

C5 Cádiz San Roque Palacio de los Gobernadores, Calle Rubín de Celis s/n; 956 69 40 05

Les citoyens aisés de Gibraltar résident dans les belles villas de Sotogrande, aux côtés d'autres jet-setters venus de toute l'Europe. Ce domaine résidentiel privé est situé au nord de la Costa del Sol. De luxueux et immenses yachts viennent s'amarrer dans son port de plaisance.

Parmi les équipements sportifs proposés, les vastes terrains de golf des environs, impeccablement entretenus, sont réputés. Les excellents restaurants ne manquent pas, tout comme les superbes plages.

Donjon, galeries du Siège, St Michael's Cave, Apes' Den
Upper Rock Area
t.l.j. 9h30-18h15

↑ Les principaux sites de Gibraltar

↑ Arcos de la Frontera, village blanc typique juché au sommet d'une colline

Arcos apparaît comme l'archétype du *pueblo blanco* (village blanc) maure, avec son dédale de ruelles et son château en ruine.

⑰

Arcos de la Frontera

B4 Cádiz Calle Cuesta de Belén 5; 956 70 22 64

Le site d'Arcos est peuplé depuis la préhistoire. Sa situation stratégique a favorisé l'implantation de la ville romaine d'Arcobriga, puis, plus tard, de la citadelle de Medina Arkosh, sous le califat de Cordoue.

Arcos apparaît comme l'archétype du *pueblo blanco* (ville blanche) maure, avec son dédale de ruelles et son château en ruine. Au centre de la ville, la plaza de España donne sur l'iglesia de Santa María de la Asunción, de styles gothique tardif et baroque. Elle comprend des stalles et un retable dignes d'intérêt; un petit musée abrite le trésor de l'église. L'iglesia de San Pedro, édifice massif gothique, fut bâtie près de la falaise. De son clocher, on peut voir l'à-pic et le Guadalete qui coule au fond de la gorge. À côté, le **palacio del Mayorazgo** possède une façade Renaissance.

« LA » PHOTO
Ville fleurie

Porte d'entrée vers les villages blancs de la province de Cádiz, Arcos de la Frontera ne semble exister que pour être photographié. Cadrez votre cliché pour y inclure autant de balcons fleuris que possible.

Palacio del Mayorazgo
Calle San Pedro 2
956 70 30 13 (casa de Cultura) lun.-ven. 10h30-13h30 et 16h30-19h30, w.-end 11h-14h

⑱

Ronda la Vieja

C4 Málaga Ronda Paseo Blas Infante, Ronda; www.turismoderonda.es

Ronda la Vieja est le nom donné aux vestiges de la cité romaine d'Acinipo, à 12 km au nord-ouest de Ronda *(p. 184)*. Prospère au 1er siècle apr. J.-C., elle déclina ensuite, sa position la rendant plus difficile à défendre que l'actuelle Ronda. Parmi les ruines figure un théâtre; en explorant les lieux, on peut encore distinguer les fondations des maisons, du forum et des autres édifices.

À 22 km de Ronda la Vieja, en suivant la C339, des grottes, les **cuevas de la Pileta**, renferment de belles peintures rupestres datées de 25 000 av. J.-C.

Cuevas de la Pileta
Benaoján
sur r.-v. uniquement
cuevadelapileta.org

⑲

Parque natural Sierra de las Nieves

D4 Málaga Calle Jacaranda 1, Cortes de la Frontera; 952 15 45 99

Classée comme réserve de la biosphère par l'Unesco, cette immense zone s'étend entre Parauta (à l'est), Tolox (à l'ouest), El Burgo (au nord) et Istán (au sud). Ce parc naturel se caractérise par son alternance de sommets, s'élevant jusqu'au pic de Torrecilla à 1 919 m, et de grandes crevasses ; le gouffre qui atteint 1 100 m est l'un des plus profonds au monde. On peut y pratiquer l'escalade, la spéléologie, mais aussi emprunter des sentiers de randonnée balisés (divers niveaux de difficulté). Vers le sud, près d'Ojén, Refugio de Juana propose une balade dans la forêt.

20

Garganta del Chorro

D4 Málaga El Chorro Parque Ardales Plaza Fuente de Arriba 15, Álora ; 952 49 61 00

La vallée du Guadalhorce recèle l'une des merveilles naturelles de l'Espagne : la garganta del Chorro, une immense brèche de 180 m de profondeur, taillée dans la roche calcaire. À certains endroits, elle mesure à peine 10 m de large ; le torrent impétueux s'y engouffre en mugissant. Les visiteurs peuvent emprunter le **caminito del Rey**, un sentier accroché à la paroi à plus de 100 m au-dessus de la rivière *(nombre limité, sur réservation)*.

Caminito del Rey

avr.-oct. : mar.-dim. 10h-17h ; nov.-mars : mar.-dim. 10h-14h caminodelrey.info

Le saviez-vous ?

Long de 8 km, le caminito del Rey a la réputation d'être le chemin le plus dangereux du monde.

Le pont du caminito del Rey enjambe la garganta del Chorro

Parador de Arcos de la Frontera
Juché sur un promontoire aux portes d'Arcos de la Frontera, ce parador offre des vues sensationnelles et un excellent restaurant.

B4 Plaza del Cabildo, Arcos de la Frontera parador.es

€€€

Hotel La Luna Blanca
Situé dans un quartier paisible de Torremolinos, à 5 minutes de la plage, cet hôtel de style japonais marie l'Orient et l'Occident. Profitez du Jacuzzi sur le toit.

D4 Pasaje Cerrillo 2, Torremolinos hotellalunablanca.es

€€€

La Morada Mas Hermosa
Ce petit établissement propose des chambres toutes différentes, accueillantes et cosy.

D5 Montebros 16a, Marbella lamoradamashermosa.com

€€€

Les maisons blanches d'Arcos de la Frontera

21 Parque natural del Torcal

D4 Málaga Antequera Carretera A-7075, 10 km sud d'Antequera; www.torcaldeantequera.com

El Torcal est une immense butte de calcaire dont les formes étranges ont été sculptées par le vent et la pluie. Un réseau de sentiers part du centre d'accueil : les promenades de moins de 2 heures sont jalonnées de flèches jaunes, les circuits plus longs sont en rouge. Le parc abrite des rochers en forme de champignon, des gorges, des grottes, et d'autres curiosités géologiques. On y trouve renards, belettes, aigles, faucons et vautours.

22 Álora

D4 Málaga
Plaza Fuente Arriba 15 www.alora.es

Álora, *pueblo blanco* typique de la vallée du Guadalhorce, est un important bourg agricole qui domine oliveraies et vergers.

Ses ruelles pavées de galets rayonnent à partir de l'iglesia de la Encarnación, datant du 18e siècle. Chaque semaine, un marché grouillant de produits locaux remplit les rues. Sur la plus haute des collines surplombant Álora se trouve le **Castillo árabe**.

Castillo árabe
Calle Ancha 952 49 61 00 t.l.j. 8h-15h

23 Archidona

D4 Málaga
Plaza Ochavada 2; 952 71 64 79

Cette petite ville possède une extraordinaire plaza Ochavada, place octogonale construite au 18e siècle dans un style français, qui reprend certains éléments andalous traditionnels. L'Ermita Virgen de Gracia ménage un beau point de vue sur la campagne.

24 Antequera

D4 Málaga
Calle Encarnación 4; www.turismo.antequera.es

Ville au marché animé, l'ancienne Anticaria des Romains joua jadis un rôle stratégique : c'était une ville fortifiée maure qui participait à la défense du royaume de Grenade. Ne manquez pas de visiter l'iglesia de Nuestra Señora del Carmen, qui renferme un retable baroque.

Perché sur une colline qui domine la cité,

→ L'éphèbe d'Antequera, superbe statue romaine

↑ Les formations calcaires du parque natural del Torcal

le Castillo árabe *(fermé au public)* a été bâti au 13e siècle sur le site d'un fort romain. Pour mieux appréhender la taille de cette ancienne forteresse maure, on peut suivre la muraille après être passé sous l'arco de los Gigantes, édifié au 16e siècle. Depuis la torre del Papabellotas (16e siècle), l'une des tours des remparts, on peut apprécier la jolie vue. Dans la ville, le **palacio de Nájera** abrite le Musée municipal ; vous y verrez une très belle statue de bronze romaine de 2000 ans représentant un éphèbe.

Tout près d'Antequera, trois **dolmens** préhistoriques ont sans doute servi de chambres funéraires à des chefs de tribu. Deux d'entre eux, Viera et Menga, sont érigés l'un à côté de l'autre. Le dolmen de Menga, le plus ancien et le plus massif des trois, doit avoir entre 4000 et 4500 ans. Il a la particularité d'être directement éclairé par le soleil lors du solstice d'été. Non loin s'élève le dolmen de Romeral, dont la chambre centrale possède un plafond voûté.

Palacio de Nájera

Plaza del Coso Viejo 952 70 83 00 de mi-juin à mi-sept. : mar.-dim. 9h-14h ; de mi-sept. à mi-juin : mar.-sam. 10h-14h et 16h30-18h30, dim. 9h30-14h

Dolmens

952 71 22 06 avr.-mai : mar.-sam. 9h-20h, dim. 9h-14h ; de juin à mi-sept. : mar.-dim. 9h-14h ; de mi-sept. à mars : mar.-sam. 9h-17h30, dim. 9h-14h

---

25

Fuente de Piedra

D4 Málaga
Calle Cerro del Palo ; 952 71 25 54

La laguna de la Fuente de Piedra est le plus grand des lacs qui se sont formés dans cette région de marais, au nord d'Antequera. Il abrite une foule d'oiseaux, en particulier des flamants roses.

Tous les ans en mars, jusqu'à 25000 spécimens viennent s'y reproduire, avant de retourner en Afrique (notez que les années de sécheresse ne sont pas favorables à la reproduction). On peut aussi y voir des aigrettes garzettes, des grues, des hérons, des guêpiers, ainsi que plusieurs variétés de canards et d'oies. Leur nombre a augmenté considérablement depuis que la région est devenue une réserve naturelle.

Une route transversale, qui part de la N334, conduit au bord du lac, où l'on peut observer à loisir quantité d'oiseaux. Il est interdit de pénétrer dans l'eau.

El Pelícano MúsiCafé
Un bar installé… dans un ancien bunker, en bord de mer. Café le jour, il se transforme à la nuit tombée en un bar musical à la programmation très variée.

A4 Av. Fernandez Ladreda 1, Cordoue

Belvue Rooftop Bar
Ce bar chic de Marbella est parfait pour profiter de superbes vues sur la Méditerranée et siroter des cocktails au coucher du soleil. Le soir, des groupes de musique et DJ's mettent l'ambiance. En cas de fringale, le bar propose des encas et l'hôtel possède quatre restaurants.

D5 Amare Hotel, Paseo Alfonso Cañas Nogueras, Marbella
amarehotels.com

↑ Promenade sur le front de mer de Nerja, à l'ombre des palmiers

Les *espetos* (sardines grillées) sont la spécialité de la province de Málaga. Savourez ce plat dans l'un des restaurants suivants :

Merendero Moreno
E4 Playa Burriana, Nerja 952 52 54 80

€€€

El Canarias
D4 Plaza del Remo, Torremolinos elcanariasplaya.com

€€€

Miguel Cerdán
D4 Paseo marítimo, Torremolinos 952 38 69 13

€€€

Pepe Oro
E4 Diseminado Pago Carlaja 1867, Torrox pepeoro.com

€€€

26

Nerja

E4 Málaga i Calle Carmen 1 (rez-de-chaussée de l'Ayuntamiento); www.turismo.nerja.es

À l'extrême est de la Costa del Sol, au pied de la belle Sierra de Almijara, cette jolie station balnéaire à la mode est perchée sur une falaise qui domine une succession d'anses sablonneuses.
La partie la plus animée de la cité est le Balcón de Europa (le balcon de l'Europe), une promenade aménagée le long du promontoire rocheux. Elle est bordée d'un hôtel et d'une série de cafés, dont les terrasses offrent une belle vue d'ensemble sur la côte. À la périphérie de Nerja, les résidences de vacances se multiplient : villas, dotées pour la plupart d'une piscine privée, ou immeubles en copropriété.

En 1959, d'immenses grottes présentant un grand intérêt archéologique, les **cuevas de Nerja**, ont été découvertes au nord-est de la ville. Les superbes peintures rupestres qu'elles renferment ont environ 20 000 ans. Seules quelques-unes des vastes salles sont ouvertes au public. L'une d'elles a été transformée en un surprenant auditorium souterrain.

Le saviez-vous ?

Le nom de Nerja dérive du mot arabe *narixa*, qui veut dire « source abondante ».

Cuevas de Nerja
Carretera Maro s/n
t.l.j. 9h30-16h30
1er jan. et 15 mai
cuevadenerja.es

27

Axarquia

E4 Málaga i Avenida de la Constitución 1; www.competa.es

L'arrière-pays de l'Axarquia a beaucoup de charme avec ses belles collines derrière Torre del Mar et Nerja, et sa ville principale, Vélez-Málaga, abritant des rues anciennes et les vestiges d'un château. Cómpeta se révèle être un bon point de départ pour faire des excursions : ville productrice de vins doux, elle se situe à 12 km de la côte, par des routes de montagne. De là, il est intéressant de découvrir la « route mudéjare » qui se dirige vers Archez et Salares, dont les églises ont conservé pour tours des minarets en brique des 13e et 15e siècles.

Deux autres villages méritent une visite : Frigiliana, proche de la côte et facilement accessible depuis Nerja, et Comares (au nord-est de Vélez-Málaga), juché en haut d'un mont pierreux d'où l'on jouit d'une vue superbe.

28

Montes de Málaga

D4 Málaga jusque Colmenar Lagar de Torrijos, sur la C345, km 544 ; 600 62 00 54

Au nord et à l'est de Málaga s'étendent les montes de Málaga. Ces jolies collines forment le parque natural de Montes de Málaga, où la faune fourmille dans les broussailles parfumées de lavande et d'autres plantes aromatiques sauvages. De temps en temps, on aperçoit

↑ Randonneurs suivant l'un des sentiers des montes de Málaga

des chats sauvages, des fouines, des sangliers et des oiseaux de proie.

Les randonneurs peuvent suivre des chemins bien balisés qui permettent de profiter pleinement des paysages de montagne. Entre Málaga *(p. 186)* et le parc, la C35 offre de beaux points de vue sur la mer.

29

Benalmádena

D4 Málaga Avenida Antonio Machado 10 ; 952 44 24 94

Benalmádena compte de nombreux sites d'intérêt, dont l'imposant **castillo de Colomares** (1987-1994), édifié en hommage à Christophe Colomb. Le château s'inspire des nombreux styles d'architecture – roman, byzantin, mudéjar, etc. – qui ont influencé l'Espagne au cours des siècles, tandis que les reliefs ornant les murs illustrent l'histoire du pays.

La ville abrite aussi le **stupa de Benalmádena**, le plus grand monument bouddhiste d'Europe.

Castillo de Colomares

Carretera Costa del Sol (Finca la Carraca) avr.-juin : mer.-dim. 10h-13h30, 16h-19h ; juil.-août : mer.-dim. 10h-13h30 et 17h-19h ; sept.-mars : mer.-dim. 10h-13h30 et 16h-18h castillo monumentocolomares.com

Stupa de Benalmádena

Avenida del Retamar 606 27 53 75 mar.-dim. 10h-14h et 16h30-20h (heures variables l'ap.-m. en moyenne et basse saisons, se rens.)

Le castillo de Colomares s'inspire des nombreux styles d'architecture qui ont influencé l'Espagne au cours des siècles.

↓ L'étonnant castillo de Colomares, à Benalmádena

Marbella est l'une des stations balnéaires les plus huppées d'Europe. Les familles royales, les stars et d'autres membres de la jet-set viennent séjourner l'été.

30

Marbella

D5 Málaga
Glorieta de la Fontanilla s/n, Paseo maritímo; www.turismo.marbella.es

Marbella est l'une des stations balnéaires les plus huppées d'Europe. Les familles royales, les stars et d'autres membres de la jet-set viennent séjourner l'été dans de somptueuses villas ou dans l'un de ses luxueux hôtels.

Malgré des infrastructures très modernes, Marbella a su préserver sa charmante vieille ville. Plusieurs rues mènent de l'artère principale, l'avenida Ramón y Cajal, à la plaza de los Naranjos (place la plus importante), entourée d'orangers auxquels elle doit son nom.

Les vestiges des murailles arabes de la cité se dressent dans une rue adjacente, la calle Carmen, qui conduit à l'iglesia de Nuestra Señora de la Encarnación (17e siècle). Le **museo del Grabado Español Contemporáneo** (musée de la Gravure contemporaine) se trouve tout près; il expose des œuvres de grands artistes espagnols tels que Picasso et Miró.

De l'autre côté de l'avenida Ramón y Cajal, le paseo de la Alameda est un parc où les bancs sont décorés d'*azulejos*. De là, la route vers le front de mer, l'avenida del Mar, est bordée de sculptures réalisées d'après des dessins du célèbre peintre Salvador Dalí.

L'avenida Ramón y Cajal, en direction de l'ouest, devient l'A7/N340. Le long de la première partie de cette route se trouvent les demeures les plus chères de Marbella. À l'autre extrémité de l'avenue se trouve Puerto Banús, la plus chic des marinas d'Espagne. Au-delà de Puerto Banús, la station San Pedro de Alcántara offre une atmosphère paisible, notamment sur la plaza de la Iglesia, place du village. La plupart de ses belles résidences de vacances sont situées à la lisière de la ville, tout près des terrains de golf.

Museo del Grabado Español Contemporáneo
Calle Hospital Bazán s/n 952 76 57 41 lun. et sam. 9h-14h, mar.-ven. 9h-19h jours fériés

31

Fuengirola

D4 Málaga
Paseo Jesús Santos Rein 6; www.turismo.fuengirola.es

Jadis un port de pêche tranquille, Fuengirola est aujourd'hui une station balnéaire prisée, dédiée au tourisme de masse et fréquentée essentiellement par les vacanciers britanniques.

L'été, elle attire surtout un public familial, tandis qu'elle

Place de la vieille ville de Marbella ↑

TOP 5 PLAGES LOCALES

Playa de Bolonia
L'une des rares plages sauvages de Cadix.

Playa Cabo Trafalgar
Belle plage de sable blanc à Caños de Meca.

Playa de Valdevaqueros
Les vents puissants qui soufflent à Tarifa sont idéaux pour le surf.

Playa Bil-Bil
Jolie plage de sable sombre à Benalmádena.

Playa de Puerto Banús
À Marbella, plage huppée à côté d'une marina et des hôtels de luxe.

est assaillie en hiver de retraités anglais, qui viennent profiter des tarifs plus avantageux et de la douceur du climat pour s'adonner à la promenade, aux apéritifs entre amis et aux après-midi dansants.

32 Torremolinos

D4 Málaga
Plaza de Andalucía s/n; www.turismotorremolinos.es

Situé sur un promontoire qui sépare deux vastes plages, l'ancien village des années 1950 est devenu l'une des stations touristiques les plus visitées de la Costa del Sol, appréciée par la clientèle britannique (mais aussi allemande) pour ses tarifs attractifs.

La ville a bénéficié de diverses transformations : des fortunes furent dépensées pour élargir les plages et pour aménager des places, une promenade et des espaces verts.

Si les bars anglais sont nombreux à Torremolinos, l'atmosphère de la station est de moins en moins populaire, en particulier sur la plage de Carihuela, proche de la station voisine de Benalmádena. La plage de Bajondillo jouxte le centre animé de la ville.

33 Estepona

C5 Málaga
Plaza de las Flores; www.estepona.es

Cet ancien village de pêcheurs situé à mi-chemin entre les villes de Marbella et de Gibraltar ne semble pas spécialement attrayant

↑ Ruelle pittoresque d'Estepona

à première vue, avec ses grands hôtels et ses immeubles longeant la côte. Pourtant, il reste typiquement espagnol : des orangers bordent les rues et, sur les paisibles plaza Arce et plaza de las Flores, des hommes âgés lisent le journal assis sur les bancs, pendant que des enfants jouent au football autour d'eux. Estepona possède aussi quelques bons restaurants de poisson et des bars à tapas qui sont relativement abordables. La plage est assez agréable et les soirées de cette petite station sont plutôt tranquilles – ce qui en fait un lieu apprécié des familles avec de jeunes enfants.

À proximité d'Estepona se trouve une plage nudiste à la mode : la Costa Natura.

LA VIE SOUS LE SOLEIL

On pense souvent que la Costa del Sol était habitée par des pêcheurs au rythme de vie harmonieux. Il est vrai que le tourisme de masse a ruiné la beauté naturelle de la côte et l'économie traditionnelle, basée sur la pêche et l'agriculture. Mais la réalité décrite en 1936 par l'écrivain anglais Laurie Lee était moins idyllique : *« […] des villages de pêcheurs où des hommes à la poitrine étroite, dans leur haine de la mer, maudissaient leur place au soleil. »* De nos jours, les Andalous se plaignent peu de leur prospérité.

34

Ceuta

C5 depuis Algeciras Calle Edrissis, Baluarte de los Mallorquines; www.ceuta.si

Située à 19 km des côtes andalouses, la plus proche des deux enclaves espagnoles en Afrique du Nord est idéale pour se faire une idée du Maghreb sans quitter l'Europe. (Il vous faudra néanmoins présenter une pièce d'identité à votre arrivée.) Ceuta est dominée par une colline, monte Hacho, sur laquelle se dresse un fort occupé par l'armée espagnole. La ville abrite des vestiges phéniciens et arabes, plusieurs églises remontant du 17e au 19e siècle, ainsi que divers musées, dont le **museo de la Legión**, dédié à la Légion étrangère espagnole.

Ceuta et Melilla sont toutes deux entourées de hautes barrières destinées à bloquer le passage des migrants africains.

Museo de la Legión
Avenida Deán Navarro Acuña 6 956 52 62 19
lun.-sam. 10h-13h
1er sam. du mois

SECRETS D'INITIÉS
Hélico-presto!

Il est beaucoup plus rapide de rejoindre Ceuta en hélicoptère qu'en ferry. Le trajet au départ d'Algésiras, coûte environ 50 € et dure une dizaine de minutes *(www.helity.es)*.

35

Melilla

F6 depuis Málaga ou Almería Plaza de las Cuatro Culturas s/n; www.melillaturismo.com

La seconde enclave espagnole en Afrique du Nord, qui fut colonisée en 1497, se trouve à 150 km au sud d'Adra (province d'Almería), sur la côte marocaine. Pour vous y rendre, vous devez prendre un ferry : la traversée dure 6 heures depuis l'Andalousie, mais Melilla mérite le détour, notamment pour son architecture gothique, unique en Afrique.

Cette ville s'enorgueillit d'être un lieu où coexistent paisiblement quatre cultures : chrétienne, musulmane, juive et hindoue.

Les principaux sites à visiter se situent dans Melilla la Vieja (vieille ville), érigée au 14e siècle sur un promontoire qui s'avance sur la mer : elle regroupe quatre secteurs fortifiés et séparés par des douves et des remparts. Les parties de la ville qui datent des 19e et 20e siècles sont très agréables pour se promener. Elles abritent un grand nombre de beaux immeubles de style Art nouveau et Art déco.

←
Les Colonnes d'Hercule, sur le quai de Ceuta

36

Tanger

B6 Maroc depuis Gibraltar, Tarifa et Algeciras 29, avenue Pasteur; (212) 539 94 80 50

Tanger se trouve à 45 minutes environ de Tarifa *(p. 192)* par ferry et peut facilement faire l'objet d'une excursion d'une journée. Ce port marocain fondé par les Berbères vers 1000 av. J.-C. procure un vif dépaysement. Tanger vibre des mille couleurs de l'Orient et des rumeurs de sa Médina. Dans leurs ateliers situés dans des ruelles cachées, ses artisans fabriquent des objets traditionnels vendus dans les boutiques et sur les éventaires des rues commerçantes.

La rue es Siaghin, ou rue des Orfèvres, était l'artère principale de Tanger dans les années 1930. Aujourd'hui encore, elle déborde d'étals, et les marchands invitent les badauds à boire un thé, espérant concrétiser des ventes. À l'extrémité de la rue, une porte mène au Grand Socco, une place où les

↑ La ville nouvelle de Tanger, vue depuis la Casbah

habitants des montagnes du Rif viennent troquer leurs produits.

Située au point le plus élevé de la Médina, la Casbah était la demeure des sultans, qui vivaient avec leur cour derrière ses portes massives et ses murailles. Ses remparts offrent un beau panorama sur le détroit de Gibraltar.

Le sultan Moulay Ismaïl, qui unifia le Maroc au 17e siècle, fit construire le **Dar el-Makhzen** dans la Casbah. Les sultans y vécurent jusqu'en 1912. Il abrite désormais un musée des produits de l'artisanat traditionnel marocain : céramiques, broderies et fer forgé. Les salles d'exposition sont disposées autour d'une cour centrale aménagée dans le style des jardins maures d'Andalousie. La salle de Fez expose des corans enluminés. L'ancienne prison, le Trésor, les cours de justice sont également situés dans l'enceinte de la Casbah, tout comme les anciennes villas des expatriés américains et européens.

Paul Bowles, auteur du roman *Un thé au Sahara*, était une figure centrale de la communauté étrangère de Tanger qui, dans les années 1950-1960, comptait des écrivains tels que Truman Capote et Jean Genet. Installée dans un ancien palais, la **légation américaine** abrite un musée dont une section est dédiée à Paul Bowles. Des scènes de l'adaptation d'*Un thé au Sahara* (1990), réalisée par Bernardo Bertolucci, ont été tournées à l'hôtel Continental, où nombre d'intrigues se sont nouées.

↑ Salle à manger de l'Hotel Continental, véritable institution de Tanger

Dar el-Makhzen
Place de la Kasbah
(212) 539 93 20 97
mer.-lun. 8h30-18h

Légation américaine
8, rue d'Amérique
lun.-ven. 10h-17h, sam. 10h-15h legation.org

Hotel Continental
Rue Dar Baroud
(212) 539 93 10 24 t.l.j.

EN VOITURE
À LA DÉCOUVERTE DES *PUEBLOS BLANCOS*

Distance 205 km **Étapes** Ubrique; Zahara de la Sierra; Ronda; Gaucín **Terrain** Routes de montagne bien entretenues

Dans cette région de l'Andalousie, s'installer dans les plaines signifiait être à la merci des razzias. Les habitants préféraient donc vivre dans des villages fortifiés. Baptisées *pueblos blancos* en raison de leurs maisons blanches, fidèles à la tradition mauresque, ces charmantes cités regorgent de vestiges et vous font voyager à travers le passé de la région.

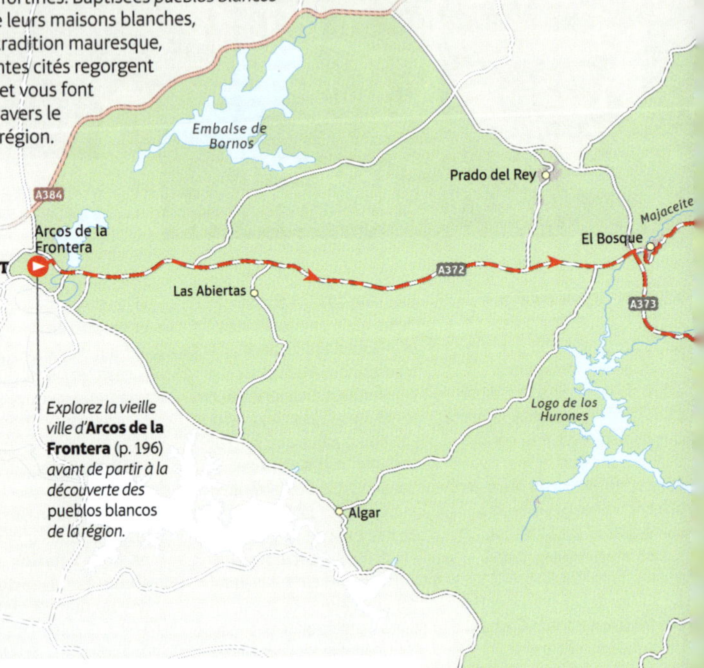

*Explorez la vieille ville d'***Arcos de la Frontera** (p. 196) *avant de partir à la découverte des* pueblos blancos *de la région.*

Maisons blanches accrochées à la colline, Arcos de la Frontera

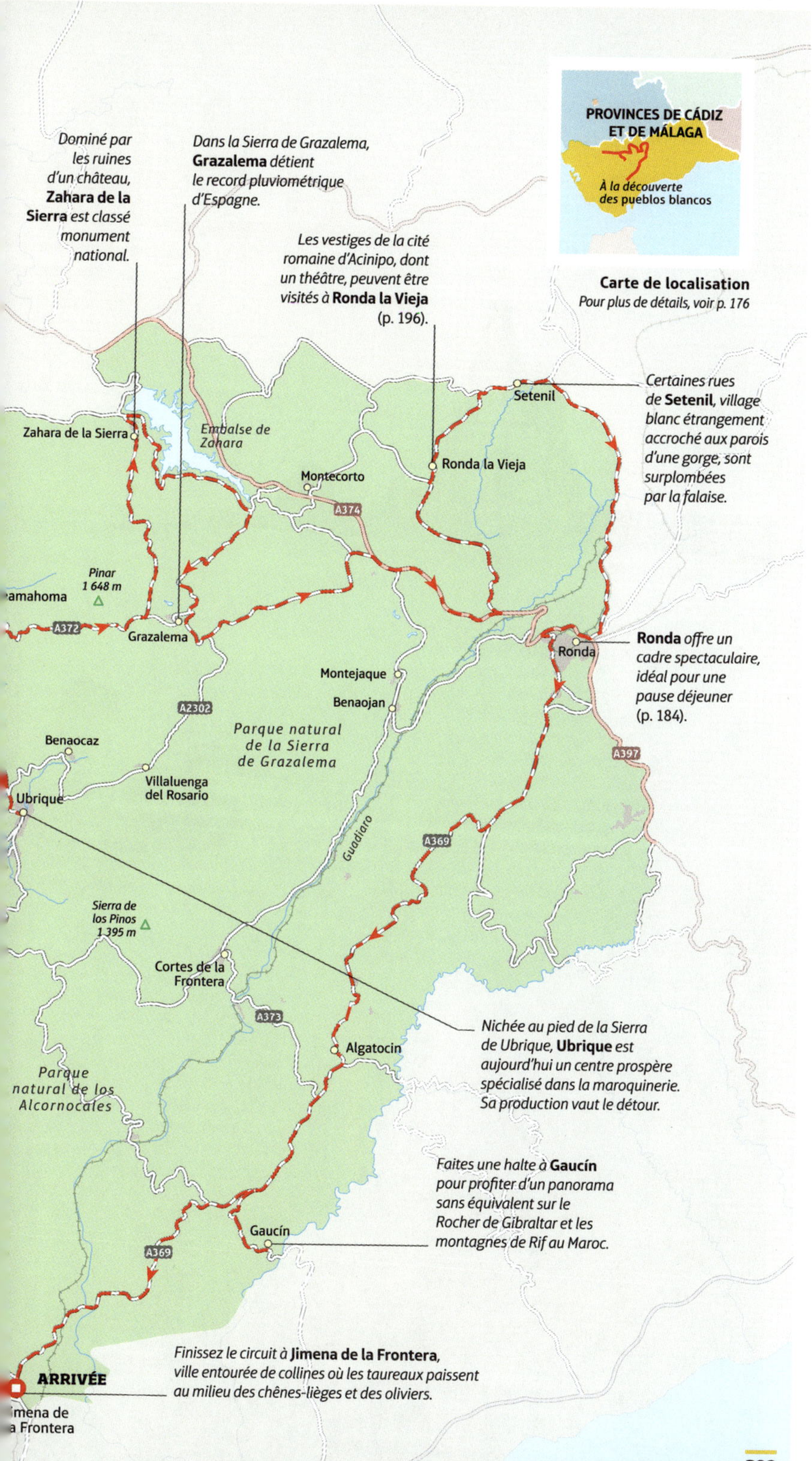
PROVINCES DE CÁDIZ ET DE MÁLAGA
À la découverte des pueblos blancos
Carte de localisation
Pour plus de détails, voir p. 176
Dominé par les ruines d'un château, **Zahara de la Sierra** est classé monument national.
Dans la Sierra de Grazalema, **Grazalema** détient le record pluviométrique d'Espagne.
Les vestiges de la cité romaine d'Acinipo, dont un théâtre, peuvent être visités à **Ronda la Vieja** (p. 196).
Certaines rues de **Setenil**, village blanc étrangement accroché aux parois d'une gorge, sont surplombées par la falaise.
Ronda offre un cadre spectaculaire, idéal pour une pause déjeuner (p. 184).
Nichée au pied de la Sierra de Ubrique, **Ubrique** est aujourd'hui un centre prospère spécialisé dans la maroquinerie. Sa production vaut le détour.
Faites une halte à **Gaucín** pour profiter d'un panorama sans équivalent sur le Rocher de Gibraltar et les montagnes de Rif au Maroc.
Finissez le circuit à **Jimena de la Frontera**, ville entourée de collines où les taureaux paissent au milieu des chênes-lièges et des oliviers.
Setenil
Zahara de la Sierra
Embalse de Zahara
Montecorto
Ronda la Vieja
A374
Pinar 1 648 m
amahoma
A372
Grazalema
Ronda
Montejaque
Benaojan
A2302
Parque natural de la Sierra de Grazalema
A397
Benaocaz
Villaluenga del Rosario
Ubrique
Guadiaro
A369
Sierra de los Pinos 1 395 m
Cortes de la Frontera
A373
Algatocin
Parque natural de los Alcornocales
Gaucín
A369
ARRIVÉE
imena de a Frontera

Formations rocheuses, dans le parque natural de Cabo de Gata

PROVINCES DE GRANADA ET D'ALMERÍA

La Reconquête désigne une période de plusieurs siècles durant lesquels les chrétiens ont repris les territoires arabes les uns après les autres, du nord au sud. En 1248, seul l'émirat de Grenade, qui englobe les provinces d'Almería et de Málaga, reste sous domination maure. Dirigé par la dynastie nasride depuis 1230, le dernier bastion musulman paie la couronne de Castille (principalement avec de l'or africain) pour ne pas être envahi à son tour. Cette coexistence pacifique est interrompue en 1482 lorsque les Rois catholiques s'emparent d'Alhama de Granada. Pendant les dix années suivantes, les forces chrétiennes grignotent de plus en plus de territoire, jusqu'à la chute de Grenade en 1492.

Forts de leur victoire, Ferdinand II et Isabelle Ire de Castille signent le décret de l'Alhambra, ordonnant aux Juifs et aux musulmans d'Espagne de choisir entre la conversion ou l'exil, ce qui a pour effet d'accélérer la christianisation de la région. Pourtant, les provinces de Granada et d'Almería ont conservé le souvenir indélébile de leur passé maure, qui se manifeste principalement dans l'abondante architecture mudéjare.

Si Grenade a su prospérer grâce au tourisme en tirant parti de sa riche histoire, la province d'Almería revit avec le développement d'une d'agriculture sous serre intensive permettant de cultiver fruits et légumes 365 jours par an.

PROVINCES DE GRANADA ET D'ALMERÍA

Incontournables

1 Grenade
2 Almería

À voir également

3 Montefrío
4 Almuñécar
5 Salobreña
6 Santa Fé
7 Loja
8 Alhama de Granada
9 La Calahorra
10 Sierra Nevada
11 Lanjarón
12 Guadix
13 Vallée de Poqueira
14 Baza
15 Parque natural de Cabo de Gata
16 Vélez Blanco
17 Tabernas
18 Sorbas
19 San José
20 Níjar
21 Mojácar
22 Roquetas de Mar

PROVINCES DE GRANADA ET D'ALMERÍA
Puente de Génave
N322
Beas de Segura
A317
Cortijos Nuevos
Embalse de Tranco de Beas
Embalse del Taibilla
Santiago de la Espada
A319
A317
Sagra 2 382 m
Puebla de Don Fadrique
Sierra de Segura
A330
A326
Huéscar
A317
RM711
La Paca
Embalse de Puentes
Castillejar
Galera
Guardal
María
VÉLEZ BLANCO
16
Vélez Rubio
Lorca
Embalse de Negratín
A330
Benamaurel
Cúllar
A92N
Chirivel
A7
RM11
Zújar
Puerto Lumbreras
14
BAZA
Oria
A327
Santa María de Nieva
A92N
Caniles
A334
Albox
Pulpí
Huércal-Overa
AP7
Sierra de Baza
Almanzora
Serón
Purchena
Macael
N340
Cuevas del Almanzora
A7
ALMERÍA
Vera
Tetica de Bacares 2 088 m
Fiñana
Sierra de los Filabres
Uleila del Campo
Garrucha
A92
Abla
Gérgal
A349
21
MOJÁCAR
18
SORBAS
N340a
Sierra Cabrera
17
TABERNAS
Laujar de Andarax
Canjáyar
A348
A92
Sierra Alhamilla
Carboneras
A341
NÍJAR
20
Gádor
Benahadux
Punta de los Muertos
Sierra de Gádor
Almería Airport
Rodalquilar
2
Punta de la Polacra
Dalías
ALMERÍA
N340a
A7
15
PARQUE NATUREL DE CABO DE GATA
El Ejido
22
ROQUETAS DE MAR
El Cabo de Gata
19
SAN JOSÉ
Cabo de Gata
N
0
20 km

Maisons de Grenade dominées par l'Alhambra

1

GRENADE

E4 Granada Plaza Santa Ana; www.granadatur.com

Le guitariste Andrés Segovia (1893-1987) décrivait Grenade comme un « lieu de rêve, où le Seigneur [avait] déposé la semence de [Son] âme ». Ce même émerveillement se partage en explorant les édifices maures de la ville, vestiges de la dynastie nasride (1238-1492). Dominant Grenade du haut de leur colline, les monuments les plus impressionnants de cet âge d'or sont l'Alhambra et le Generalife.

①

Catedral

Calle Gran Vía 5 958 22 29 59 lun.-sam. 10h-18h30, dim. 15h-17h45

C'est en 1523, sous les ordres des Rois catholiques, que l'architecte Enrique de Egas commença la construction de la cathédrale, qui allait durer 180 ans. Diego de Siloé, un maître de la Renaissance, la poursuivit à partir de 1529; il conçut la façade et la magnifique capilla mayor. Sous le dôme, des vitraux (16e siècle) de Juan del Campo représentent la Passion. La façade occidentale est attribuée à Alonso Cano, né à Grenade et enterré dans la cathédrale.

②

Capilla real

Calle Oficios 3 lun.-sam. 10h15-18h30, dim. 11h-18h 1er janv., Ven. saint, 25 déc. capillarealgranada.com

La chapelle royale fut érigée entre 1505 et 1521 par Enrique de Egas. Destinée aux Rois catholiques (tous deux morts avant la fin des travaux), elle détient les gisants, en marbre, de Ferdinand et d'Isabelle, ainsi que ceux de Jeanne la Folle et de Felipe I de Castilla (Philippe le Beau), son époux. Leurs sépultures, en plomb, se trouvent dans la crypte. Une belle grille de Bartolomé de Jaén isole le maître-autel et les gisants. Ne manquez pas la sacristie qui regorge de trésors, comme des tableaux de van der Weyden et de Botticelli (15e siècle).

③

Monasterio de la Cartuja

Paseo de la Cartuja 958 16 19 32 été : dim.-ven. 10h-20h, sam. 10h-13h et 15h-20h; hiver : dim.-ven. 10h-18h, sam. 10h-13h et 15h-18h

Fondée en 1516 par le « Gran Capitán » (Gonzalve de Cordoue), la chartreuse de Grenade possède une superbe coupole d'Antonio Palomino et une sacristie churrigueresque du maçon Luis de Arévalo et du sculpteur Luis Cabello.

Visiteurs admirant la sacristie du monasterio de la Cartuja

④

Corral del Carbón

Calle Mariana Pineda s/n 958 57 51 31 lun.-ven. 10h30-13h30 et 17h-20h, sam. 10h30-14h

Vestige de l'époque maure, cette cour à arcades convertie en théâtre après la Reconquête héberge un centre culturel.

⑤

Casa de los Tiros

Calle Pavaneras 19 600 14 31 76 sept.-mai : mar.-sam. 9h-21h, dim. et jours fériés 9h-15h ; juin-août : mar.-sam. 9h-15h, dim. et jours fériés 10h-17h

Ce palais de style mudéjar (16e siècle) doit son nom aux mousquets qui garnissaient ses créneaux – *tiros* signifie « coups de feu ». Il appartenait à la famille qui reçut le Generalife en partage après la chute de Grenade. L'épée de Boabdil est représentée sur la façade.

⑥

Centro cultural Caja Granada

Avenida de la Ciencia horaires variables, se rens. août caja granadafundacion.es

Installé dans un bâtiment blanc moderne doté d'un immense escalier extérieur, ce centre culturel abrite le superbe museo Memoria de Andalucía, qui accueille des expositions temporaires, un théâtre et un restaurant.

⑦

Palacio de la Madraza

Calle Oficios 14 958 99 63 50 lun.-ven. 9h-14h et 17h-20h

Cet édifice a été une université arabe, avant de devenir l'hôtel de ville. Aujourd'hui, il fait partie de l'université de Grenade. Son oratoire maure renferme un mihrab finement décoré. La façade date du 18e siècle.

Damasqueros

Ce bar à tapas propose un délicieux *quiso* (ragoût).

Calle de Damasqueros 3 damasqueros.com

€€€

Mirador de Morayma

Ravissant restaurant offrant des vues spectaculaires.

Calle Pianista García Carrillo 2 mirador demorayma.com

€€€

Cunini

Restaurant réputé pour ses plats de poissons.

Plaza Pescadería 14

€€€

8

L'ALHAMBRA

Calle Real de la Alhambra C3, C4 de mi-mars à mi-oct. : t.l.j. 8h30-20h ; de mi-oct. à mi-mars : t.l.j. 8h30-18h (arrivez au moins 1 heure avant la visite réservée ; comptez 3 heures de visite) alhambradegranada.org

Avec son architecture féerique, l'Alhambra offre un incroyable voyage dans le passé. Ce palais maure, sans doute le plus somptueux d'Europe, se distingue par une subtile utilisation de l'espace, de l'eau et de l'ornementation.

Cet ensemble de palais fut construit sous les émirs nasrides Ismaïl Ier, Yusuf Ier et Mohammed V. Pour exorciser la triste réalité à laquelle ils étaient confrontés – celle d'un pouvoir sur le déclin –, ils cherchèrent à créer une sorte de paradis terrestre en utilisant avec art des matériaux modestes (de la céramique, du stuc et du bois). L'Alhambra comprend les palacios nazaríes (palais nasrides), l'Alcazaba (13e siècle), le palacio de Carlos V (palais de Charles Quint, 16e siècle) et le Generalife *(p. 218)*. Soumis aux injures du temps et au pillage, ce chef-d'œuvre d'architecture a été restauré avec soin et reste incomparable.

SECRETS D'INITIÉS
Visions nocturnes

Sortez des sentiers battus en visitant l'Alhambra de nuit, lorsque ses murs couleur miel brillent de mille feux *(mars-oct. : mar. et sam. 22h-23h30 ; nov.-fév. : ven.-sam. 20h-21h30)*.

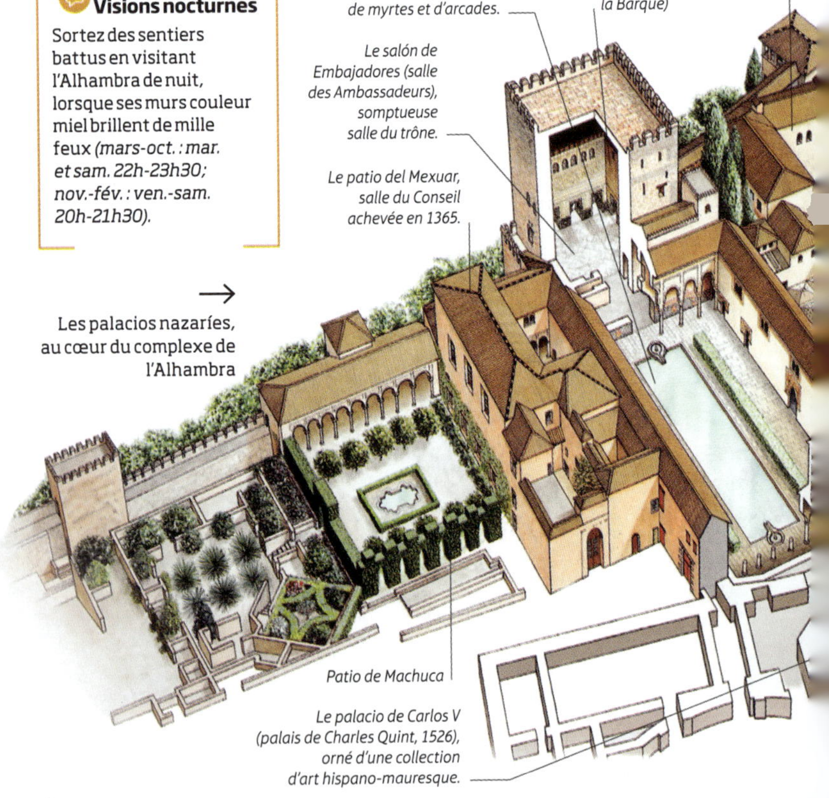

→ Les palacios nazaríes, au cœur du complexe de l'Alhambra

Le spectaculaire complexe de l'Alhambra et l'un de ses somptueux patios (médaillon)

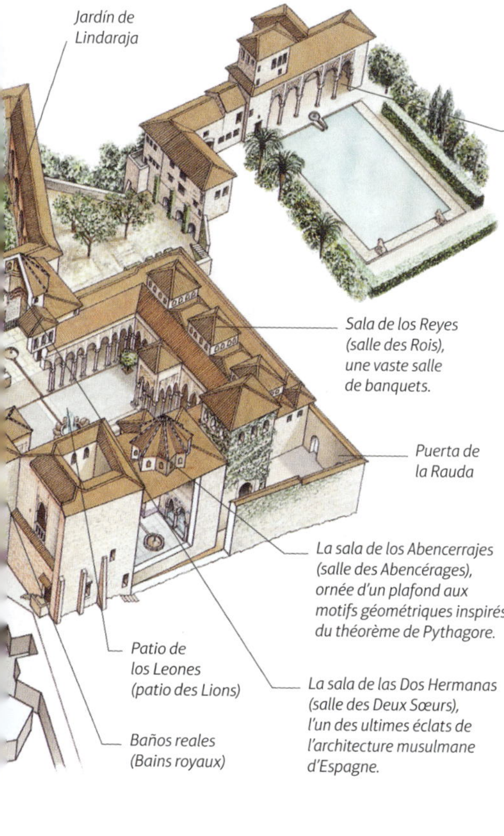

Ornements mauresques décorant une fenêtre de l'Alhambra

9

GENERALIFE

Calle Real de la Alhambra C3, C4 de mi-mars à mi-oct. : t.l.j. 8h30-20h ; de mi-oct. à mi-mars : t.l.j. 8h30-18h (arrivez au moins 1 heure avant l'heure réservée ; comptez 3 heures de visite) alhambradegranada.org

Un sentier relie le côté nord de l'Alhambra au Generalife, résidence d'été des souverains nasrides qui pouvaient, ici, se soustraire aux vicissitudes de la vie quotidienne dans la quiétude de ce lieu plus proche du ciel que de la ville.

Parmi les diverses étymologies retenues pour le nom du Generalife (Jannat al-Arif, en arabe), la plus séduisante est sans doute celle de « jardin du paradis suprême ». À l'origine, au 13e siècle, les jardins comportaient des vergers et des pâturages, mais ils ont subi de nombreux remaniements. Simples et solides, les bâtiments du Generalife contrastent avec l'architecture spectaculaire et les ornements de l'Alhambra. Aujourd'hui, ce lieu idyllique, qui servait de retraite aux souverains nasrides, accueille le festival de musique et de danse de Grenade *(fin juin-juillet)*.

SECRETS D'INITIÉS
Visite matinale

Réservez le premier créneau horaire disponible et traversez rapidement les deux premières pièces : vous pourrez ainsi profiter du palais en toute quiétude, comme les souverains nasrides le faisaient autrefois.

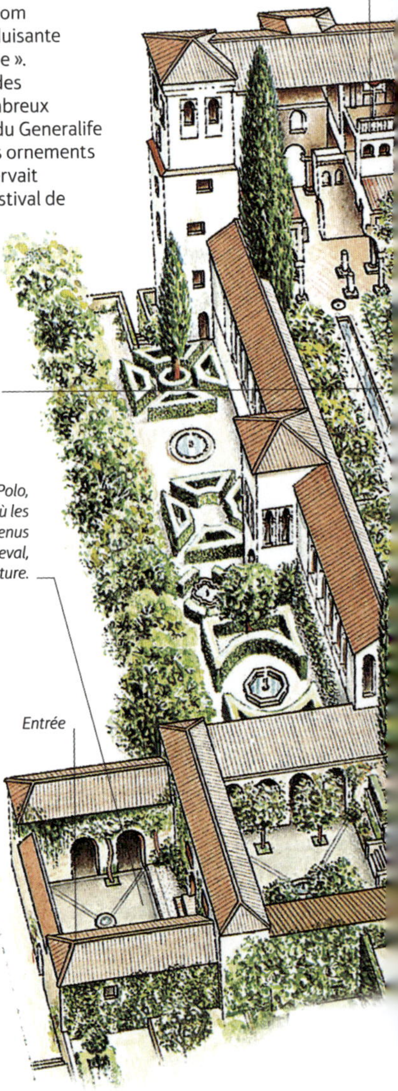

↑ Le patio de la Acequia et son bassin central

↑ Les jardins du Generalife, soigneusement entretenus

↑ Plan illustré des bâtiments et jardins du Generalife

Le saviez-vous ?

Le Generalife se dresse au sommet du cerro del Sol (colline du Soleil).

PETITE BALADE
L'ALBAICÍN

Distance 1 km **Gare** Estación Central **Durée** 15 minutes

Ce quartier accroché au flanc de la colline opposée à l'Alhambra reflète le mieux les origines maures de Grenade. La première forteresse fut édifiée ici, au 13e siècle. L'Albaicín possédait jadis plus de 30 mosquées, presque toutes supplantées par des églises. Les ruelles pavées, majoritairement piétonnes, sont bordées de villas à la décoration mauresque, aux jardins isolés du monde extérieur par de hauts murs. Le soir, quand le parfum du jasmin se répand dans l'air, montez au mirador de San Nicolás : la vue sur les toits de l'Alhambra rougeoyant au soleil couchant est magique.

Le saviez-vous ?

Plusieurs rues portent le nom de *cuesta*, qui signifie « montée ».

La **casa de los Pisa**, *aussi appelée museo San Juan de Dios, expose des œuvres représentant saint Jean de Dieu, qui s'est éteint ici en 1550.*

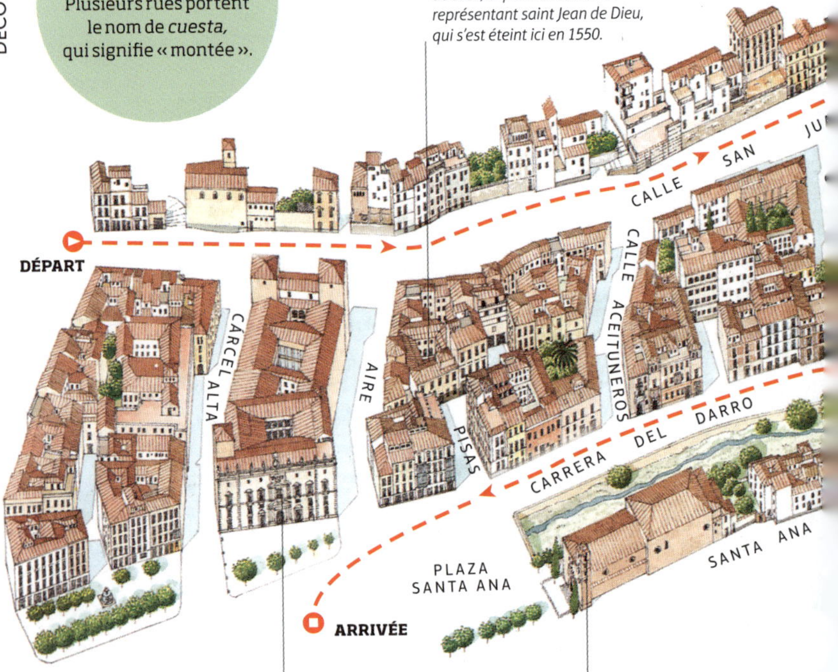

Établie par les Rois catholiques, la **Real Chancillería** *emménagea dans ce bâtiment doté d'une belle façade Renaissance en 1530.*

*Au nord de la plaza Nueva, l'***iglesia de Santa Ana**, *une église mudéjare en brique du 16e siècle, possède un élégant portail plateresque et un plafond à caissons.*

↑ Les arches d'El Bañuelo, bain maure du 11e siècle

*De petites ouvertures en forme d'étoile laissent pénétrer la lumière dans les bains maures d'***El Bañuelo** *(11e siècle).*

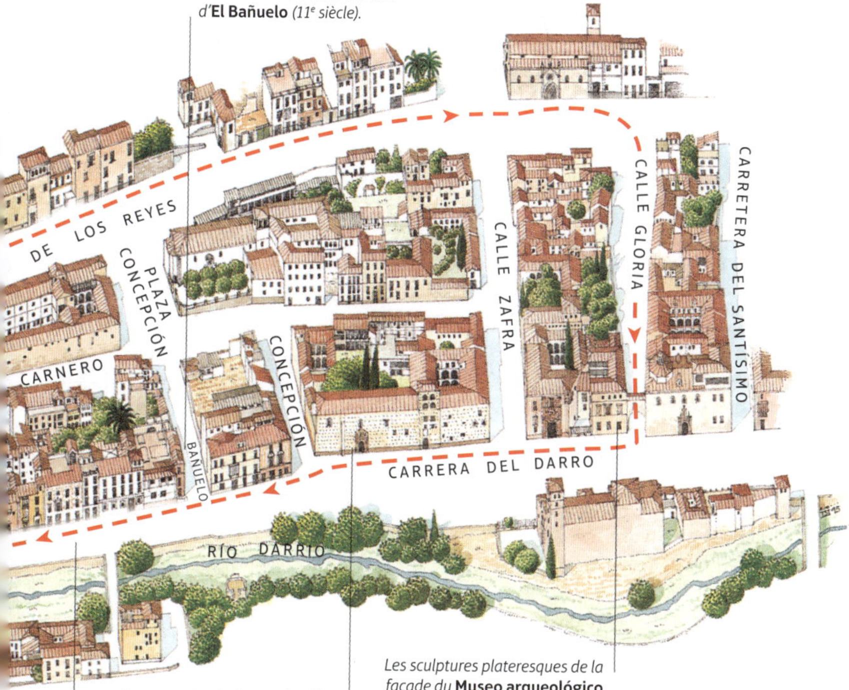

Les sculptures plateresques de la façade du **Museo arqueológico** *représentent les blasons des souverains nasrides, vaincus par les Rois catholiques en 1492.*

Le **convento de Santa Catalina** *a été fondé en 1521.*

Bordée d'anciens édifices aux belles façades restaurées, la **carrera del Darro** *longe le río Darro, qu'enjambent de vieux ponts.*

→ La carrera del Darro, l'une des plus belles rues de Grenade

2

ALMERÍA

F4 Almería Parque Nicolás Salmerón s/n; www.turismodealmeria.org

L'ancienne al-Mariyat, appelée « le miroir de la mer », était l'un des principaux ports du califat de Cordoue et un centre commercial actif qui exportait les tissus qu'il fabriquait. De nos jours, Almería présente toujours des influences nord-africaines, avec ses maisons à toit plat, ses environs désertiques et ses palmiers. Un service de ferrys assure la liaison régulière avec le Maroc.

①

Catedral

Plaza de la Catedral 8 950 23 48 48 lun.-ven. 10h-18h, sam. 10h-14h

Almería a souvent subi des razzias. C'est pourquoi la cathédrale ressemble plus à une forteresse qu'à un lieu de prière, avec ses quatre tours, ses murs épais et ses étroites fenêtres. La construction de l'édifice, conçu par l'architecte Diego de Siloé, débuta en 1524.

②

Museo de Almería

Carretera de Ronda 91 950 01 62 56 de mi-juin à mi-sept. : mar.-dim. et jours fériés 9h-15h; de mi-sept. à mi-juin : mar.-sam. 9h-21h, dim. 9h-15h

Ce musée est consacré à deux civilisations préhistoriques : Los Millares (Âge du cuivre) et El Argar (Âge du bronze). Près de 900 pièces, choisies parmi une vaste collection, y sont présentées.

← *El Buen Pastor de Gador* (Le Bon Berger de Gádor), museo de Almería

③

Iglesia de San Juan Evangelista

Calle San Juan et calle Gen. Luque 950 23 30 07 avr.-sept. : t.l.j. 19h-19h30; oct.-mars : sam.-jeu. 18h-18h30

Cette église fut édifiée à la place de la plus grande mosquée d'Almería, dont on peut encore voir des vestiges : l'un des murs extérieurs et, à l'intérieur, un beau mihrab à coupole du 12e siècle. Endommagé durant la guerre civile, l'édifice a été rénové.

④

Alcazaba

Calle Almanzor s/n 950 80 10 08 mar.-sam. 9h-20h30, dim. et jours fériés 9h-15h30 1er janv., 25 déc.

C'est la plus grande forteresse jamais créée par les Maures :

← Vue panoramique d'Almería et de son port

elle s'étend sur plus de 2,5 ha et sa muraille mesure 430 m de long. Abd al-Rahman III entreprit sa construction en 955, mais elle subit de nombreux remaniements par la suite. L'Alcazaba résista à deux grands sièges, avant d'être finalement prise par les Rois catholiques en 1489. On peut voir leur blason sur la torre del Homenaje, qui fut édifiée sous leur règne. Cette forteresse arabe vieille d'un millier d'années offre un magnifique point de vue sur la ville. Ses murs renferment de beaux jardins ainsi qu'une chapelle mudéjare. Jadis, on sonnait la cloche de l'Alcazaba pour signaler aux fermiers des campagnes environnantes le moment d'irriguer les champs et pour prévenir que des pirates avaient été aperçus au large des côtes.

⑤

Puerta de Purchena

Paseo de Almería
Aujourd'hui située au cœur de la ville, cette porte en était autrefois l'une des principales entrées. Elle est entourée de rues commerçantes, telles que le vaste paseo de Almería bordé d'arbres. Cette artère est le centre vital d'Almería, avec ses cafés, son teatro Cervantes et le marché, tout près.

Jovellanos 16

Ce bar à tapas sans prétention offre un éventail de délicieux plats traditionnels et innovants.

Calle Jovellanos 16
dim. midi et lun.
barjovellanos16.es

€€€

Taberna Entrevinos

Ce restaurant réputé combine excellents vins, cuisine délicieuse et ambiance chaleureuse. L'endroit étant toujours bondé, il est conseillé de réserver.

Calle Francisco García Góngora 11 **lun.**
tabernaentrevinos.net

€€€

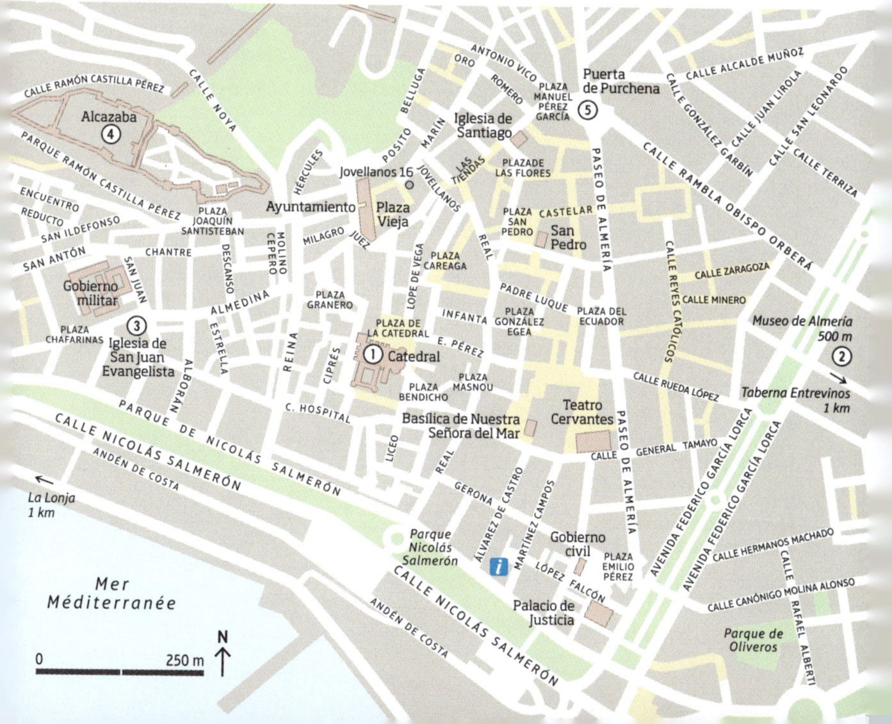

La ville blanche de Montefrío, dominée par l'iglesia de la Villa ↑

À VOIR ÉGALEMENT

3
Montefrío

E3 Granada Plaza de España 1; 958 33 60 04

Lorsque l'on arrive par la route venant du sud, cette petite ville andalouse, renommée pour sa charcuterie, apparaît comme un ensemble de toits de tuiles rouges et de maisons blanches accroché à un rocher escarpé. Le village typique est dominé par les vestiges d'une forteresse maure et par l'iglesia de la Villa, attribuée à Diego de Siloé. Au centre se dresse l'iglesia de la Encarnación.

4
Almuñécar

E4 Granada Avenida Europa s/n; www.turismoalmunecar.es

Almuñécar se situe sur la Costa Tropical, où des montagnes de plus de 2000 m d'altitude ourlent la Méditerranée. Les Phéniciens y ont fondé un comptoir, puis les Romains y ont construit un aqueduc. En 1936, lors de son voyage en Espagne, l'écrivain anglais Laurie Lee décrivit Almuñecar comme un « petit village décrépi donnant sur une bande de sable gris dont d'aucuns espéraient qu'il attirerait, un jour, les touristes ». Almuñecar est en effet devenu une station balnéaire. Sa vieille ville est dominée par le **castillo de San Miguel**. Le **museo arqueológico Cueva de Siete Palacios** expose des vestiges phéniciens.

Castillo de San Miguel
650 02 75 84 mar.-sam. 10h-13h30 et 18h30-21h, dim. 10h-13h

Museo arqueológico Cueva de Siete Palacios
Calle Cueva de Siete Palacios s/n 958 83 86 23 mar.-sam. 10h-13h30 et 18h30-21h, dim. 10h-13h

5
Salobreña

E4 Granada Plaza de Goya s/n; www.ayto-salobrena.org

Vu de loin, Salobreña évoque un paquebot blanc voguant sur une mer ondoyante de cannes à sucre. Ses ruelles étroites jalonnées de maisons immaculées grimpent vers la colline fortifiée, d'abord par les Phéniciens, puis par les Maures. Du Castillo árabe, on peut contempler la Sierra Nevada. La plage est en partie bordée de

Le saviez-vous ?

Le Castillo árabe de Salobreña est évoqué dans les *Contes de l'Alhambra* de Washington Irving.

constructions modernes plus ou moins belles.

Castillo árabe
Falda del Castillo, calle Andrés Segovia
958 61 03 14 t.l.j. 10h-14h et 17h-19h

---

6 Santa Fé

E4 Granada Arco de Sevilla, calle Isabel la Católica 7 ; 958 44 00 00

Les Rois catholiques établirent leur camp à cet endroit pendant le siège de Grenade. Lorsqu'un incendie partit de la tente de la reine Isabelle Ire et dévasta le campement, le roi ordonna de construire une ville modèle. Son nom, « Sainte-Foi », fut choisi par la reine, très pieuse. C'est ici que les Maures capitulèrent en 1492 et que Colomb reçut l'accord des monarques pour effectuer son célèbre voyage. La tête coupée d'un Maure taillée dans la pierre orne symboliquement la flèche de l'église paroissiale.

7 Loja

E4 Granada
Edificio Espacio Joven, calle Comedias 2 ; www.lojaturismo.com

Une forteresse maure en ruine se dresse au-dessus de la vieille ville, au bord du río Genil. Surnommée « la ville de l'eau », Loja possède plusieurs belles fontaines. À l'est, la rivière pénètre dans la garganta de los Infiernos. À Riofrío, plusieurs restaurants servent la truite locale.

---

8 Alhama de Granada

E4 Granada
Carrera Francisco Toledo 10 ; 958 36 06 86

Suspendue au-dessus d'une gorge, Alhama était appelée par les Arabes al-Hamma (« la source chaude »). On peut encore voir d'anciens bains à l'**Hotel Balneario**, à la sortie de la ville.

Alhama abrite plusieurs églises. Le dôme de l'iglesia de Carmen (16e siècle) présente de belles peintures, mais il fut très endommagé durant la guerre civile. D'étroites rues bordées de maisons blanches mènent à l'iglesia de la Encarnación, fondée par les Rois catholiques (16e siècle). Certains ornements sacerdotaux, encore portés de nos jours, auraient été brodés par la reine Isabelle en personne. Non loin, l'hospital de la Reina (16e siècle), héberge un lieu d'exposition pour les artistes locaux : le **centro de Exposición de Artesanal**.

Hotel Balneario
Calle Balneario mars-nov. balnearioalhamadegranada.com

Centro de Exposición de Artesanal
Calle Vendederas s/n
lun.-ven. 9h-14h

Centro de Alfarería Municipal
Atelier perpétuant l'art de la poterie traditionnelle, où chaque pièce est unique.
E4 Calle San Crescencio 10, Almuñécar
620 26 12 17

Ánforas de Mar
Cette société innovante fabrique des amphores puis les submerge dans l'eau de mer pour leur donner l'aspect fossilisé des poteries antiques.
G4 Avenida de Garrucha 78, Carboneras
anforasdemar.com

Abuela ili Chocolate
Chocolaterie où vous pourrez goûter plus de 60 chocolats artisanaux.
E4 Plaza de la Libertad 1, Pampaneira
abuelailichocolates.com

↑ Vieille meule posée devant un moulin en ruine d'Alhama de Granada

9

La Calahorra

F4 Granada Guadix Plaza Ayuntamiento 1; 958 67 70 40

Une muraille épaisse entoure le **castillo de La Calahorra**, perché au-dessus du village. Rodrigo de Mendoza, fils du cardinal de Mendoza, le fit bâtir entre 1509 et 1512 pour son épouse ; il fit venir des architectes et des artisans d'Italie. À l'intérieur se trouve un patio Renaissance doté de piliers sculptés en marbre de Carrare.

Castillo de La Calahorra
Calle San Sebastián
958 67 70 98 mer. 10h-13h et 16h-18h

10

Sierra Nevada

E4 Granada depuis Granada Carretera de Sierra Nevada, km 23, Güéjar Sierra; www.sierranevada.es

La Sierra Nevada compte 14 sommets culminant à plus de 3 000 m. La neige tient jusqu'en juillet et recommence à tomber en automne. La route la plus haute d'Europe *(fermée à la circulation)* rejoint une station de sports d'hiver, à 2 100 m d'altitude, et passe au pied des deux plus hauts sommets, le pico Veleta (3 398 m) et le pico Mulhacén (3 482 m). L'altitude et la proximité de la Méditerranée expliquent la diversité de la faune et de la flore. La Sierra Nevada abrite ainsi des aigles royaux, des papillons rares et quelque 60 espèces de fleurs que l'on trouve uniquement ici.

Les responsables du parc organisent des excursions en minibus vers les sommets, depuis des lieux de rendez-vous des deux côtés de la Sierra Nevada : Hoya de la Mora (au-dessus de la station de ski, côté Grenade) et Hoya del Portillo (au-dessus de Capileira dans les Alpujarras).

11

Lanjarón

E4 Granada Avenida de Madrid s/n; www.lanjaron.es

De nombreuses sources dévalent les pentes de la Sierra Nevada, et la petite ville thermale de Lanjarón est fréquentée depuis longtemps par les curistes. De juin à octobre, les visiteurs prennent d'assaut le **balneario de Lanjarón** pour profiter de ses eaux réputées. Cette eau est également mise en bouteille et vendue dans toute l'Espagne. Le 23 juin, à la veille de la Saint-Jean, une bataille d'eau très animée a lieu dans les rues de la cité.

Balneario de Lanjarón
Avenida de Madrid 2
t.l.j. de mi-déc. à mi-janv.
balneariodelanjaron.es

SECRETS D'INITIÉS
En piste
Avec environ 88 jours d'ensoleillement durant la saison, la Sierra Nevada est la première destination espagnole pour skier. Avril est idéal, avec 237 cm de neige au sommet et 84 cm en bas des pistes.

12

Guadix

F3 Granada Avenida de la Constitución 15-18; www.guadix.es

Le principal attrait de Guadix est son quartier troglodytique qui comprend près de

2000 habitations taillées dans la roche. Bénéficiant d'une température constante tout au long de l'année, elles offrent également tout le confort moderne. Plusieurs d'entre elles ont été converties en hôtel ou en gîte. Le **museo de Alfarería** et le **Centro de interpretación Cuevas de Guadix** sont consacrés à leur mode de vie.

Il y a près de 2000 ans, Guadix exploitait des mines de fer, de cuivre et d'argent. Prospère à l'époque des Maures et juste après la Reconquête, la ville a décliné au 18e siècle. Ne manquez pas la cathédrale, commencée en 1594 et achevée entre 1701 et 1796, l'Alcazaba (9e siècle), l'iglesia de Santiago, de style mudéjar, et le palacio de Peñaflor (16e siècle).

Museo de Alfarería
Calle San Miguel 56
958 66 47 67 t.l.j. 10h30-14h et 16h30-20h

Centro de interpretación Cuevas de Guadix
Ermita Nueva s/n
958 66 55 69 été : lun.-ven. 10h-14h et 17h-19h, sam. 10h-14h ; hiver : lun.-ven. 10h-14h, 16h-18h, sam. 10h-14h

↑ Randonnée sur le mont Mulhacén, dans la Sierra Nevada

↑ Ruelle à Pampaneira, dans la vallée de Poqueira

13

Vallée de Poqueira

E4 Barranco de Poqueira, Granada
Plaza de la Libertad 7, Pampaneira ; 958 76 31 27

La plupart des visiteurs qui souhaitent découvrir les Alpujarras s'arrêtent au niveau de cette vallée profonde et escarpée au-dessus d'Órgiva : c'est assurément le meilleur lieu où se rendre pour une excursion. Il rassemble trois jolis villages très préservés. Dans l'ordre de l'ascension, on découvre Pampaneira, Bubión et Capileira. Chacun d'entre eux représente le style architectural des Alpujarras, qui fait écho à celui des montagnes de l'Atlas, au Maroc. Les maisons chaulées sont accolées les unes aux autres, comme au hasard : on a l'impression qu'elles se sont agrégées de manière aléatoire. De leurs toits gris et plats émergent de hautes cheminées extravagantes. Entre les maisons, les rues escarpées sont rarement droites et débouchent parfois sur de courts tunnels.

Las Cuevas del Zenete
Ces neuf habitations troglodytiques bien aménagées sont parfaites pour goûter à ce mode de vie. Jardin doté d'une piscine, d'un coin détente et d'un barbecue.

F4 Travesía de los Derechos humanos, km 1,5, La Calahorra
cuevasdelzenete.com

€€€

Cuevas Abuelo Ventura
Ces habitations troglodytiques possèdent des chambres confortables et agréables avec, en été, des températures autour de 20° C.

F3 Camino de Lugros 20, Guadix cuevas abueloventura.com

€€€

Skieurs dévalant les pentes enneigées de la Sierra Nevada

↑ Paysage du parque natural de Cabo de Gata

La Goleta
Faites une pause rafraîchissante dans ce bar de Roquetas de Mar, qui propose cocktails et coupes glacées.
F4 Avenida de Playa Serena 28, Roquetas de Mar 950 33 47 18

La Cochera
Doté d'une décoration originale et d'une terrasse, ce bar de plage hétéroclite d'Almuñécar accueille des concerts le soir en été.
E4 Paseo Andrés Segovia 44, Almuñécar 692 03 78 23

El Sitio
À Mojácar, ce bar propose un grand choix de vins, de cocktails et de concerts; idéal pour une soirée romantique.
G4 Paseo del Mediterráneo 137, Mojácar 950 61 54 11 dim.

14

Baza

F3 Granada
Calle Alhóndiga 1, sous le musée; 958 86 13 25

En 1971, la fouille d'une nécropole permit de mettre au jour une grande figure féminine assise. Elle atteste l'ancienneté des cultures de la région de Baza. Baptisée la Dama de Baza, elle représente sans doute une déesse ibère d'environ 2 400 ans. L'original se trouve à Madrid, mais le **Museo arqueológico** de Baza possède une copie. La colegiata de Santa María, de style Renaissance, compte un porche plateresque et un clocher du 18e siècle.

Une fête patronale animée se tient en septembre : Guadix envoie à Baza el Cascamorras, un émissaire chargé de rapporter l'effigie de la Vierge du convento de la Merced. À Baza, il est aspergé d'huile et pourchassé jusqu'à Guadix où il est conspué pour être revenu bredouille.

Museo arqueológico
Plaza Mayor s/n 958 86 13 25 mar.-dim. 11h-14h, jeu.-sam. 18h30-20h

CURIOSITÉ
Igloos du désert
Le parque natural de Cabo de Gata est parsemé d'*aljibes*, des citernes souterraines surmontées d'une structure en forme de dôme, qui étaient jadis utilisées pour collecter les eaux pluviales.

15

Parque natural de Cabo de Gata

G4 Almería jusque San José Carretera Cabo de Gata, km 6; 950 16 04 35

Les 29 000 ha de ce parc naturel comprennent de hautes falaises de roche volcanique, des dunes de sable, des étendues salées et des criques isolées.

On y trouve quelques villages de pêcheurs et la petite station balnéaire de San José. Un phare signale la pointe du cap, près de l'arrecife de las Sirenas (récif des Sirènes). Le parc possède également une bande de fond marin de 2 km de large, où flore et faune sous-marines sont protégées; l'eau limpide attire les amateurs de plongée. Les tentatives pour réintroduire le phoque moine, qui s'est éteint dans les années 1970, ont désormais cessé.

La zone de dunes et de trous d'eau saumâtre qui s'étend entre le cap et la playa de San Miguel est l'habitat de jujubiers épineux. Des milliers d'oiseaux migrateurs font escale ici durant leur voyage. Parmi les 170 espèces d'oiseaux recensées dans le parc figurent le flamant rose, l'avocette, le sirli de Dupont et le vautour fauve. La limite nord du parc, où se trouve une zone de pêche de cormorans, est marquée par la punta de los Muertos (pointe des Morts); on dit que les corps des marins naufragés étaient rejetés à cet endroit-là.

16

Vélez Blanco

G3 Almería Vélez Rubio Marqués de los Vélez s/n; 950 41 95 85

Ce charmant village est dominé par le puissant **castillo de Vélez Blanco**, érigé entre 1506 et 1513 par le premier marquis de los Vélez. L'intérieur de la forteresse Renaissance fut richement décoré par des artisans italiens. Malheureusement, son beau patio Renaissance fut cédé au Metropolitan Museum de New York.

Dans l'artère principale du village, l'iglesia de Santiago mélange des éléments gothiques, Renaissance et mudéjars.

Près de Vélez Blanco, la **cueva de los Letreros** renferme des peintures rupestres qui remontent à environ 4000 av. J.-C. L'une des figures représente l'Indalo, sans doute un être doté de pouvoirs magiques, qui est toujours le symbole d'Almería.

Castillo de Vélez Blanco
Calle Castillo s/n 607 41 50 55 avr.-sept. : mer.-dim. 10h-14h et 17h-20h ; oct.-mars : mer.-dim. 10h-14h et 16h-18h

Cueva de los Letreros
Camino de la Cueva de los Letreros 694 46 71 36 mer., sam., dim. et jours fériés sur r.-v.

WESTERNS SPAGHETTI

On trouve deux villes aux allures de Far West à l'ouest de Tabernas, non loin de la nationale N340. Ces *poblados del Oeste*, où des cascadeurs ont souvent simulé des attaques de banque et des rixes de saloon, datent des années 1960 et 1970. La région, avec son paysage qui évoque l'Arizona, ses coûts avantageux et son soleil perpétuel, était le lieu idéal pour tourner des westerns spaghetti. Pour réaliser *Le Bon, la Brute et le Truand,* Sergio Leone fit bâtir un ranch, puis des plateaux de tournage ont surgi dans le désert. Il s'y déroule encore quelques tournages.

17

Tabernas

G4 Almería N340, km 464 ; 950 52 50 30

Juchée sur une colline, une forteresse maure domine la ville de Tabernas et son paysage semi-désertique, parsemé de cactus, de collines érodées et de lits de rivières asséchées. Cette région a servi de décor à nombre de westerns spaghetti.

Non loin se trouve un centre de recherche dédié à l'énergie solaire, où des milliers de miroirs suivent la course du soleil andalou, réfléchissant ses rayons sur un récepteur solaire.

↓ Le belvédère du castillo de Vélez Blanco, dominé par son château (médaillon)

Sorbas, juché au bord d'un profond ravin dans un méandre de la rivière ↑

18

Sorbas

Ⓐ G4 ⌂ Almería 🚌 ℹ Calle Terraplen 9; 950 36 45 63

Sorbas est perché au bord d'un profond ravin au fond duquel coule le río Aguas. Deux édifices de ce village méritent une visite : l'iglesia de Santa María (16ᵉ siècle) et un palais (17ᵉ siècle) qui aurait été la résidence d'été du duc d'Albe. La poterie traditionnelle fabriquée à Sorbas est assez rustique, mais ne manque pas d'un certain intérêt. Vous pourrez vous en procurer chez les potiers locaux.

Non loin de Sorbas, la petite réserve de Yesos de Sorbas constitue une zone karstique, où l'action de l'eau a creusé quantité de galeries et de salles souterraines dans les couches de gypse et de calcaire. Pour explorer les grottes, les spéléologues doivent demander une autorisation aux services de l'environnement andalous. À la surface, le sillon vert de la vallée fertile du río Aguas traverse des collines érodées et arides. Dans la région vivent tortues et faucons pèlerins.

NOCES DE SANG À NÍJAR

Bodas de Sangre (Noces de sang), une pièce de Federico García Lorca, est inspirée d'un fait divers survenu près de Níjar en 1928. Paquita la Coja avait accepté d'épouser Casimiro, le beau-frère de sa sœur. Mais elle s'enfuit avec son cousin quelques heures avant la noce. Casimiro en fut humilié et la sœur dépitée, car elle avait conçu des espoirs sur la dot. On retrouva le cousin tué par balle et Paquita à moitié étranglée. Le crime fut imputé à la sœur et à son mari. Déshonorée par cette terrible aventure, Paquita vécut en recluse jusqu'à sa mort en 1987. Lorca n'a jamais visité Níjar ; il a écrit sa pièce en se fondant sur des comptes rendus de journaux.

19

San José

Ⓐ G4 ⌂ Almería 🚌 ℹ Avenida San José 27; 950 38 02 99

À l'intérieur du parc naturel, dans une anse sablonneuse, se trouve la petite station balnéaire de San José. Elle est dominée par l'aride Sierra de Cabo de Gata et dispose d'une plage préservée à proximité, la playa de los Genoveses. Le long de la côte, on rencontre encore Rodalquilar – bourg autrefois important, car on y extrayait de l'or – et La Isleta, un hameau de pêcheurs.

20

Níjar

Ⓐ G4 ⌂ Almería 🚌 ℹ Fundición s/n, Rodalquilar; 671 59 44 19

Au milieu d'une oasis où poussent les agrumes, à la limite de la Sierra de Alhamilla, Níjar fait typiquement andalouse, avec ses ruelles et ses balcons de fer forgé ornés de fleurs. L'iglesia de Nuestra

Señora de la Anunciación (16e siècle) présente un plafond mudéjar. La renommée du bourg provient de sa poterie colorée et de ses *jarapas* (petits tapis tissés à la main et couvertures).

21

Mojácar

G4 Almería Plaza del Frontón 1; 950 61 50 25

Vu de loin, le village de Mojácar, avec ses maisons blanches qui descendent en cascade vers la mer, miroite comme un mirage.

← Poterie traditionnelle de Níjar, vernissée du bleu profond des *azulejos* et ornée d'un motif floral

Les chrétiens s'en emparèrent en 1488 et les Maures en furent expulsés par la suite. Après la guerre civile, le bourg tomba en ruine, les habitants ayant pour la plupart émigré. Puis, dans les années 1960, la découverte de Mojácar par des voyageurs déclencha une nouvelle ère de prospérité. La porte de la muraille est le seul élément d'origine, car Mojácar a été entièrement reconstruite.

22

Roquetas de Mar

F4 Almería Avenida del Mediterráneo 2; 950 33 32 03

D'imposantes serres occupent une grande partie de la plaine côtière du sud de la région. Fleurs et légumes destinés à l'exportation y sont cultivés. Dans ce paysage singulier se dresse Roquetas de Mar, avec son château du 17e siècle et son phare, accueillant tous deux des expositions. La ville possède aussi un bel **aquarium**.

Aquarium

Avenida Reino de España juin-août : t.l.j. 10h-21h ; sept.-mai : mer.-ven. 10h-18h, w.-end 10h-19h aquarium roquetas.com

4 Nudos

Situé dans le port de San José, ce restaurant propose naturellement des produits de toute fraîcheur. Dégustez huîtres, palourdes et crevettes avec un bon verre de *verdejo*.

G4 Club Naútico San José, Calle del Puerto s/n, San José 4nudos restaurante.com

€€€

Taberna Ayer

Ce restaurant d'Almuñécar, doté d'une petite terrasse, offre un bon rapport qualité-prix.

E4 28, avenida Europa, Edif. La Palmera 6, Almuñécar 622 17 32 69 lun.

€€€

Restaurante Cabo Norte

Doté d'un jardin romantique, ce restaurant de Mojácar se distingue par l'excellence de son service.

G4 Calle Piedra de Villazar 1, Mojácar restaurantecabo norte.es

€€€

EN VOITURE
LAS ALPUJARRAS

Distance 85 km **Étapes** Vous trouverez restaurants et bars à Órgiva et à Trevélez **Terrain** Routes de montagne étroites et sinueuses

La région fertile des Alpujarras se situe sur le versant sud de la Sierra Nevada, couvert de chênes, de noyers et de peupliers. Ses charmants villages blancs, accrochés à flanc de coteau, forment des ensembles irréguliers de maisons serrées les unes contre les autres, coiffées de toits gris et plats dont émergent de hautes cheminées. Leur architecture est unique en Espagne. La spécialité locale est le *jamón serrano* de Trevélez, affiné à l'air libre.

Déjeunez à **Trevélez**. *Bâti à l'ombre du Mulhacén, le plus haut sommet d'Espagne, ce village est réputé pour son jambon cru.*

Trois villages typiques des Alpujarras se nichent dans la vallée de Poqueira : Capileira, Bubión et Pampaneira (p. 227).

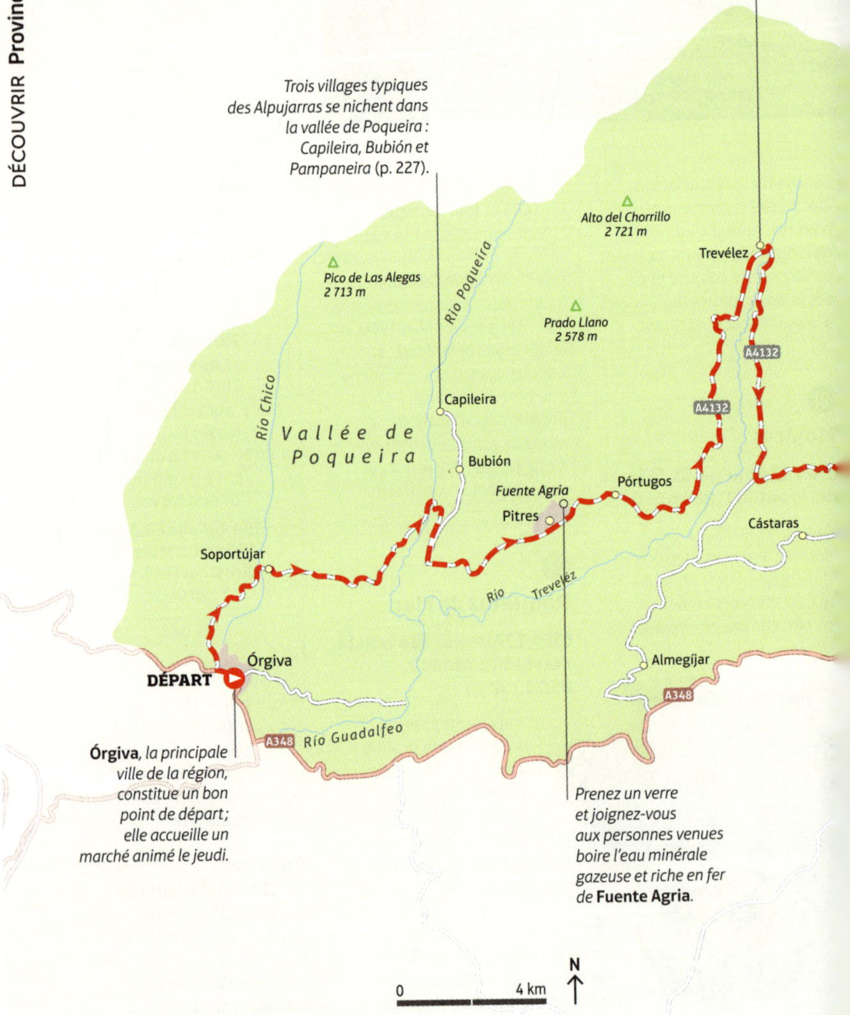

Órgiva, *la principale ville de la région, constitue un bon point de départ ; elle accueille un marché animé le jeudi.*

Prenez un verre et joignez-vous aux personnes venues boire l'eau minérale gazeuse et riche en fer de **Fuente Agria**.

↑ La route sinueuse qui conduit au Puerto de la Ragua

Carte de situation
Pour plus de détails, voir p. 212

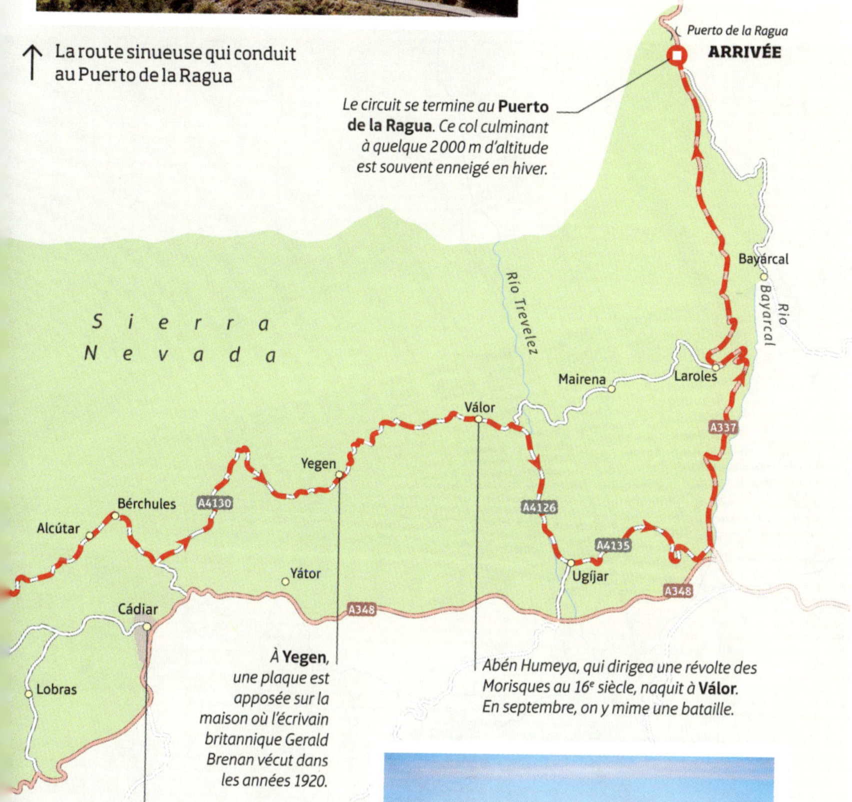

Le circuit se termine au **Puerto de la Ragua**. *Ce col culminant à quelque 2 000 m d'altitude est souvent enneigé en hiver.*

À **Yegen**, *une plaque est apposée sur la maison où l'écrivain britannique Gerald Brenan vécut dans les années 1920.*

Abén Humeya, qui dirigea une révolte des Morisques au 16e siècle, naquit à **Válor**. *En septembre, on y mime une bataille.*

À **Cádiar**, *durant la fiesta d'octobre, le vin est traditionnellement servi gratuitement. À boire avec modération !*

↑ Le village de Válor, dominé par les sommets enneigés de la Sierra Nevada

MODE D'EMPLOI

La vaste gare de Santa Justa, à Séville

renfe

AVANT DE PARTIR

Pour réussir son voyage, il est essentiel de bien préparer son départ. Les pages suivantes vous aideront à faire face à toute éventualité.

EN UN COUP D'ŒIL

MONNAIE

Euro

BUDGET MOYEN PAR JOUR

BON MARCHÉ	PRIX MOYEN	PRIX ÉLEVÉ
35 €	75 €	+150 €

BOUTEILLE D'EAU	CAFÉ	BIÈRE	DÎNER POUR DEUX
0,80 €	1 €	3 €	40 €

MOTS UTILES

Bonjour	Hola
Au revoir	Adiós
S'il vous plaît	Por favor
Merci	Gracias
Parlez-vous français?	¿Hablas francés?
Je ne comprends pas	No comprendo

PRISES ÉLECTRIQUES

Elles sont aux mêmes normes qu'en France (type F, tension 230 V).

Formalités

Les ressortissants de l'UE et de la Suisse n'ont besoin que d'une carte d'identité ou d'un passeport en cours de validité pour une visite n'excédant pas 90 jours (pas de visa). Pour un séjour de plus de trois mois, déclarez-vous auprès des autorités locales.

Les ressortissants du Canada ont besoin d'un passeport pour une visite n'excédant pas 90 jours (pas de visa). Si vous venez d'un pays tiers, renseignez-vous auprès de l'ambassade d'Espagne ou sur le site **Exteriores**.

Si vous comptez vous rendre au Maroc via l'Espagne, un passeport en cours de validité est nécessaire.

Gibraltar fait partie du Royaume-Uni : tenez-vous renseigné sur les conditions d'accès suite au Brexit sur le site **France Diplomatie**.

Exteriores W exteriores.gob.es

France Diplomatie

W diplomatie.gouv.fr/fr/services-aux-citoyens/brexit-en-pratique

Conseils de voyages

Vous trouverez des renseignements utiles sur les sites officiels de votre pays de résidence et sur le site de l'office national du tourisme espagnol très complet..

France

W diplomatie.gouv.fr/fr/conseils-aux-voyageurs

Belgique

W spain.diplomatie.belgium.be

Canada W voyage.gc.ca

Suisse W eda.admin.ch

Office du tourisme espagnol W spain.info

Douanes

Renseignez-vous auprès du site officiel des douanes

W douane.gouv.fr

Assurances

Il est conseillé de souscrire une assurance couvrant la perte ou le vol d'objets personnels,

les problèmes médicaux, les annulations et les retards. Les soins d'urgence sont pris en charge pour les voyageurs titulaires d'une carte européenne d'assurance maladie (CEAM).
ameli.fr

Banque et monnaie

La plupart des commerces acceptent les cartes bancaires et prépayées (une pièce d'identité peut être demandée). Le paiement sans contact est répandu dans les villes, mais il est utile d'avoir de l'argent liquide sur soi. Les distributeurs de billets sont nombreux en Andalousie, mais des frais peuvent être facturés à chaque retrait d'espèces. Vérifiez les conditions auprès de votre banque.

Hébergement

L'Andalousie a une offre d'hébergements très large, des petits hôtels et pensions aux chambres d'hôtes, auberges de jeunesse et campings et locations de toute sorte y compris les hébergements ruraux. Les *paradores* sont des hôtels de luxe qui offrent un cadre spécifique : bâtiments historiques restaurés et lieux d'exception plus modernes. Ils sont classés par le ministère du Tourisme (liste sur le site de **Paradores**).

Les prix varient selon la saison et les fiestas les plus importantes.
parador.es

Voyageurs aux besoins spécifiques

La **COCEMFE** et l'organisation **Accessible Spain** donnent des informations sur les itinéraires adaptés (en anglais). **Spain Info**, le site officiel du tourisme en Espagne, établit des listes de ressources accessibles pour les personnes en situation de handicap (onglet « Info pratique » puis « Tourisme accessible »).

En Espagne, les transports en commun fournissent généralement des chaises roulantes et sont équipés de toilettes adaptées et de rampes d'accès. À Séville, le métro et le bus peuvent accueillir les personnes en fauteuil roulant. Dans les aéroports, des places de parking sont réservées aux personnes en situation de handicap. Enfin, l'**ONCE** publie des plans de métro en braille.

Accessible Spain
accessiblespaintravel.com
COCEMFE
cocemfe.es
ONCE
once.es
Spain
www.spain.info

Langues

La langue parlée en Andalousie est le castillan *(castellano)*, qui correspond à l'espagnol standard. L'anglais est répandu dans les villes et les sites touristiques, mais il n'en est pas toujours de même à la campagne. Apprenez quelques phrases en espagnol : les habitants apprécieront l'effort.

Jours de fermeture

Midi Les boutiques ferment souvent à l'heure de la sieste, entre 13h et 17h, ainsi que certains musées et bâtiments publics.
Lundi Musées, monuments et bâtiments publics sont fermés toute la journée.
Dimanche La plupart des sites touristiques restent ouverts, mais les églises sont fermées au public pendant la messe. Les transports en commun circulent moins fréquemment.
Jours fériés La plupart des musées, bâtiments publics et boutiques ont des horaires réduits ou restent fermés.

JOURS FÉRIÉS

1er jan.	Nouvel an
6 jan.	Épiphanie
28 fév.	Jour de l'Andalousie
Mars/avril	Vendredi saint
1er Mai	Fête du travail
15 août	Assomption
12 oct.	Fête nationale
1er nov.	Toussaint
6 déc.	Fête de la Constitution
8 déc.	Immaculée Conception
25 déc.	Noël

TRANSPORTS EN ANDALOUSIE

Que vous optiez pour une courte visite à Séville ou pour un séjour plus long, découvrez le meilleur moyen d'arriver à destination.

EN UN COUP D'ŒIL

TRANSPORTS EN COMMUN

SÉVILLE

5 €

Ticket journée
Bus et tramway

CORDOUE

1,30 €

Aller simple
Bus

MÁLAGA

1,30 €

Aller simple
Bus

ASTUCE
Préférez le bus au métro pour vous déplacer dans Séville

LIMITATIONS DE VITESSE

AUTOROUTE	ROUTE NATIONALE
120 km/h	**100** km/h

HORS AGGLOMÉRATION	EN AGGLOMÉRATION
90 km/h	**50** km/h

Arriver en avion

L'Andalousie compte trois aéroports principaux qui desservent l'Europe et le reste de l'Espagne : Málaga-Costa del Sol, Jerez et Séville. L'aéroport de Málaga est le quatrième plus grand aéroport d'Espagne : il accueille des vols long-courriers. Jerez et Séville ont un choix limité de liaisons vers d'autres villes d'Europe et d'Espagne. De nombreux vols vous font passer par Madrid ou Barcelone pour rejoindre les autres destinations andalouses.

Les aéroports d'Almería, Gibraltar et Grenade assurent surtout des vols intérieurs, mais aussi quelques liaisons internationales.

Le tableau ci-contre renseigne les moyens de transport vers/depuis les principaux aéroports.

Voyager en train

Trajets internationaux

Il n'existe pas de trajet direct pour Séville au départ de Paris. Il existe un train direct le matin au départ de Paris Gare de Lyon pour Barcelone. Il faudra changer de train pour atteindre Madrid. De là, vous pouvez prendre une correspondance à destination de l'Andalousie. Le trajet est long, mais la conscience écologique a un prix ! Réservation sur **Oui.sncf** qui a des accords avec les chemins de fer espagnols.

Le transport ferroviaire international et intérieur est géré par la compagnie nationale espagnole **Renfe** (vous pouvez le consulter en français). Pour les trajets internationaux, achetez votre billet longtemps à l'avance. Les **Pass Interrail** (pour les ressortissants de l'UE) et les **Pass Eurail** (pour les voyageurs non européens) sont valides à bord des trains Renfe.

SNCF
W oui.sncf.com
Eurail
W eurail.com
Interrail
W interrail.eu
Renfe
W renfe.com

MOYENS DE TRANSPORT VILLE-AÉROPORT

Aéroport	Distance du centre-ville	Coût du taxi	Transport en commun
Almería	10 km	30 €	Bus : 35 minutes
Gibraltar	1,5 km	10 €	Bus : 10 minutes
Grenade	15 km	25 €-30 €	Bus : 45 minutes
Jerez	9 km	25 €	Train : 10 minutes
			Bus : 30 minutes
Málaga	8 km	20 €	Train : 15 minutes
			Bus : 20 minutes
Séville	10 km	25 €	Bus : 25-30 minutes

PLANIFIER SON VOYAGE EN VOITURE

La carte ci-dessous shématise les principaux itinéraires routiers de l'Andalousie et les temps de trajet correspondants. Voir aussi le paragraphe *Conduire*.

Jerez - Cadix	30 minutes	**Madrid - Málaga**	5 h 30
Málaga - Grenade	1 h 30	**Madrid - Séville**	5 h 30
Málaga - Murcia	4 h 30	**Séville - Cadix**	1 h 30
Málaga - Séville	2 h 30	**Séville - Grenade**	2 h 45

Trajets intérieurs

L'Andalousie est bien desservie par la Renfe et quelques compagnies régionales. Les billets s'achètent en ligne, sur le site Internet de la société ferroviaire, ou en gare. Les trains les plus rapides sont le TALGO et l'AVE (géré par la Renfe), qui relie Madrid à Séville en 2 h 30. Des lignes AVE desservent également Séville et Málaga en 5 h 30 au départ de Barcelone.

Les trains *largo recorrido* (longue distance) sont bien moins chers que les trains à grande vitesse, mais ils sont si lents qu'il faut souvent voyager de nuit. Réservez votre place au moins un mois à l'avance. Les trains *regionales y cercanías* (régionaux et de banlieue) sont fréquents et bon marché.

Voyager en autocar

Comparez les offres sur Internet, il existe plusieurs compagnies de bus proposant des des liaisons vers l'Andalousie.
Sur place, l'autocar est souvent le moyen le plus simple et économique de se déplacer dans la région. Il y a des liaisons fréquentes entre les grandes villes, ainsi qu'entre l'Andalousie et le reste de l'Espagne. Les principales gares routières se trouvent à Séville, Cordoue, Grenade, Málaga et Almería. Le car est souvent le seul transport desservant les petits villages.

En Espagne, les lignes d'autocar sont gérées par des compagnies régionales privées. La plus grande d'entre elles, **Alsa**, est présente dans toutes les régions et dessert la plupart des destinations du pays. D'autres sociétés opèrent dans des régions particulières – Alsina Graells couvre le Sud et l'Est de l'Espagne.

Pour les trajets courts, il est possible d'acheter le billet auprès du chauffeur avant le départ. Vous pouvez réserver les voyages plus longs dans les gares routières, sur le site Internet de **Movelia** ou auprès des compagnies d'autocar. Vous trouverez des billets et des renseignements dans toutes les principales gares routières, ainsi que sur les sites Internet des compagnies ferroviaires, mais il n'est pas toujours possible de réserver.

Alsa
W alsa.es
Movelia
W movelia.es

Transports en commun

La marche et les transports en commun sont les meilleurs moyens de découvrir les cités andalouses. La plupart des villes sont desservies par des bus. Séville et Grenade disposent aussi d'un réseau de tramway et de métro. Jaén est équipé d'un tramway (hors service actuellement). Les mairies ou offices de tourisme de Cordoue, Séville, Grenade, Málaga et Cadix fournissent sur Internet des renseignements sur les transports en commun.

Cadix
W cadizturismo.com
Cordoue
W turismodecordoba.org
Grenade
W fr.granadatur.com
Málaga
W malagaturismo.com/fr
Séville
W visitasevilla.es

Tickets

Le mieux est d'acheter votre titre de transport au guichet ou au distributeur automatique d'une gare, mais vous pouvez aussi le faire chez un marchand de journaux. Les tickets peuvent être imprimés sur papier ou chargés sur une carte à puce, sous la forme d'un forfait ou d'une somme débitée à chaque trajet.

Métro

Le **Metro de Sevilla** fut créé pour faciliter les déplacements entre la périphérie et le centre-ville de Séville. La ligne 1 permet de rejoindre les centres commerciaux de Nervión Plaza et MetroMar (Ciudad Expo) depuis la vieille ville (Puerta de Jerez). Le métro de Séville aura à terme quatre lignes, qui desserviront les gares routière et ferroviaire, ainsi que l'aéroport (ligne 4).

Le **Metropolitano de Granada** relie le centre de Grenade aux villes d'Armilla, d'Albolote et de Maracena.

Metro de Sevilla
W metro-sevilla.es
Metropolitano de Granada
W metropolitanogranada.es

Tramway

Le centre de Séville a un tramway climatisé, le MetroCentro, qui permet de rejoindre rapidement la plaza Nueva, située au cœur d'une zone piétonne, depuis la station San Bernardo. D'autres lignes devraient ouvrir en 2021 et étendre le réseau jusqu'à la Puerta Osario et la gare ferroviaire de Santa Justa.

Payez au distributeur situé à l'arrêt du tramway (ou validez votre carte de transport en montant à bord). Les arrêts s'affichent sur des écrans suspendus dans les rames. Les tramways passent toutes les 3 à 5 minutes et marquent l'arrêt à chaque station.

Bus

C'est le mode de transport le plus répandu en Andalousie, mais les horaires sont difficiles à comprendre. La plupart des lignes ne fonctionnent pas après 22h, mais un service de nuit est généralement proposé.

Le bus est le moyen le plus simple et économique de visiter Séville. Les itinéraires sont disponibles sur le site de **TUSSAM** ; les lignes les plus utiles aux voyageurs sont les circulares (C1 à C6), qui font le tour du centre.

À Grenade, le 31, le 32 et le 34 rallient l'Albaicín, l'Alhambra et Sacramonte depuis le centre.

TUSSAM
W tussam.es

Vélo

La plupart des villes ont des pistes cyclables. Le centre de Séville a une zone piétonne où les vélos sont autorisés.

À Séville, **SEVICI** est un dispositif de location en libre-service proposant 2500 vélos 24h/24. Les premières 30 minutes sont gratuites, puis la location est facturée à l'heure. Il faut payer une caution de 150 €, qui est remboursée une fois le vélo restitué.

Les automobilistes peuvent adopter des comportements dangereux envers les cyclistes. Le port du casque est donc conseillé.

SEVICI
W en.sevici.es

Taxi

Le taxi est un moyen abordable de se rendre dans les lieux qui ne sont pas desservis par les transports en commun, en particulier dans les villes. Le prix de la course est calculé en fonction d'une base forfaitaire et de la distance parcourue. Les tarifs sont plus élevés la nuit, le week-end et les jours fériés. Un supplément s'applique généralement aux trajets vers les aéroports et les gares routières et ferroviaires.

Conduire

Si vous voyagez en Espagne avec votre propre voiture, ayez toujours avec vous les papiers et l'attestation d'assurance du véhicule, votre passeport ou carte d'identité et votre permis de conduire. Placez à l'arrière un autocollant portant le signe distinctif du pays où la voiture est immatriculée. Assurez-vous d'avoir dans l'habitacle (hors du coffre) deux triangles de signalisation et un gilet jaune, sous peine d'amende.

L'Espagne compte deux types d'autoroutes : les *autopistas* (AP, payantes) et les *autovías* (A, gratuites).

Les *carreteras nacionales* (routes nationales) sont symbolisées par la lettre N suivie d'un nombre et par un panneau noir et blanc. Les chiffres romains correspondent aux routes qui partent de la Puerta del Sol, à Madrid ; les autres sont ponctuées de bornes kilométriques qui affichent la distance vers la capitale provinciale.

Les *carreteras comarcales* (routes régionales) sont désignées par un nombre précédé de la lettre C. Les autres routes secondaires sont symbolisées par une lettre représentant la province où elles se situent (par exemple, LE1313 à Lleida).

Location de voiture

Vous trouverez de nombreuses agences dans les aéroports, les gares principales et les grandes villes. Les entreprises de location les plus représentées en Espagne sont **Avis**, **Europcar** et **Hertz**. Comparez les offres, il peut être utile de réserver un forfait « avion + location de voiture » auprès d'une agence de voyages ou d'un tour-opérateur. Pour les locations de moins d'une semaine, vous pouvez contacter un voyagiste sur place. En espagnol, « véhicule de location » se dit *coche de alquiler*.

Avis
W avis.com
Europcar
W europcar.com
Hertz
W hertz-europe.com

Code de la route

En Espagne, le sens de circulation est le même qu'en France : on roule à droite et on dépasse à gauche.

La plupart des règles de circulation sont indiquées par des panneaux de signalisation faciles à interpréter, mais il est possible que certains symboles ne soient pas familiers aux conducteurs étrangers.

Si vous devez faire demi-tour sur une route marquée d'une ligne blanche continue, suivez le panneau *cambio de sentido*. Cédez le passage aux croisements, sauf indication contraire.

Le taux d'alcool limite est fixé à 0,5 g par litre de sang. Les contrôles sont fréquents.

Ferry

Des liaisons maritimes relient l'Espagne continentale aux Baléares, aux îles Canaries, au Maghreb, à l'Italie et au Royaume-Uni. Les itinéraires majeurs sont assurés par des ferries. **Acciona Trasmediterránea** propose une traversée hebdomadaire entre Cadix et les principaux ports des îles Canaries. Réservez, surtout en été.

Acciona Trasmediterránea
W trasmediterranea.es

INFORMATIONS PRATIQUES

Les pages suivantes contiennent des informations utiles dont vous aurez besoin durant votre séjour en Andalousie.

EN UN COUP D'ŒIL

NUMÉROS D'URGENCE

URGENCES GÉNÉRALES

112

FUSEAU HORAIRE

UTC +1 en hiver et UTC +2 en été (du dernier dimanche de mars au dernier dimanche d'octobre).

EAU POTABLE

Sauf indication contraire, l'eau du robinet est potable en Andalousie.

POURBOIRE

Bien qu'il ne soit pas obligatoire, le pourboire est apprécié et il est de coutume d'arrondir la note.

Serveur	5-10 %
Groom d'hôtel	1 à 2 € par valise
Personnel d'entretien	/
Barman	/
Chauffeur de taxi	Arrondir à l'euro supérieur

Papiers d'identité

Il est obligatoire d'avoir toujours une pièce d'identité sur soi. Une photocopie devrait suffire, mais en cas de contrôle policier, il vous sera peut-être demandé de vous rendre au commissariat avec l'original.

Sécurité

Les vols à la tire sont courants dans les grandes villes. Soyez vigilant dans les transports, dans les gares, sur les marchés et dans les lieux touristiques. Portez vos sacs en bandoulière. Si vous êtes victime d'un vol de passeport ou d'un délit, contactez votre ambassade.

Santé

L'Espagne n'exige aucun vaccin particulier.

Pour un petit souci de santé, adressez-vous à une pharmacie *(farmacia)*, reconnaissable à sa croix verte ou rouge. Toutes les officines affichent en vitrine l'adresse de la pharmacie de garde la plus proche.

La prise en charge des soins d'urgence est gratuite pour les ressortissants de l'UE. Si vous n'avez pas de carte européenne d'assurance maladie, il faudra avancer les frais médicaux puis vous les faire rembourser à votre retour.

Si vous venez d'un pays tiers, vous devrez prendre en charge vos dépenses médicales. Il est donc recommandé de souscrire une bonne assurance-voyage avant le départ.

Tabac, alcool, drogue

Il est interdit de fumer dans les lieux publics fermés, sauf sur les terrasses des bars et restaurants. Les contrevenants s'exposent à une amende. Dans les villes, il est courant de boire sa consommation dehors, devant le bar.

Les drogues sont illégales, y compris le cannabis ; même la détention de petites quantités peut entraîner de lourdes amendes. La possession de drogues à des fins commerciales peut mener à des peines de prison.

Horaires

Nombre de boutiques baissent le rideau à l'heure de la sieste, entre 13h et 17h. Cette tradition est moins suivie par les grands magasins et dans les lieux touristiques.

Corridas

La corrida est très populaire en Andalousie. Ses défenseurs avancent que les taureaux de combat seraient abattus en tant que veaux si ce sport était interdit, tandis que des organisations comme **ADDA** (Asociación Defensa Derechos Animal) en dénoncent le caractère cruel et organisent des manifestations dans tout le pays. Si vous assistez à une corrida, gardez à l'esprit que la mise à mort est souvent plus rapide lorsque le torero est renommé.

ADDA

W addaong.org

Églises et cathédrales

L'Espagne reste marquée par une forte identité catholique. La plupart des églises refusent les visiteurs pendant la messe. L'entrée est généralement gratuite, mais une participation peut être demandée pour accéder à certains endroits, comme les cloîtres. Dans les églises, évitez les tenues laissant les jambes et les épaules dénudées.

Téléphone et Wi-Fi

L'accès gratuit au Wi-Fi est assez répandu, surtout dans les grands espaces publics, les restaurants et les bars. Il peut aussi être payant (aéroports et hôtels).

Les ressortissants de l'UE peuvent utiliser leurs téléphones portables sans avoir à payer de frais d'itinérance. Les données, les appels et les SMS sont facturés au même prix que dans le pays d'origine.

Pour appeler un numéro espagnol depuis la France, composez le 00 + 34 + numéro du correspondant sans le zéro initial.

Poste

Correos, le service postal espagnol, pratique trois catégories de prix : Espagne; Europe et Maghreb; international. Les colis doivent être pesés et affranchis à la poste. Les bureaux sont ouverts de 8h30 à 21h30 (13h ou 14h en dehors des villes) du lundi au vendredi, et de 9h30 à 13h le samedi.

Les lettres expédiées dans un bureau de poste arrivent plus vite que si elles sont postées dans un *buzón* (boîte aux lettres).

Correos

W correos.es

Taxes et remboursement

L'IVA (TVA) standard est de 21 %, mais certains biens et services bénéficient d'un taux réduit.

Sous certaines conditions, les ressortissants étrangers peuvent se faire rembourser cette taxe. Vous devrez demander un formulaire à la caisse du magasin et le présenter au douanier lors de votre départ. Si le commerce est équipé du système DIVA, vous n'aurez qu'à demander le bordereau de détaxe et le valider sur l'une des bornes qui se trouvent dans les principaux ports et aéroports.

Réductions

Certaines villes, telle Séville, proposent des pass touristiques qui donnent accès à divers musées et expositions gratuitement ou à tarif réduit; des réductions sont également offertes dans les restaurants participants. Ces pass n'étant pas gratuits, faites l'inventaire des offres qui vous intéressent avant de l'acheter.

SITES ET APPLIS

Andalucía
Site officiel de l'office de tourisme d'Andalousie *(www.andalucia.org).*

Espagne
Site officiel de l'office de tourisme espagnol *(www.spain.info).*

Visita Sevilla
Web tourisme de Séville *(www.visitasevilla.es/fr.)*

WiFi Map
Repère les points d'accès Wi-Fi gratuits *(www.wifimap.io).*

INDEX

Les numéros de pages en **gras** renvoient aux entrées principales

Index de Séville

Cartes

Plans et architecture

Plans de ville

NOTES PERSONNELLES

LEXIQUE

EN CAS D'URGENCE

Au secours!	**¡Socorro!**
Arrêtez!	**¡Pare!**
Appelez un médecin!	**¡Llame a un médico!**
Appelez une ambulance!	**¡Llame a una ambulançia!**
Appelez la police!	**¡Llame a la policía!**
Appelez les pompiers	**¡Llame a los bomberos!**
Où est le téléphone le plus proche?	**¿Dónde está el teléfono más próximo?**
Où est l'hôpital le plus proche?	**¿Dónde está el hospital más próximo?**

L'ESSENTIEL

Oui	**Sí**
Non	**No**
S'il vous plaît	**Por favor**
Merci	**Gracias**
Excusez-moi	**Perdone**
Bonjour	**Hola**
Au revoir	**Adiós**
Bonsoir	**Buenas noches**
Matin	**La mañana**
Après-midi	**La tarde**
Soir	**La noche**
Hier	**Ayer**
Aujourd'hui	**Hoy**
Demain	**Mañana**
Ici	**Aquí**
Là	**Allí**
Comment?	**¿Qué?**
Quand?	**¿Cuándo?**
Pourquoi?	**¿Por qué?**
Où?	**¿Dónde?**

QUELQUES PHRASES UTILES

Comment allez-vous?	**¿Cómo está usted?**
Très bien, merci.	**Muy bien, gracias.**
Ravi de faire votre connaissance.	**Encantado de conocerle.**
À bientôt.	**Hasta pronto.**
Où est/ sont...?	**¿Dónde está/están...?**
À quelle distance est...?	**Cuántos metros/ kilómetros hay de aquí a...?**
Comment aller à...?	**¿Por dónde se va a...?**
Parlez-vous français?	**¿Habla francés?**
Je ne comprends pas.	**No comprendo.**
Pourriez-vous parler plus lentement, s'il vous plaît?	**¿Puede hablar más despacio, por favor?**
Pardon.	**Lo siento.**

QUELQUES MOTS UTILES

grand	**grande**
petit	**pequeño**
chaud	**caliente**
froid	**frío**
bon	**bueno**
mauvais	**malo**
assez	**bastante**
bien	**bien**
ouvert	**abierto**
fermé	**cerrado**
gauche	**izquierda**
droite	**derecha**
tout droit	**todo recto**
près	**cerca**
loin	**lejos**
en haut	**arriba**
en bas	**abajo**
tôt	**temprano**
tard	**tarde**
entée	**entrada**
sortie	**salida**
les toilettes	**lavabos, servicios**
plus	**más**
moins	**menos**

LES ACHATS

Combien cela coûte-t-il?	**¿Cuánto cuesta esto?**
Je voudrais...	**Me gustaría...**
Avez-vous...?	**¿Tienen...?**
Je ne fais que regarder, merci.	**Sólo estoy mirando, gracias.**
Acceptez-vous les cartes bancaires?	**¿Aceptan tarjetas de crédito?**
À quelle heure ouvrez-vous?	**¿A qué hora abren?**
À quelle heure fermez-vous?	**¿A qué hora cierran?**
Celui-ci.	**Este.**
Celui-là.	**Ese.**
cher	**caro**
bon marché	**barato**
taille (vêtements)	**talla**
pointure	**número**
blanc	**blanco**
noir	**negro**
rouge	**rojo**
jaune	**amarillo**
vert	**verde**
bleu	**azul**
antiquaire	**la tienda de antigüedades**
boulangerie	**la panadería**
banque	**el banco**
librairie	**la librería**
boucherie	**la carnicería**
pâtisserie	**la pastelería**
pharmacie	**la farmacia**
poissonnerie	**la pescadería**
primeur	**la frutería**
épicerie	**la tienda de comestibles**
salon de coiffure	**la peluquería**
marché	**el mercado**
kiosque à journaux	**el kiosko de prensa**
bureau de poste	**la oficina de correos**
magasin de chaussures	**la zapatería**
supermarché	**el supermercado**
bureau de tabac	**el estanco**
agence de voyages	**la agencia de viajes**

LE TOURISME

gallerie d'art	**el museo de arte**
cathédrale	**la catedral**
église	**la iglesia**
basilique	**la basílica**
jardin	**el jardín**
bibliothèque	**la biblioteca**
musée	**el museo**
office de tourisme	**la oficina de turismo**
hôtel de ville	**el ayuntamiento**
fermé les jours fériés	**cerrado por vacaciones**
arrêt d'autobus	**la estación de autobuses**
gare	**la estación de trenes**

À L'HÔTEL

Avez-vous une chambre libre?	**¿Tienen una habitación libre?**
une chambre pour deux personnes	**habitación doble**
avec un lit double	**con cama de matrimonio**
une chambre à deux lits simples	**habitación con dos camas**
une chambre	**habitación**

pour une personne	**individual**
une chambre avec baignoire	**habitación con baño**
douche	**ducha**
portier	**el botones**
clé	**la llave**
J'ai réservé une chambre.	**Tengo una habitación reservada.**

AU RESTAURANT

Avez-vous une table pour...?	**¿Tienen mesa para...?**
Je voudrais réserver une table.	**Quiero reservar una mesa.**
L'addition, s'il vous plaît.	**La cuenta, por favor.**
Je suis végétarien/ne	**Soy vegetariano/a**
serveuse/ serveur	**camarera/ camarero**
menu (carte)	**la carta**
menu du jour	**menú del día**
carte des vins	**la carta de vinos**
verre	**un vaso**
bouteille	**una botella**
couteau	**un cuchillo**
fourchette	**un tenedor**
cuillère	**una cuchara**
petit-déjeuner	**el desayuno**
déjeuner	**la comida/ el almuerzo**
dîner	**la cena**
plat principal	**el primer plato**
entrée	**los entrantes**
plat du jour	**el plato del día**
café	**el café**
saignant	**poco hecho**
à point	**medio hecho**
bien cuit	**muy hecho**

LIRE LE MENU

asado	rôti
el aceite	huile
las aceitunas	olives
el agua mineral	eau minérale
sin gas/con gas	non gazeuse/gazeuse
el ajo	ail
el arroz	riz
el azúcar	sucre
la carne	viande
la cebolla	oignon
la cerveza	bière
el cerdo	porc
el chocolate	chocolat
el chorizo	chorizo
el cordero	agneau
el fiambre	viande froide
frito	frit
la fruta	fruit
os frutos secos	fruits secs
as gambas	gambas
el helado	glace
al horno	cuit au four
el huevo	œuf
el jamón serrano	jambon serrano
el jerez	xérès
a langosta	langouste
a leche	lait
el limón	citron
a limonada	limonade
a mantequilla	beurre
a manzana	pomme
os mariscos	fruits de mer
a menestra	ragoût de légumes
a naranja	orange
pan	pain
pastel	gâteau
s patatas	pommes de terre
pescado	poisson
pimienta	poivre
plátano	banane
pollo	poulet
el postre	dessert
el queso	fromage
la sal	sel
las salchichas	saucisses
la salsa	sauce
seco	sec
el solomillo	aloyau
la sopa	soupe
la tarta	tarte
el té	thé
la ternera	bœuf
las tostadas	toast
el vinagre	vinaigre
el vino blanco	vin blanc
el vino rosado	rosé
el vino tinto	vin rouge

NOMBRES

0	**cero**
1	**uno**
2	**dos**
3	**tres**
4	**cuatro**
5	**cinco**
6	**seis**
7	**siete**
8	**ocho**
9	**nueve**
10	**diez**
11	**once**
12	**doce**
13	**trece**
14	**catorce**
15	**quince**
16	**dieciséis**
17	**diecisiete**
18	**dieciocho**
19	**diecinueve**
20	**veinte**
21	**veintiuno**
22	**veintidós**
30	**treinta**
31	**treinta y uno**
40	**cuarenta**
50	**cincuenta**
60	**sesenta**
70	**setenta**
80	**ochenta**
90	**noventa**
100	**cien**
101	**ciento uno**
102	**ciento dos**
200	**doscientos**
500	**quinientos**
700	**setecientos**
900	**novecientos**
1000	**mil**
1001	**mil uno**

LE JOUR ET L'HEURE

une minute	**un minuto**
une heure	**una hora**
une demi-heure	**media hora**
lundi	**lunes**
mardi	**martes**
mercredi	**miércoles**
jeudi	**jueves**
vendredi	**viernes**
samedi	**sábado**
dimanche	**domingo**

REMERCIEMENTS

L'éditeur tient à remercier les particuliers, organismes et agences de photos suivant qui l'ont autorisé à reproduire leurs clichés :

Légendes : a = au-dessus ; b = en-bas/sous ; c = au centre ; f = éloigné ; l = à gauche ; r = à droite ; t = en haut

123RF.com : akulamatiau 30-1b ; Francisco de Casa Gonzalez 227t ; Inacio Pires 11br ; Aleksandrs Tihonovs 8clb ; Anibal Trejo 61t, 118-9, 120-1b.

4Corners : Francesco Carovillano 194-5t ; Jan Wlodarczyk 112-3t.

akg-images : Album / Oronoz 222bl.

Alamy Stock Photo : age fotostock / Juanma Aparicio 98-9t, 221tl, / José Antonio Moreno 166b, / Douglas Williams 178t ; Agencja Fotograficzna Caro / Rodriguez 16t ; Jerónimo Alba 47tr, 167tr, 173tr, 173br, 193br, 200br, 203tc, 221br ; Mark Alexander 214br ; All Canada Photos 165br ; Alpineguide 157tr ; Antiqua Print Gallery 48t ; Juanma Aparicio 18crb, 79cra ; Arco Images GmbH / K. Loos 45cla ; Artokoloro Quint Lox Limited / liszt collection 49bl ; Gonzalo Azumendi 130t, 174-5, 193t ; David Bagnall 160t ; Darren Baker 85tr ; Ben Welsh Premium 41br ; Bildagentur-online / Moreno 34bl ; Biosphoto / Oscar Diez Martinez 171tr ; Tibor Bognar 93tr ; Piere Bonbon 87t ; Katharina Brandt 99br ; Michael Brooks 67bl, 70bl, 116cl ; Nano Calvo 32-3t ; Michelle Chaplow 235br ; Chronicle 52tl, 52cb ; Sorin Colac 154clb ; Colin Palmer Photography 13cr ; Neil Cooper 22crb ; Luis Dafos 69bc ; Ian Dagnall 66-7t, 77tl ; dbimages / Allen Brown 206bl ; Debu55y 192bl ; dleiva 232-3t ; downunder 50-1t ; EFE News Agency / Raul Caro 44-5t ; Greg Balfour Evans 207bl ; Peter van Evert 86br, 113cr ; Juan Manuel Pelegrín Franco 190-1b ; Brian Gadsby 171crb ; Maria Galan 128c, 132-3 ; Saturnino Perez Garrido 168-9t ; geogphotos 88cr, 184br ; hemis.fr / René Mattes 124cra ; Heritage Image Partnership Ltd 51tr, / Index 49cb, / Index / Image 50bc ; Kate Hockenhull 146tr ; Peter Horree 85bl ; HP Canada 124t ; IanDagnall Computing 139cr ; imageBROKER / Thomas Dressler 47tl, / Moritz Wolf 16bl, 22clb, 29t, 89tr, 138-9b ; itdarbs 42-3b ; Jam World Images 164-5t, 171cra, 224-5t ; Kiko Jimenez 46clb ; Jon Arnold Images Ltd 196t ; John Kellerman 91t ; Chris Knapton 226-7b ; Juanca Lagares 123tl ; Lanmas 48crb, 50cla, 113bl ; Lebrecht Music & Arts 51bl ; Jose Lucas 49tl, 122-3b, 140bl, 158br, 191tl ; mauritius images GmbH / Walter Bibikow 71tr ; Perry Van Munster 35cla, 187tr ; The Natural History Museum ; London 48bl ; Nature Photographers Ltd / Lee Morgan 171cr ; Nature Picture Library / Jose B. Ruiz 137cr ; North Wind Picture Archives 50tl ; Sean Pavone 18t, 152t ; carlos sanchez pereyra 170bl ; Will Perrett 91br ; peterforsberg 111cra ; Pictorial Press Ltd 52bl ; The Picture Art Collection 121br ; M Ramírez 46cl ; Right Perspective Images 101tl ; robertharding 2-3, / Stuart Black 24-5ca, / Neil Farrin 206-7t, / Melissa Kuhnell 67clb ; Felipe Rodriguez 26tr ; Anders Ryman 46crb ; Miguel Ángel Fernández Sáinz 171br ; Maurice Savage 114bc ; Alfredo Garcia Saz 139tl ; SCFotos - Stuart Crump Photography 46cla ; Alex Segre 105br ; Stefan Lange on Alamy 231b ; travelib europe 183tr ; Lucas Vallecillos 44-5b, 162b ; VWPics / Felipe Rodriguez 101tr ; Ross Warner 114tl ; Sebastian Wasek 202t ; Monica Wells 188b ; Ken Welsh 205tr ; Hugh Williamson 233bl ; Wim Wiskerke 80tl ; Xinhua / Xie Haining 53crb.

Barro Azul Cultural Management : 27clb.

Depositphotos Inc : mmedp 208bl.

Dreamstime.com : Christian Bertrand 45crb ; Christine Bird 142-3 ; Artur Bogacki 115b ; Rimma Bondarenko 35br ; Brasilnut 29br, 54-5 ; Boris Breytman 10ca ; Ryhor Bruyeu 40-1t, 40-1b ; Francisco Jose Martín Cabrera 230tl ; Carpaumar 146bl ; Ramon Carretero 12clb ; Sorin Colac 10-1b, 214t ; Felipe Caparros Cruz 28br, 129t, 148-9 ; Tomasz Czajkowski 219t ; Dwnld777 29clb ; Sergey Dzyuba 158t ; Fosterss 33cla ; Antonio Francisco Alvarez Gimenez 222-3t ; Nataliia Gr 20cr ; Olivier Guiberteau 154bl ; Csaba Henriksen 231clb ; Silvia Blaszczyszyn Jakiello 47cra ; Joserpizarro 8cla, 49tr, 88cra ; García Juan 172bl ; Rami Katzav 13t ; Karol Kozlowski 100tl ; Lachris77 203b ; Leonovo 18cr ; Lifestyle27 10clb ; Nikolai Link 49cra ; Lunamarina 58c, 62-3 ; Marazem 26-7b ; Minnystock 20bl ; Mistervlad 31cla ; Juan Moyano 47clb ; Aitor Muñoz Muñoz 145br ; Irina Paley 28tl ; Sean Pavone 8-9b, 82-3, 186t, 236-7 ; Lamberto Jesus Luque Perez 30-1t ; William Perry 50clb ; Photogolfer 60t, 67crb, 68t, 94-5,102tl ; Radiokafka 22br ; Rui Santos 31crb, 218bl ; Sborisov 16cr ; Sjors737 22t ; Opreanu Roberto Sorin 20crb ; Ivan Soto 12t ; Alena Stalmashonak 18bl ; Steveheap 235tl ; Aleksandar Todorovic 156bl ; Typhoonski 13br ; Stefano Valeri 11crb ; Cezary Wojtkowski 217cra.

Elio Studio : Emilio Simon 16crb.

EME Catedral Mercer Hotel : 37tr.
Festival de Jerez : Javier Fergo 37cr, 37cb.

Foodie & Experiences, Cordoba : Luis Muñoz Photography 24tl.

Getty Images : 500Px Plus / Jgarciad 25tl ; AFP / Jose Luis Roca 46cr ; age fotostock / Eduardo Grund 147b ; Corbis Documentary / Laurie Chamberlain 93crb ; De Agostini Picture Library / G. Dagli Orti 51crb ; Hulton Archive / Michael Putland 53bl ; The Image Bank / Silvestre Garcia - IntuitivoFilms 200-1t ; Lonely Planet Images / Dan Herrick 81b ; Moment / Luis Dafos 216-7t, / fhm 184-5t, / John Harper 41cla, / Angel Villalba 197br ; Moment Unreleased / Ventura Carmona 84b ; Redferns / Jordi Vidal 47cla ; Sygma / Christine Spengler 52-3t ; Universal Images Group / VW Pics / Pascal Saez 46cra.

Isla Mágica : 38tc, 38-9t.

iStockphoto.com : benedek 126-7 ; Lux Blue 140-1t ; Chalffy 60bl, 106-7 ; Javier Conejero 144cra ; Costamundo 228-9 ; E+ / Imgorthand 42tl, / Saro17 25tr, 43br, / WillSelarep 131t, 210-1 ; Elijah-Lovkoff 88b ; FrankCornfield 53tr ; Jiann Ho 32bl ; horstgerlach 183br ; jacquesvandinteren 144t ; JohnnyGreig 33crb ; juanorihuela 24cra ; Marcus Lindstrom 36-7t ; m-martinez 43clb ; Jon Chica Parada 92bl ; Ruhey 111t ; SeanPavonePhoto 102-3b ; Sloot 11t, 38bl, 204-5b ; stefanopolitimarkovina 180-1t ; titoslack 77tr ; Worledit 43tr.

Museo Picasso Málaga : Eduardo Grund 27tr.

naturepl.com : Wild Wonders of Europe / Oxford 137clb, 137br.

Ocio Aventura Cerro Gordo : 24tr.

Museo Parque de las Ciencias : 39b.

Planta Baja : Javier Martin Ruiz 36bl.

Río Azul Beers : Diego Gallego 34-5t.

Robert Harding Picture Library : Kav Dadfar 20t ; Luis Davilla 6-7 ; Eduardo Grund 47crb ; Roberto Moiola 79t ; Ramon Navarro 136-7t ; Lucas Vallecillos 217br.

Shutterstock : Jose Ignacio Soto 198-9.

SuperStock : age fotostock / George Munday 25br.

Torre Sevilla : 125br.

Unsplash : Akshay Nanavati / @anphotos 12-3b ; Joan Oger / @joanoger 59t, 72-3 ; Okwaeze Otusi / @oo7ab 8cl ; Mateusz Plinta / @matplinta 4.

We Love Granada Market : 27br.

RABAT DE COUVERTURE
4Corners : Jan Wlodarczyk t ; **Alamy Stock Photo :** robertharding / Stuart Black cb, Ross Warner cla ; **Dreamstime.com :** Sean Pavone bl, Stefano Valeri cra ; **Unsplash :** Akshay Nanavati / @anphotos br.

CARTE DE RABAT DE COUVERTURE
Dreamstime.com : Ionut David.

COUVERTURE :
1re de couverture : **Dreamstime.com :** Ionut David.
4e de couverture : **Alamy Stock Photo :** M Ramírez c, Lucas Vallecillos cla ; **Dreamstime.com :** Sorin Colac tr, Ionut David b.

Pour plus d'information : www.dkimages.com

Conformément à une jurisprudence constance (Toulouse 14. 01.1887), les erreurs ou omissions involontaires qui auraient pu subsister dans ce guide, malgré nos soins et les contrôles de l'équipe de rédaction, ne sauraient engager la responsabilité de l'éditeur.

hachette TOURISME

Aussi soigneusement qu'il ait été établi, ce guide n'est pas à l'abri de changements de dernière heure.
Faites-nous part de vos remarques par e-mail à l'adresse suivante :
voir@hachette-livre.fr
ou rejoignez-nous sur Facebook :
www.facebook.com/GuidesVoirHachette
Hachette Tourisme
58, rue Jean-Bleuzen CS 70007
92178 Vances cedex

Direction
Sidonie Chollet

Direction éditoriale
Cécile Petiau

Responsable de collection
Catherine Laussucq

Traduit et adapté de l'anglais par
Tina Calogirou, Elsa Lindgreen et Marc Sigala avec la collaboration de Joséphine Bonneau

Édition et mise en pages
Archipel studio

Ce guide a été établi par
Lynnette McCurdy Bastida, Ben Ffrancon Davies, Daniel Stables, David Baird,
Martin Symington, Nigel Tisdall

DK | Penguin Random House

Publié pour la première fois
en Grande-Bretagne en 1996, sous le titre :
Eyewitness Travel Guides: Seville and Andalucía

Imprimé et relié à Dongguan (Chine)
par **RR Donnelley Asia Printing Solutions LTD**

Achevé d'imprimer en janvier 2021
Dépôt légal avril 2021
ISBN 978-2-01-787217-7
ISSN 1542-1554
Collection 32 - Édition 01
N° de codification 54-8640-1

FSC www.fsc.org MIXTE Papier issu de sources responsables FSC™ C018179